山东省社会科学规划办基金研究项目：

"新常态下鲁日经贸合作：障碍、风险与对策"（项目批准号：15CJJJ26）的阶段研究成果

对外贸易与区域经济国际竞争力：理论与实证

——基于山东省的数据分析

隋红霞　著

中国社会科学出版社

图书在版编目（CIP）数据

对外贸易与区域经济国际竞争力：理论与实证－：基于山东省的
数据分析／隋红霞著．—北京：中国社会科学出版社，2016.4
ISBN 978 - 7 - 5161 - 8075 - 4

Ⅰ.①对… Ⅱ.①隋… Ⅲ.①对外贸易—关系—区域经济—
国际竞争力—研究—山东省 Ⅳ.①F752.852②F127.52

中国版本图书馆 CIP 数据核字（2016）第 084408 号

出 版 人 赵剑英
责任编辑 周晓慧
责任校对 无 介
责任印制 戴 宽

出 版 中国社会科学出版社
社 址 北京鼓楼西大街甲 158 号
邮 编 100720
网 址 http://www.csspw.cn
发 行 部 010 - 84083685
门 市 部 010 - 84029450
经 销 新华书店及其他书店

印刷装订 三河市君旺印务有限公司
版 次 2016 年 4 月第 1 版
印 次 2016 年 4 月第 1 次印刷

开 本 710×1000 1/16
印 张 20
字 数 330 千字
定 价 78.00 元

目　　录

前言 ……………………………………………………………… （1）

导论 ……………………………………………………………… （1）
　　一　研究背景 ………………………………………………… （1）
　　二　研究意义 ………………………………………………… （3）
　　三　研究方法与思路 ………………………………………… （5）

第一章　对外贸易与经济发展关系的相关理论 ……………… （6）
　　第一节　相关概念 …………………………………………… （6）
　　第二节　对外贸易与经济增长关系的相关理论 …………… （13）
　　小结 …………………………………………………………… （23）

第二章　山东省对外贸易现状与竞争力分析 ………………… （25）
　　第一节　山东省对外贸易发展现状 ………………………… （25）
　　第二节　山东省加工贸易发展现状 ………………………… （43）
　　第三节　山东省服务贸易发展现状 ………………………… （54）
　　第四节　山东省对外投资的发展现状 ……………………… （57）
　　第五节　山东省出口商品国际竞争力分析与比较 ………… （60）

第三章　山东省对外贸易发展中存在的问题 ………………… （68）
　　第一节　货物贸易发展中存在的问题 ……………………… （68）
　　第二节　服务贸易发展中存在的问题 ……………………… （73）
　　第三节　国际资本合作中存在的问题 ……………………… （75）

第四章　山东省地区经济综合发展分析 ················ （78）

　　第一节　经济发展总量 ························· （78）

　　第二节　产业结构分析 ························· （81）

　　第三节　服务业发展状况 ······················ （87）

　　第四节　制造业发展状况 ······················ （90）

第五章　外贸发展的相关经济影响因素分析 ··········· （98）

　　第一节　基础生产要素 ························· （98）

　　第二节　需求分析 ··························· （102）

　　第三节　外商直接投资 ······················ （110）

　　第四节　人力资本与科学技术 ·················· （116）

　　第五节　政府与外部环境 ····················· （127）

第六章　山东省对外贸易与区域经济国际竞争力综合评价 ········ （142）

　　第一节　因子分析方法简介 ···················· （142）

　　第二节　山东省对外贸易国际竞争力综合评价 ········ （147）

　　第三节　山东省区域经济国际竞争力综合评价 ········ （162）

　　第四节　山东省对外贸易与区域经济国际竞争力相关性分析 ··· （173）

第七章　对外贸易与区域经济总量的关系 ············ （186）

　　第一节　相关理论回顾 ······················· （186）

　　第二节　基于 VAR 模型的对外贸易与区域经济总量发展 ········ （188）

第八章　对外贸易与产业结构的变动关系 ············ （194）

　　第一节　相关理论回顾 ······················· （194）

　　第二节　基于 VEC 模型的对外贸易与产业结构变动分析 ········ （196）

第九章　外贸技术进步与外贸国际竞争力的关系 ········ （205）

　　第一节　相关理论回顾 ······················· （205）

　　第二节　外贸技术进步与外贸国际竞争力关系的实证分析 ····· （208）

第十章　对外贸易与居民收入的关系 ………………………… （221）

第一节　相关理论回顾 ………………………………………… （221）

第二节　山东省对外贸易收入效应的实证分析 ………………… （223）

第十一章　对外贸易发展的环境效应 ………………………… （239）

第一节　相关理论回顾 ………………………………………… （239）

第二节　山东省对外贸易环境的直接规模效应分析 …………… （244）

第十二章　推动对外贸易与区域经济互动发展的策略 ……… （257）

第一节　推动对外贸易与区域经济互动发展的原则 …………… （257）

第二节　产业结构与进出口商品结构的优化 …………………… （259）

第三节　推动加工贸易的转型升级,提升服务贸易的国际
　　　　竞争力 ………………………………………………… （263）

第四节　拓宽 FDI 来源,扩大 FDI 技术的溢出效应 ………… （269）

第五节　推动企业"走出去",拓宽国际合作渠道 …………… （273）

第六节　发挥综合保税(港)区对外开放的窗口作用 ………… （277）

第七节　提高关键要素质量,为提升竞争力提供支撑 ………… （282）

第八节　改善基础要素环境,培育经济与外贸发展的
　　　　基础性动力 …………………………………………… （288）

参考文献 ………………………………………………………… （292）

附表 …………………………………………………………………… （298）

前　　言

　　经济增长是人们长期以来一直关注的话题。从早期的古典经济学到马克思主义经济学、新古典经济学、发展经济学直至新经济增长理论，都对经济增长进行了研究。在早期封闭经济中，人们探讨的主要是一国国内要素积累的问题，在封闭条件下如何促进一国的经济增长，要素的内容主要局限于土地、劳动、资本等。随着各国经济开放力度的加大，特别是在经济全球化发展的背景下，一国经济的发展与外部环境密切相关，关注外部环境对本国经济的影响已经不再是一种选择，而是必须。在一个开放的经济中，经济增长的理论更加关注开放给一国经济带来的影响，要素内容也扩大了范畴，技术、知识与人力资本等新的生产要素得到关注。

　　在经济全球化的今天，研究一国经济增长离不开对该国对外贸易的研究。马歇尔在其著作《经济学原理》中明确指出"确定国家经济进步的原因属于国际贸易的研究范畴"，阐述了贸易在一国经济增长中的重要作用，尤其是在长期经济增长和经济结构演进方面的突出作用。马歇尔曾将19世纪各国经济进步的原因归于国际贸易。在经济全球化背景下，虽然资本的跨国界移动成为全球化的主要特征，但商品的跨国界移动伴随着资本的跨国移动而不断扩大，对外贸易对一国经济增长的重要性得到认同。

　　贸易开放水平主要通过市场扩大化和专业化分工对经济波动产生影响，这种影响从总体上看并不确切。一国或地区的贸易开放水平越高，该地区与其他国家的联系就越密切，因此外部的经济波动就越容易传导到本国中。如果外部的经济波动集中于特定产业，那么参与国际专业化分工合作的特定国家或地区就会受到外部经济波动的巨大影响。因此，贸易开放水平越高，国民经济就越易受到外部市场的影响；参与国际专业化分工的范围越窄，受外部经济波动的影响就越强。

贸易开放水平的提高能够促使一国或地区扩大市场的广度与深度，提高资源的配置效率，并通过外部市场化解由本国内部冲击所造成的经济波动。依据比较优势所形成的专业化分工也使得一国或地区的可贸易部门与其他经济部门相对分离，从而平抑经济波动。由此可见，贸易开放对经济波动存在正反两方面的作用。

在改革开放 30 多年里，中国的经济发生了翻天覆地的变化。综合国力迅速提高，国际竞争力不断提升，国内生产总值由 1978 年的 3624.1 亿元上升到 2014 年的 63.4 万亿元，由在世界经济中无足轻重的国家发展成为经济规模超越德国、日本，成为仅次于美国的第二经济大国。与此同时也确立了贸易大国的地位，2014 年中国进出口总额达到 4.3 万亿美元，其中，中国出口总额达到 2.34 万亿美元①，中国贸易规模与出口规模均稳居全球第一。

在中国经济与对外贸易高速发展的同时，我们也看到了粗放型、外延型经济与贸易发展所带来的一系列问题：低效、不可持续、环境污染、贸易摩擦等，对外贸易条件并没有得到根本性的改善。必须加快外贸增长方式的转变，提高以质量效益为核心的对外贸易国际竞争力，在继续发挥比较优势的同时，积极构筑新的竞争优势。哈佛大学教授迈克尔·波特提出的"钻石模型"理论认为，一个国家在某一行业建立和保持竞争优势的能力取决于四个基本要素和两个辅助要素的整合作用。因此提高一国对外贸易国际竞争力的关键是要打破相关制约因素的发展"瓶颈"，优化相关制约因素的质量。

作为东部沿海发达省份，山东省对外贸易总额一直走在全国的前列，2014 年进出口额为 2771.15 亿美元，出口额为 1447.45 亿美元，进口额为 1323.7 亿美元，分别占全国同类指标的 6.44%、6.18% 和 6.75%。② 在对外贸易快速发展的同时，也面临着由传统对外贸易增长方式所引起的诸多问题，例如，过分依赖低效率的资源利用和粗放型的开采，过分依赖外商投资企业、技术创新能力不足、专业人才短缺等。山东省对外贸易国际竞争力有待进一步提高，制约山东对外贸易国际竞争力提升的"瓶颈"因素亟须打破，相关制约因素质量亟待改善。推动对外贸易与区域经济互

---

① 国家统计局：《2014 年国民经济和社会发展统计公报》。
② 根据 2014 年山东省以及全国国民经济和社会发展统计公报中的数据计算得出。

动协调发展对于提高山东省参与国际市场竞争能力的意义重大。

本书共包括 12 章。导论部分简要分析了研究问题的背景与意义；第一章回顾了对外贸易国际竞争力研究的理论基础，并对波特的"钻石模型"进行了修正，提出了九要素模型，为后续分析提供基础；第二章对山东省对外贸易的发展现状与国际竞争力现状进行了分析，并同先进省份进行了比较；第三章分析了货物贸易、服务贸易与国际资本合作中存在的问题；第四章从经济发展总量、产业机构、服务业与制造业角度对山东省地区经济发展进行了分析；第五章基于修正的九要素模型对制约山东省对外贸易国际竞争力的相关因素进行了分析，并与先进省份进行了横向比较，提出了相关要素发展所存在的不足；第六章运用因子分析方法分别对山东省对外贸易与区域经济国际竞争力进行了测算，并对二者之间的关系进行了实证分析；第七章基于 VAR 模型，对山东省对外贸易与区域经济总量发展关系进行了实证分析并得出相应结论；第八章基于 VEC 模型，对山东省对外贸易与产业结构变动之间的关系进行了分析并得出相应结论；第九章以柯布—道格拉斯生产函数与索罗增长模型为基础，利用 1988—2014 年期间的数据，测算了山东省对外贸易技术进步率，并在此基础上分析了山东省对外贸易技术进步率与对外贸易国际竞争力之间的关系；第十章实证分析了对外贸易进口额、出口额分别与城镇居民年家庭人均总收入、农民人均纯收入和城乡居民人均收入差距的相互影响；第十一章基于 1984—2014 年的数据，分别选择工业废水、工业二氧化硫、工业固体废物排放量为应变量，选择对外贸易进口额与出口额为自变量，构建了 VAR 模型，基于构建的VAR 模型研究了各变量序列之间的协整关系、格兰杰因果关系并且进行了脉冲响应分析，并得出相关结论；最后，提出了推动山东省对外贸易与区域经济互动发展的五项基本原则与七大策略建议。

本书在完成过程中，参考了大量学者的研究成果，已经在注释以及参考文献中注明，在此对他们表示衷心的感谢。本书的完成得到了潍坊学院经济管理学院有关领导和教师的帮助，尤其是李萍老师对于全书的结构安排提出了宝贵意见，并对书中的部分内容给予了指导，在此表示感谢。

由于水平有限，书中难免存在缺点和不足，我会在今后的研究中不断改进，同时敬请专家和读者批评指正。

导　　论

一　研究背景

（一）国际环境

近年来，世界经济处在国际金融危机后的深度调整过程中，各国深层次、结构性问题没有得到解决，如结构调整远未到位，人口老龄化加剧，新经济增长点尚在孕育中，内生增长动力不足等问题制约着世界经济的发展。全球主要发达经济体消费低迷，经济运行分化继续加剧，发展中经济体增长放缓，世界贸易低速增长，世界经济复苏依旧艰难曲折。与此同时，中国经济下行压力持续加大，对外贸易发展所面临的内外部环境日益复杂严峻，进出口增速下滑至个位数，进出口企业困难增多，对外贸易发展面临着诸多不利因素。

近几年来，由于欧洲债务危机持续发酵，全球经济增速放缓，需求低迷，尤其是欧美日等主要经济体的制造业持续萎缩，失业率屡创新高，拉缓了全球经济复苏的进程，市场需求明显不足。从全球范围来看，世界贸易整体陷入低迷之中，中国也难以独善其身。

中国吸收外资的增速近几年来明显放缓，外资企业的出口增速也在下降，这种现象背后的深层次原因很多，例如，受金融危机的影响，全球资本流动放缓，美国等国家采取措施振兴国内制造业，国内要素成本的上升促使部分外资撤资到成本更低的东南亚国家，等等。国内制造业成本的上升，导致以低劳动力成本保持竞争优势的出口加工企业订单明显减少。截至 2014 年 9 月底，全国总共有 18 个省、市提高了最低工资标准，工资增幅平均达到 19.4%。此外，人民币持续保持高价位也削弱了企业的竞争优势。

中国已经连续多年进出口总额保持全球第一，在主要发达经济体国内经济发展乏力，一些新兴市场国家亟须保护国内市场的背景下，中国成为各国反倾销、反补贴以及各种非关税壁垒限制的最主要国家，各种贸易摩擦一直不断，客观上促使中国必须下决心调整经济与外贸增长方式，重视内需，推动外贸向高新技术、高附加值方向发展，发挥外贸对国内经济的拉动作用。

全球经济呈现温和增长，但仍不均衡和不稳定。地缘政治风险、大宗商品、石油价格和美元汇率大幅震荡均成为贸易发展的不稳定因素。新兴经济体正在成为世界经济增长的新引擎；发达国家力推制造业振兴，发展中国家对外投资加速，成为推动全球价值链分工的两大新动力；"创新发展"备受重视，新兴产业蓄势待发，争夺产业与技术制高点的竞争更趋激烈等。

（二）国内环境

近年来，随着中国劳动力成本的持续攀升，资源约束日益加大，靠低价格、低成本优势参与国际竞争的难度越来越大，"大进大出"的发展方式已经难以为继。就国内环境看，面临的困难与挑战同样艰巨。

多年来，中国对外贸易结构没有发生根本性的改变，出口中最具竞争力的产品依旧是劳动密集型产品，特别是纺织品、服装、鞋帽、家具等。技术含量高的产品出口规模虽然在增加，但仍欠缺核心技术，国际竞争力依然不强。

当今世界各国普遍走上加快发展的道路，资源环境的约束与经济可持续发展问题成为突出矛盾。资源和能源的紧缺是世界各国普遍加快发展的必然结果。对外贸易为国民经济的发展做出了巨大贡献。然而，长期以来中国对外贸易发展主要依靠资源、能源、土地和环境等有形要素的投入，资源和环境压力很大；同时，中国能源资源消耗大，单位产品能耗高，目前已成为全球第二大能源消费国。传统的对外贸易发展模式是以牺牲资源环境来换取经济增长的。

改革开放以来，随着中国逐渐进入国际体系，地方政府国际交流与合作也得到了广泛、深入的展开，地方政府国际合作已成为一个普遍而又重要的政治历史现象。特别是地方政府对外经济合作已经成为地方对外经济贸易发展的重要动力之一。而且地方国际合作正走向规范化和制度化的轨道，这大大提升了地方的国际化水平，增强了地方经济实力和国际影响力。中国地方政府国际合作不仅形式多样，议题领域也较为广泛，既包括经济贸易、资源开发等经济类议程，也包括环境保护、医疗卫生等非经济类议程，无论如何，地方政府的国际合作极大地推动了对外贸易的发展，推动更多的企业成功地走了出去，并站稳了脚跟，为对外经济贸易的长期、稳定和健康发展奠定了坚实的基础。

随着经济全球化和区域经济一体化进程的不断加快，全球范围内的资源配置成为趋势，世界各国、国内各地区之间相互依存、相互融合、相互影响和相互制约达到更高水平，加强经济合作，特别是加强区域合作，成为提升综合竞争能力，推动经济社会全面协调可持续发展的必然选择。目前，中国已进入区域经济加速融合、区域合作进一步加快的关键时期。能否融入区域一体化，通过合作取得优势，在融合中借势发展，对每个地区的发展都至关重要。加强区域合作，促进区域经济全面协调可持续发展，进一步提升国际竞争能力具有重要的战略意义。

二　研究意义

外贸下行压力将是中国面临的长期挑战。针对严峻、复杂的国内外环境，中国对外贸易政策应继续着力于稳增长、调结构、促平衡，努力巩固外贸传统优势，加快培育以技术、品牌、质量、服务为核心的外贸竞争新优势，推动对外贸易的可持续发展。

外贸可持续发展是指在维持生态环境平衡的基础上，合理利用国内外资源、优化外贸结构、提高外贸效率、改善对外贸易条件、促进经济和外贸的长期有效运行和持续健康发展。粗放型的外贸增长方式，只重视数量的扩张而忽视资源节约、环境保护与技术创新等问题，导致一系列不利于外贸发展的现象出现，诸如出口商品结构不合理、出口获利低、外部贸易摩擦不断增加、容易陷入比较利益陷阱，使对外贸易发展不具有可持续性。转变外贸增长方式是实现外贸可持续发展的手段和途径，只有把现有粗放式的外贸增长方式转变为集约式的外贸增长方式，才能促进对外贸易的可持续发展。外贸可持续发展是转变外贸增长方式的目标和方向，为外贸增长方式的转变提供向导和指示，转变外贸增长方式是为了实现外贸的可持续发展。

区域经济增长和区域经济发展主要表现为区域发展要素的积累及其效率的提高，对外贸易对区域发展要素的积累及其效率的提高具有重要的影响作用。因此，对外贸易对区域经济发展的推动作用可以借助对区域发展要素的影响机制来实现，例如，区域资源配置效率的提高、规模经济的获得可以通过出口来实现，区域技术进步既可以借助技术贸易，又可以通过资本品进口所带来的技术溢出效应来实现。资本品的进口还可能会促成新的产业的形成，从而影响区域产业结构和经济结构，区域产业结构的优化可以通过贸易结构的调整和优化来实现，外贸条件的改善既可以提高区域出口商品的竞争力，又可以获取贸易利益、增进社会福利、增加资本积累、优化区域产业结构等。

因此，随着经济全球化和一体化的不断深入，作为联系生产和消费的桥梁和纽带，对外贸易在区域经济发展中的作用日趋重要。对外贸易对区域经济发展的促进作用不仅体现在直接贸易利益的获取上，而且通过对外贸易实现了区域动态贸易利益，如通过对外贸易增长方式转变实现了区域产业结构的提升、经济空间结构优化、技术进步、制度创新以及就业扩张等。因此，对外贸易增长方式的转变，将会极大地促进区域经济的发展。

伴随着改革开放的步伐，山东省对外贸易发展取得了长足的发展。特别是20世纪90年代中期以来，国际、国内环境发生了巨大的变化，山东省经济和社会发展跃上了一个新台阶，对外贸易有了飞速发展，对外贸易增长方式也有了转变，不断由粗放型向集约型方向发展。

由于集约型发展仅仅是相对于粗放型发展而言的，并没有具体的指标约束，如果能从国际竞争力的视角来分析度量山东省对外贸易的国际竞争力以及区域经济国际竞争力的高低，并探究二者的互动关系，对于我们正确看待外贸对于区域经济的贡献或许具有一定的价值。对外贸易对于区域经济发展的贡献到底有多大？这种贡献是否具有可持续性以及对外贸易对于环境的影响有多大？对山东省产业结构调整、人员就业的影响如何？等等，这些都是值得研究的问题。利用计量经济模型，全面了解山东省对外贸易国际竞争力与山东区域经济的国际竞争力，并实证研究对外贸易对于经济、环境、产业结构、就业的影响效果，不仅能从量的视角掌握外贸可持续发展的情况，而且有利于山东省有关部门根据相关研究结论做出政策调整，从而推动外贸增长方式的不断集约化，充分发挥外贸对于地区经济持续发展的贡献作用。

三　研究方法与思路

以主流国际贸易理论和区域经济理论为支撑，以全面认识山东省对外贸易对于地区经济社会发展的贡献并促进二者的良性发展为主要出发点，采用理论综述与实证分析相结合的研究方法，在测度山东省对外贸易与区域经济的国际竞争力之后，分别从对外贸易与区域经济国际竞争力的关系、对外贸易与经济增长的关系、对外贸易对产业结构调整的影响、外贸技术进步与外贸国际竞争力的关系、对外贸易的地区居民收入效应、对外贸易的环境效应等角度分析了山东省对外贸易与地区经济发展的关系。最后，立足于山东省外贸与经济发展的实际，提出了相应的政策建议。

在研究过程中，应用了如下常用的分析方法。文献研究法：通过查阅大量相关文献，对动态比较优势理论、竞争优势理论与产业集群理论做了较为全面的把握，从而使本书具有了坚实的理论基础，在前人研究的基础上，展开本书的研究。统计分析法：用于了解山东省对外贸易国际竞争力的总体情况，了解对外贸易发展现状以及存在的主要不足。实证分析法：运用因子分析法与相关计量经济模型分析了山东省外贸竞争力的变动趋势以及对外贸易与主要影响要素之间的关系。对比分析法：用于比较分析山东省与江苏、广东、浙江等地区对外贸易发展的差异。

第一章

对外贸易与经济发展关系的相关理论

第一节　相关概念

一　对外贸易与外贸增长方式的转变

（一）对外贸易

在经济学分析中，对外贸易通常是相对于一个独立主权国家或地区的国内贸易而言的。作为一种跨国的商业活动，对外贸易是指国际贸易活动中一个国家或地区与其他国家或地区之间商品和劳务的交换活动，包括进口贸易和出口贸易两个部分。

对外贸易有狭义和广义之分，狭义的对外贸易是指一个国家或地区与其他国家或地区之间有形商品的进出口，也称有形贸易（货物贸易）。联合国秘书处于1950年起草了联合国国际贸易标准分类，在1974年的修订本里，把国际贸易商品共分为10大类，分别用0到9表示。在国际贸易中，一般把0到4类商品称为初级产品，把5到9类商品称为制成品。通常将制成品出口比重的高低作为衡量一国出口商品结构合理与否的重要指标，第5和第7类主要是机电与高新技术产品，其所占比重的高低也是衡量一国出口商品国际竞争力高低的重要参数。货物贸易还可进一步分为一般贸易、加工贸易和补偿贸易。

广义的对外贸易除有形贸易之外，还包括无形贸易。无形贸易是指在进出口贸易活动中所进行的没有物质形态的劳务或其他非实物商品（技术、金融等）的进出口，包括与有形商品贸易直接相关的服务性经济活动，如运输、保险等，还包括与有形贸易没有直接联系的一些对外经济活动，如劳务输出入、国际旅游、侨汇等。

加工贸易是指从境外保税进口全部或部分料件，经境内企业加工或装配后，将制成品出口的经营活动。加工贸易主要包括来料加工、进料加工和出料加工。在经济全球化发展背景下，产业价值链环节和增值活动在全球范围内实现了分解与重新配置，产品内不同价值链环节或增值活动的分工逐渐代替产业间分工，成为国际分工的主导。在新的国际分工格局下，加工贸易成为参与国际分工和交换的重要途径，进口中间产品加工再出口，或者海外加工直接转口，成为各国企业生产和对外贸易中普遍采用的方式。

国际服务贸易是国际贸易的重要组成部分。根据《服务贸易总协定》（GATs）对服务贸易所作的定义，服务贸易是指以下述 4 种方式提供的服务：跨境交付、境外消费、商业存在、自然人流动。国际服务贸易是当前国际贸易中发展最为迅速的领域，在世界经济中的地位日益提高，成为各国关注和竞争的焦点，其发展程度已经成为衡量一个国家或地区综合实力的重要指标。

（二）服务贸易

《服务贸易总协定》中关于服务贸易的界定：服务贸易是一国劳动者向另一国消费者提供服务并获得外汇的交易过程。这一定义将服务贸易按提供方式分为 4 种形式：跨界提供、境外消费、商业存在和自然人的流动。跨境交付是指从一缔约方的境内向任何其他缔约方的境内提供服务；境外消费是指从一缔约方的境内向任何其他缔约方的服务消费者提供服务；商业存在是指一缔约方的服务提供者通过在其他任何缔约方境内的商业存在而提供服务；自然人流动是指一缔约方的自然人在其他任何缔约方境内提供服务。

根据服务产品的要素密集程度，可以将服务贸易分为三种①，即劳动力密集型服务贸易，主要是指国际劳务的输出、输入，如建筑工程承包等；资本密集型服务贸易，主要是指国际资本的输出、输入，如金融保险等；人力资本密集型服务贸易，主要是指咨询、管理等专业服务，运用产权、特许权、专利权等权益性资产提供的服务，以及提供知识信息和相关服务的贸易。

---

① 赵书华、张弓：《对服务贸易研究角度的探索——基于生产要素密集度对服务贸易行业的分类》，《财贸经济》2009 年第 3 期。

从 1997 年开始，IMF 将服务分为 13 大类，包括交通运输、旅游、通信、建筑、保险、金融、计算机和信息、专有权利使用费和特许费、咨询、广告宣传、电影音像、其他商业服务以及别处未提及的政府服务。中国目前外汇管理局公布的国际收支平衡表中的分类与 IMF 的规定一致。

（三）服务外包

服务外包是指企业将其非核心业务发包给其他的服务提供者，以优化产业链，提升企业核心竞争力。其业务形式主要有两种，即信息技术外包（ITO）和业务流程外包（BPO）。

ITO 和 BPO 都是以信息技术为基础的。ITO 强调技术，服务内容包括系统操作服务、系统应用服务、基础技术服务等，对服务承接方的 IT 知识技术及软件技术要求较高。而 BPO 更强调业务流程，关注企业内部运作或客户的后端活动，服务内容包括企业内部管理服务、企业业务运作服务、供应链管理服务等，注重解决业务和运营的效率问题。

根据服务外包承接商的地理分布状况，如果转移方与为其提供服务的承接方来自不同国家，外包工作跨境完成，这种外包称为离岸外包。由于劳动力成本的差异，外包商通常来自劳动力成本较高的国家，如美国、西欧和日本，外包供应商则来自劳动力成本较低的国家，如印度、菲律宾和中国。在岸外包是指外包商与其外包供应商来自同一个国家，因而外包工作在国内完成。境内外包更强调核心业务战略、技术和专门知识、从固定成本转移至可变成本、规模经济、重价值增值甚于成本减少。

作为发展中国家，主动承接国际服务外包，既是提高利用外资水平、融入全球经济的战略需要，也是新形势下产业结构优化升级、加快外贸增长方式转变的需要。由于服务贸易具有高知识、高附加值以及低耗低污染的特点，承接离岸外包服务，不仅会扩大服务业在 GDP 中的比重，而且会推动服务业整体发展水平的提高，进而推动企业越来越多地承接高附加值的高端服务，进一步提升经济效益，加快经济增长。

（四）对外贸易增长方式

到目前为止，关于对外贸易增长方式没有一个统一的定义，通常将对外贸易增长方式理解为：对外贸易增长方式是对外贸易增长的途径、手段、方法和形式的总和，是对外贸易增长的目的和手段的统一。

对外贸易增长方式是与对外贸易增长联系在一起的。对外贸易增长本身是一个客观存在的过程，它包括一国或地区对外贸易多个方面的发展，包括贸易规模、贸易结构、经济效益、产业结构、国际竞争力、可持续发展能力等。对外贸易增长方式则体现了人们对这一增长过程总体特征的看法和评价，主要说明对外贸易增长是如何实现的，即对外贸易增长是通过什么方法和途径实现的，这种增长有哪些特征。因此，我们可以将对外贸易增长方式进一步理解如下：对外贸易增长方式是指推动对外贸易增长的各种要素的组合方式和各种要素组合起来推动对外贸易增长的方式，它包括粗放型与集约型两种增长方式。

粗放型外贸增长方式主要是通过出口产品数量的扩张和出口额的增加来实现对外贸易的增长，重数量、轻质量，重规模、轻效益。主要依赖传统的资源与劳动力比较优势来实现外贸的增长，出口商品产业层次低，产品附加值低，国际竞争力差。追求数量的扩张，却忽视商品自有品牌的建设与技术创新，忽视环境保护与资源节约，使对外贸易发展不具有可持续性。靠出口质量和档次都比较低下的产品获利，主要以低价格进入国际市场，出口商品大多需求弹性小，出口贸易条件得不到改善，容易陷入"贫困化陷阱"。

集约型外贸增长方式是以出口产品的档次和质量不断提高为基础的，出口产品以满足国际市场上层次较高的消费需求为主，是以追求出口产品更高的附加值来实现出口贸易的发展和经济效益的提升。这类产品主要是依靠企业自主的知识产权、核心技术和品牌在国际市场上获得竞争优势。在集约型外贸增长方式下，资源得到合理化运用，企业以及国家与地区的竞争力不断增强。

（五）对外贸易增长方式的转变

如果一个国家的对外贸易发展是依赖数量扩张来实现的，则该国的对外贸易发展不具有可持续性，需要适时转变这种粗放型的外贸增长方式。所谓转变外贸增长方式，就是要将对外贸易从粗放型增长转变为集约型增长，即指从传统的单纯依靠低附加值产品数量扩张和价格优势的出口增长方式向依靠技术与品牌、提高质量和效益、优化结构的出口增长方式转变。具体而言，外贸增长方式转变是以国内资源配置不断优化、产业结构不断优化、对外贸易国际竞争力持续提升为目标，以培育国际知名品牌、推动自主技术创新为主要手段，不断完善各项制度，破除对外贸易增长方式转变的各项约束，不断提高出口产品的档次和质量，优化出口商品结构，提高出口产品附加值，提升企业国际竞争力，实现动态比较优势的转换，推动以提升技术含量和附加价值为重点的、具有新的比较优势和竞争优势的产品的出口，推动对外贸易的持续发展。

（六）外贸增长方式与外贸可持续发展

外贸可持续发展是指在维持生态环境平衡的基础上，合理利用国内外资源、优化外贸结构、提高外贸效率、改善对外贸易条件、促进经济和外贸的长期有效运行和持续健康发展。粗放型的外贸增长方式，只重视数量的扩张而忽视资源节约、环境保护与技术创新等问题，导致一系列不利于外贸发展的现象出现，诸如出口商品结构不合理、出口获利低、外部贸易摩擦不断增加、容易陷入比较利益陷阱，使对外贸易发展不具有可持续性。转变外贸增长方式是实现外贸可持续发展的手段和途径，只有将粗放式的外贸增长方式转变为集约式的外贸增长方式，才能促进对外贸易的可持续发展。外贸可持续发展是转变外贸增长方式的目标和方向，为外贸增长方式的转变提供向导和指示，转变外贸增长方式是为了实现外贸的可持续发展。

二　经济增长方式与经济发展

（一）经济增长方式

在经济学理论中，增长是指一个国家或地区在一定时期内经济产出总量的增长和扩大，通常反映为 GDP 的增长。它可以通过增加生产要素投入的数量来实现，也可以通过提高生产要素质量及其利用效率来实现，各种要素的组合不同，经济增长会呈现不同的方式。经济增长方式是指推动经济增长的各种生产要素投入及其组合的方式。现代经济学将经济增长方式分成两类：一种是以增加生产要素（如资金、劳动力）的投入来扩大再生产，由此带动的经济增长称为粗放型增长方式；另一种是以提高投入生产要素的使用效率来扩大再生产，其手段主要依靠科技进步，由此带动的经济增长称为集约型增长方式。推进经济增长方式从粗放型向集约型转变，其实质是经济增长的效益和质量的提高，就是使经济增长从主要依靠增加要素投入和物质消耗推动，转向主要依靠提高各类要素的投入产出效率的提高。

（二）经济增长与经济发展

经济增长（economic growth）通常是指在一个较长的时间跨度上，一个国家人均产出（或人均收入）水平的持续增加。经济增长水平是指一个国家经济发展的规模、速度和所达到的水准。经济发展是在经济增长基础上，一个国家经济与社会结构的现代化演进过程。经济增长侧重于经济数量的增加，经济发展侧重于经济质量的提高和经济结构的改善，二者构成经济增长数量与质量、总量与结构的统一。反映一个国家经济增长水平的常用指标有国内生产总值（GDP），国民收入（NI），人均 GDP 以及 GDP 的增长速度。经济发展的衡量指标除经济增长指标外，还包括社会发展指标，如城市化水平、三次产业结构、居民收入、环境污染综合指数等。

20 世纪五六十年代以前，传统理论认为，经济发展意味着国家财富和劳务生产增加以及人均国民生产总值的提高。60 年代以后，这种观点受到了若干国家现实的挑战，一些国家人均国民生产总值迅速增加，但其社会政治和经济结构并未得到相应的改善，贫困和收入分配不公正情况仍十分严重。因此经济学家意识到，高速增长可能会带来有增长无发展问题，即表现为无效益或零效益情况下的经济增长：以浪费资源和破坏环境为代价的增长；人民不能共同分享经济增长成果的经济增长；经济结构没有改善甚至恶化的经济增长。针对有增长无发展的问题，需要用转变经济发展方式来解决。因此，经济学家把经济发展同经济增长区别开来。经济发展具有更加丰富的内涵，不仅涉及物质增长，而且涉及社会和经济制度以及文化的演变。既着眼于经济规模在数量上的扩大，还着重于经济活动效率的改进。

（三）对外贸易增长方式的转变对区域经济增长的作用

区域经济增长和区域经济发展主要表现为区域发展要素的积累和发展要素效率的提高，对外贸易对区域发展要素的积累和发展要素效率的提高具有重要的影响作用。因此，对外贸易对区域经济发展的推动作用可以借助对区域发展要素的影响机制来实现，例如，区域资源配置效率的提高，规模经济的获得可以通过出口来实现；区域技术进步既可以借助技术贸易，又可以通过资本品的进口以获得技术的溢出效应来实现，资本品的进口还可能促成新的产业的形成，从而影响区域产业结构和经济结构；区域产业结构的优化可以通过贸易结构的调整和优化来实现；外贸条件的改善既可以提高区域出口商品的竞争力，又可以获取贸易利益，增进社会福利，增加资本积累，优化区域产业结构等。

因此，随着经济全球化和一体化的不断深入，作为联系生产和消费的桥梁与纽带，对外贸易在区域经济发展中的作用日趋重要。对外贸易对区域经济发展的促进作用不仅体现在直接贸易利益的获取方面，而且通过对外贸易实现了区域动态贸易利益，如通过对外贸易增长方式的转变所实现的区域产业结构提升、经济空间结构优化、技术进步、制度创新以及就业扩张等。因此，对外贸易增长方式的转变将会极大地促进区域经济的发展。

三　区域经济国际竞争力

（一）国际竞争力

瑞士洛桑国际管理开发学院（IMD）在《关于竞争力的报告》（1985）中将"国际竞争力"定义为："企业目前和未来在各国的环境中以比它们国内国外的竞争者更有吸引力的价格和质量来进行设计、生产并销售货物以及提供服务的机会和能力。"在1994年《国际竞争力报告》中，它又将"竞争力"重新定义为："一国或一个企业在全球市场上均衡地生产出比竞争对手更多财富的能力。"国际竞争力是指在国际的自由贸易条件下（或排除了贸易因素的假设条件下），一国某特定产业的产出品所具有的开拓市场、占据市场并以此获取利润的能力。简单地说，即是一国特定产业通过在国际市场上销售其产品所反映出的生产力。

（二）区域经济国际竞争力

国内学者对区域竞争力的定义大多数基于国家竞争力的内涵。费洪平（1998）认为，区域竞争力主要强调一区域在国内外贸易、金融、投资中的地位，强调一区域所提供的基础设施、科技水平、社会发展水平和经济发展状况，以及政府行为和对策干预等因素为国际资本流动创造的条件。王国辉（2001）认为，区域竞争力是指"区域在内部软、硬环境等方面具有明显优于且不易被其他区域模仿的，能够给区内企业提供良好的发展条件，并形成区域经济特色，不断促进区域经济快速、协调、健康发展的独特综合能力"。左继宏认为，区域在竞争中获取的收益不仅体现为伴随着区域财政稳定增长的综合经济实力不断增强，还应该体现在群众的收入持续增长、人民生活水平不断提高以及社会生产生活环境日益改善。因此，区域竞争力也可以表述为一个特定区域在参与国际国内竞争中具有相对于其他区域更能优化资源配置，营造比较优势和竞争优势，从而不断提高人民生活水平的能力。

第二节　对外贸易与经济增长关系的相关理论

长期以来，在对外贸易与经济增长关系的理论研究中，关于对外贸易是否能促进经济增长的命题，一直是经济学界争论和关注的热点，形成了诸多代表性的学派。它们从不同的角度阐述了对外贸易与经济增长的关系。

亚当·斯密的绝对优势理论，大卫·李嘉图的比较优势理论，俄林的"要素禀赋"理论，罗伯特逊、纳克斯的"发动机"理论等分别从不同的角度解释了对外贸易产生的原因、运行机理，动态比较优势理论从要素资源动态变化的视角研究出口商品的结构变化，共同支持贸易促进经济发展这一观点；李斯特的保护幼稚工业论，劳尔·普雷维什的"中心—外围"理论，巴格瓦蒂的"贫困化增长"理论则阐述了对外贸易给幼稚工业或落后国家经济带来的负面影响，但其并未否定对外贸易最终将促进经济发展的观点；诺克斯对"经济增长发动机"理论进行了修正，认为即使对外贸易确实促进了经济增长，它的作用也达不到"发动机"的效果，克拉维斯承认对外贸易可以促进经济增长，但认为其促进作用的发挥以及作用的大小与客观条件直接相关。

一　贸易与增长理论

（一）静态比较优势理论及 H—O 模型

1. 绝对优势理论

绝对优势理论是由英国古典经济学奠基人亚当·斯密提出的，该理论基本观点为：如果一个国家生产某种商品的成本绝对低于他国，它就应该大量生产和出口该商品；反之，则应从国外进口。各国都应该按照这一原理，选择自身具有优势的产品进行专业化生产，然后相互交换，这对贸易双方都有好处。对外贸易能使一个国家的剩余产品在国际市场上实现其价值，从而推动了经济增长，增加国民收入。不过，该理论不能解释当绝对优势集中在一方时所出现的国际分工和国际贸易。李嘉图在斯密的绝对优势论基础上，提出了相对优势论，解决了这一问题。

2. 比较优势理论

大卫·李嘉图在1817年首次提出了比较优势理论，认为国际贸易产生的基础并不限于劳动生产率的绝对差别，只要各国之间存在着劳动生产率的相对差别，就会出现生产成本和产品价格的相对差别，从而使各国在不同的产品上具有不同的相对比较优势，各国通过出口相对成本较低的产品，进口相对成本较高的产品就可能实现贸易的互利，即"两弊取轻，两利取重"。因此每个国家都应该出口本国具有相对比较优势的商品而进口具有相对比较劣势的商品，对外贸易能够给一个国家的经济带来好处。

3. H－O 模型

赫克歇尔—俄林继承和发展了李嘉图的比较成本理论，提出了要素禀赋论，又称 H－O 模型，用生产要素的丰缺来解释国际贸易产生的原因。俄林认为，商品价格的绝对差异是导致国家贸易的主要原因，而商品价格的绝对差异是由于成本的绝对差异决定的，而成本的绝对差异源于两国的要素禀赋不同以及要素密集程度不同。因此，一国应该出口使用本国相对丰富要素生产的产品，而进口使用本国相对稀缺要素生产的产品，这样，两国间的贸易能使两国都受益。根据比较优势理论，一国的要素禀赋状况决定了该国的出口商品结构，每个国家都应该主要出口以本国相对丰富要素生产的产品，这有利于实现各国福利的最大化。

（二）动态比较优势理论

由于比较优势理论与当时的国际贸易实际比较吻合，因此在很长一段时间内，成为比较有影响力的、指导各国参与国际分工、确定出口商品结构的贸易理论。但是，列昂惕夫悖论的提出、产业内贸易的迅速发展以及发展中国家日益陷入"比较优势陷阱"的事实，促使许多经济学家重新审视这种将要素禀赋视为外生变量的比较优势理论的适用性，并放宽了假设前提，考虑更多的新要素，尤其是人力资本以及技术进步等，从动态的角度解释国际贸易的发展以及贸易格局的变化。舒尔茨提出的人力资本说认为，人力智能的高低决定了一国具有竞争力的商品结构；基辛等人的研究开发要素说认为，研究开发要素比重的大小是产品国际竞争力强弱的重要影响因素；波斯纳的技术差距论将国家之间的贸易商品结构与技术差距联系起来，认为正是技术差距使一国的出口商品获得了市场优势；弗农提出的产品生命周期理论认为，一种产品在生命周期中运动时，各国生产要素的比例会发生变化，从而使比较优势在不同国家之间转换，各国出口商品也随之调整；克鲁格曼的技术外溢效应、阿罗的"干中学"观点以及杨小凯的内生比较优势理论都从技术进步的角度解释国际贸易格局以及分工的变化，认为技术是内生变量，可以通过后天的学习获得技术进步、知识积累，从而一国可以依据新的技术比较优势来确定出口商品的结构。实际上，19世纪李斯特提出的保护幼稚工业理论，也是从动态角度重视对于本国某项幼稚产业潜在技术优势的培育，强调通过产业升级带动出口商品结构的变化。上述理论从要素资源动态变化的视角研究出口商品的结构变化，从而形成了动态比较优势理论。

根据动态比较优势理论，一国参与国际分工的基础是比较优势，竞争优势是建立在比较优势基础上的，因此，一国或地区的出口商品结构也是由所具有的比较优势来决定的。但是，一国的比较优势是随着资本的积累和技术的进步而动态变化着的，是可以通过学习、创新以及经验积累等后天因素人为地创造出来的。要素增量可以改变一国现有的比较优势及参与国际分工的层次，应该注重把要素积累增量和技术创新结合起来，不仅注重依托比较优势参与国际分工以获得资本积累，也特别注重加强技术创新投入，培育技术优势，提高人力资源智能，根据新的比较优势确定出口商品结构。同时，动态比较优势理论也重视政府在推动出口商品结构转变中的重要作用，并且认为产业升级是产品升级的基础。按照动态比较优势，发展中国家在经济发展的初期，由于劳动力丰富而资本和技术短缺，其出口商品结构以劳动密集型为主，但随着经济的发展，该国资本不断积累，技术不断创新，要素禀赋状况发生了新的变化。此时，发展中国家的比较优势体现在资本和技术密集型产品的生产上而不再是劳动密集型产品的生产，出口商品结构也随之发生调整，向着更高产业层次以及更高附加值产品发展。

（三）罗伯特逊的"发动机"理论

对外贸易对经济增长起到的是发动机的作用，这一观点是1937年由英国的罗伯特逊提出来的，他是一名经济学家。1950年后，另一名经济学家——罗格纳·纳克斯发展了这个理论，认为国际贸易具有静态和动态两方面的利益。一方面，参与对外贸易的国家都充分发挥本国的比较优势，这样，随着对外贸易的发展，在市场机制的作用下就会促使国际分工变得专业化，资源在专业化的过程中实现了优化配置，提高了生产效率和产量，在专业化分工下生产出来的种类繁多的优质产品在国际市场上进行交换，消费的数量与种类都会大大增加，这就是国际贸易中的静态利益。另一方面，对于参与国际贸易的国家而言，它们的商品需求市场变成了规模更大的国际市场，需求市场规模扩大，需求也会增加，商品的供不应求导致很多厂商参与到生产中，这样，竞争的加剧会大大降低生产成本，从而实现规模效益，这是国际贸易带来的动态利益。总而言之，在对外贸易发展过程中，参与贸易的国家会产生一组动态的转换效应，这些动态转换效应会随着对外贸易从发生国传递到其他国家，经济增长也会随着这一效应而在各个国家之间传递。

（四）新增长理论概述

20 世纪 80 年代中期以来，以卢卡斯、罗默等人为代表的经济学家构造了内生增长模型，研究在开放条件下对外贸易、技术进步、经济增长三者的关系。格鲁斯曼和赫尔波曼使用内生增长模型对上述三个变量之间所存在的关系进行了研究。通过研究他们得出，由贸易引起的国际市场上的竞争，迫使厂商不断更新思想、提高技术，期望以产品的稀缺性来占有市场，这样就避免了研究上的重复劳动；贸易方便了国际上先进信息技术的传递，提高了科技利用率，降低了科研成本。全球经济一体化使各个厂商都面临着一个更大规模的市场，这个市场上更多的需求引起了更多的销售量，带来了更多的利润，但当厂商大量进入该行业后，也将产生更多的竞争；如果两个差异相对较大的国家相互开放，一体化使得这两个国家的生产更加专业化，这两个国家的经济增长率就会受到影响。综上所述，国际贸易不但有利于技术进步，还能够促进科技知识在全球的传播和应用，最终促进全球经济的增长。

（五）针对发展中国家的对外贸易发展理论

通过对发展中国家经济发展水平与贸易发展条件进行分析后，有学者提出了在特定的条件下，自由贸易会损害发展中国家利益的理论，这也是发展中国家制定经济管制与对外贸易政策时应该注意的问题。

1. 李斯特的保护幼稚工业论

在国际贸易的历史舞台上，很早就有人主张贸易保护理论，其中最早、最有地位的要数幼稚工业保护论了。这一理论是汉密尔顿——美国的第一任财政部长提出来的。经济学家李斯特支持他的观点，曾在 1861 年指出，对于那些并不发达的工业化国家而言，比较优势是不利于经济发展的。有的产业最初的成本很高，随着国家经济的发展，其成本逐渐下降，再经过一定时期的发展，产品的成本和产出价格甚至会比国外很多进口品的价格还要低，这些原本处于劣势的行业具有了比较优势。这种现象在工业中表现得尤为明显。发展中国家如果想发掘那些具有潜力的产业的比较优势，就要给予这些产业以充分的保护。这种保护至少要持续到产业自身体系变得完善，成本开始出现下降趋势；如果这种潜在的产业比较优势没有得到充分发挥，那么发展中国家的工业化进程会受到阻碍，与发达国家之间的差距将会变得更大。贸易全球化是大势所趋，但每个国家都有自己的具体情况，所以在这个进程中难免会出现出人意料的问题。

2. 普雷维什的"中心—外围"理论

阿根廷经济学家劳尔·普雷维什于 1949 年提出了"中心—外围"理论。该理论从传统的国际分工角度指出，世界经济由两大部分组成：一部分是大的工业中心，这些国家以生产和出口工业品为主；另一部分是为这些中心国家生产粮食和原材料的外围，以生产和出口初级产品为主。"初级产品"的贸易条件与"工业品"的贸易条件相比，前者存在长期恶化的趋势，所以这一理论又称为贸易条件恶化论。在这里提到的"工业品"、"初级产品"在"中心""外围"这两个体系之间不对称，在国际市场和全球贸易中的地位不平等，这是因为技术进步的传播机制在这两个体系间的表现和影响是不同的，不是互利的。

3. 巴格瓦蒂的"贫困化增长"理论

印度经济学家巴格瓦蒂在"中心—外围"理论的基础上，提出了"贫困化增长"理论，这一理论也提出对外贸易会阻碍经济增长。"贫困化增长"也是指某些特定的发展中国家在发展中的特殊情况，如果一国的单一要素供给极大增长，传统出口商品的出口规模也会出现极大增长，最终，该国无论是贸易条件还是国民的福利水平，都会出现严重恶化和下降趋势。该理论认为，一些发展中国家处于分工的低级阶段，主要出口初级产品，而这些初级产品的价格和收入弹性是很小的，如果出口大幅度增加，价格必然会大幅度下跌，那么因为产量提高而获得的收益又会被贸易条件的恶化抵消掉。在这个过程中，本国的收入和消费水平会出现绝对的下降，这就是所谓的"贫困化增长"。

（六）对外贸易促进经济增长理论的修正

上述主流经济学理论解释了对外贸易能够促进经济发展的机理，但也有专家认为，贸易促进经济发展的作用并不明显，其作用的大小取决于客观条件。

1. 对外贸易是经济增长的"侍女"

克拉维斯是美国的一名经济学家，他在1970年提出，对于经济增长而言，对外贸易不是"发动机"，只是"侍女"的著名见解。也就是说，对外贸易确实能够促进经济的增长，但对于经济增长而言并不是必不可少的。克拉维斯在对比了全球范围内的贸易增长速度和经济增长速度后，发现了这一事实，即贸易的增速一直都大于经济的增速。基于此，他指出，对于一个国家的经济增长而言，外部需求仅仅构成额外的刺激，主要动力还是国内的其他因素，而且外部需求的刺激在不同国家不同时期所体现的重要性是不尽相同的。他指出，贸易只是经济增长的助推器，并不是自主发动机，所以将贸易比作推动经济增长的"侍女"更为恰当。该理论承认，对外贸易促进了经济增长，但其促进作用的发挥以及作用的大小与客观条件直接相关。

2. 诺克斯对"经济增长发动机"理论的修正

发展经济学创始人、美国经济学家诺克斯（R. Nurkse）提出，"经济增长发动机"理论仅适用于19世纪，并不适用于20世纪。在第二次工业革命的深远影响下，从20世纪开始，处于全球主导地位国家的经济迅速发展，这些国家国内的初级产品已供不应求，它们从那些产业结构相对落后的国家进口初级产品，从而带动了各个国家的经济增长。"经济增长发动机"理论依据的是19世纪的全球经济环境，而此时条件已经发生了改变，需要对这一理论进行调整。诺克斯对这种情况所产生的原因进行了分析和总结，认为对外贸易对于经济增长的促进作用已经不那么明显了。所以说对外贸易是否能带动发展中国家的经济增长，结论是不一定，即使对外贸易确实促进了经济的增长，它的作用也达不到"发动机"的效果。

二　贸易与竞争理论

（一）竞争优势理论的基本内容

美国哈佛大学教授迈克尔·波特被公认为竞争优势理论的代表人物。迈克尔·波特教授在其于1990年提出的国家竞争优势理论中指出，一国兴衰的根本在于能否在国际市场上取得竞争优势，而竞争优势形成的关键又在于能否使主导产业具有优势，优势产业的建立要靠提高生产效率，提高效率的源泉在于企业是否具有创新机制和创新能力。该理论通过研究一国的经济环境、组织、机构与政策在产业竞争优势中所扮演的角色，找出一国可以维持产业竞争优势的诸多因素，认为国家及其环境是支持企业和产业进行国际竞争的基础，一个国家在某一行业建立和保持竞争优势的能力取决于四个基本要素和两个辅助要素的整合作用。四个基本要素包括要素禀赋、需求状况、相关产业和辅助产业及行业战略、结构和竞争；两个辅助要素是机遇与政府。据此波特教授提出了"钻石模型"的分析框架。

1. 生产要素

一国生产要素包括人力资源、天然资源、知识资源、资本资源、基础设施，这些要素按等级可以划分成初级要素和高级要素两大类。初级要素指一国先天拥有、被动继承的或不用付出太大代价就可以得到的要素，如自然资源、地理位置、气候、非技术人力和半技术人力等。高级要素则是通过长期对人力资本、物质资本的投资才创造出的要素，如现代化通信的基础设施、高等教育人力以及各大学研究所等。一国仅靠初级要素建立起来的竞争优势是难以持久的，必须不断发展高级要素，使之持续升级和专业化。

2. 需求要素

波特理论十分强调国内需求在刺激和提高国家竞争优势中的作用。一般说来，企业对最接近的顾客的需求反应最敏感。因此，国内需求的特点对塑造本国产品的特色，产生技术革新和提高质量的压力起着极其重要的作用。波特认为，如果一国国内的消费者是成熟、复杂和苛刻的，就会有助于该国企业赢得国际竞争优势，因为成熟、复杂和苛刻的消费者会迫使本国企业努力达到产品的高质量标准并进行产品创新，从而有利于该国在国际市场上取得竞争优势。

3. 相关产业及支持性产业

相关产业是指因用某些技术、共享同样的营销渠道或服务而联系在一起的产业或具有互补性的产业。支持性产业是指能够提供高质量的产品并带动另一些产业的效率和质量提高的产业。相关产业及支持性产业不仅能为优势产业提供投入品的支持，而且它们往往形成一个产业集群，地域范围上的临近，将使得企业相互间频繁而迅速地传递产品信息，使交流创新思路成为可能，促使相关产业和支持性产业在高级生产要素方面投资的好处将逐步溢出到优势产业中，从而有助于提升该优势产业的国际竞争力。

4. 企业的战略、结构和竞争

不同国家的企业所面临的环境不同，在企业目标、战略、组织方式上也有不同，国家竞争优势来自于对它们的选择和搭配。国内竞争给企业带来创新、改进质量、降低成本、通过投资提升高级生产要素等一系列压力，激烈的国内竞争会引导企业努力寻求提高生产与经营效率的途径，反过来也会促使它们成为更好的国际竞争企业，这有助于产生具有世界竞争力的企业。

5. 机遇

机遇指超出控制范围内的随机事件，包括重大技术革新、生产要素、供求状况等的重大变动及其他突发事件。机遇可以打破现有的竞争环境结构，既可以使原有国家的竞争地位丧失殆尽，也可以提供新的机会，使原来竞争力弱的国家后来居上。

6. 政府

波特认为，政府对四个基本要素中的任何一个方面都可以产生积极或消极影响。政府行业补贴、资金市场政策、教育政策等会影响该国的资源与才能要素；通过制定国内产品标准以及规范和影响购买者需求的法规，政府可以培育和塑造国内需求及其性质；通过政策和法令，政府可以影响某个行业的关联和辅助性行业；通过资金市场法规、税收政策和反托拉斯法等手段，可以影响行业企业之间的竞争。反之，这些因素亦对政府制定相关改革政策具有相当的影响。

相对于传统的比较优势，竞争优势的提出从更高层面阐述了国家竞争优势的形成和保持。当某些产业在国际上转移，国际比较利益发生变化时，原先拥有该种产业比较优势的国家可能就会因为固守静态比较优势而失去贸易上的竞争优势。各国只有在国际经济格局的动态调整中，充分利用国内国外两个市场及资源，在宏观、中观和微观层次上进行优势整合，才能不断创造出新的竞争优势。

按照这样的分析，贸易竞争力的获得既要依靠比较优势，也要注重创造竞争优势。比较优势是一国资源禀赋和交易条件所决定的静态优势，是获取竞争优势的条件。竞争优势则是一种将潜在优势转化为现实优势的综合能力的作用结果。比较优势作为一种潜在优势，只有最终转化为竞争优势，才能形成真正的贸易竞争力。

（二）"钻石模型"的修正

波特的"钻石模型"理论是在归纳发达国家经济发展的基础上总结出来的，重视分析国内要素的培育，但并没有考虑跨国经济的影响，对经济全球化的重视不够。因此有许多专家对"钻石模型"进行了修正，使得"钻石模型"具有更强、更广泛的解释力，如能更好地解释小国、欠发达国家和发展中国家的竞争力。

Cartwright 构建了"多因素钻石模型"，在保留波特"钻石模型"中六大要素的基础上，增添了五个新的海外变量：海外要素创造能力、与在海外环境中相关的和支持性产业的联系、满足海外顾客需求的途径、海外市场的竞争以及该产业在多大程度上具有面向国际的目标和结构。他认为，这一模型更适用于研究小国经济、出口依赖工业国和以资源为基础的工业国的国际竞争优势。Dunning 等引入了"跨国经营"这一要素。认为跨国公司在产业发展中起着重要作用，外国直接投资可以获得产业发展所需要的资金和技术等，带动本国产业的发展，对本国产业及区域经济发展起着非常重要的作用。但本国企业要注重从跨国公司中学习技术、注重通过技术的积累来促进本国企业的发展。Rugman and Moon 等构建了一般化"双钻石模型"，这一模型认为，一国的竞争力不仅来源于国内"钻石"，也来源于国际"钻石"。Anil Nail 和 Zeller 等将政府作为第五个关键因素引入，发现在土耳其重点产业的成长过程中政府发挥了核心作用，是产业竞争力的一个非常重要的决定因素。韩国汉城国立大学学者乔东逊也提出，"人力要素"是推动韩国经济国际竞争力不断提升的决定性因素。

通过对上述"钻石模型"修正的研究成果的回顾，我们很容易发现，不同的专家在考虑一国产业竞争力时考虑的重点有所不同，如果能结合一国的具体国情与所面临的国际环境，将特定的因素引入模型，则能更好地指导特定国家或地区的产业竞争力培育。通过多年的招商引资，发展外向型经济，中国与世界的联系日益紧密。然而，作为发展中国家，中国必须正视竞争力提升所面临的特定制约因素：经济发展缺乏资金、技术与高层次人才，国内需求潜力巨大但需求层次低等。在经济全球化发展的国际环境下，在运用"钻石模型"研究中国产业竞争力提升问题时，要充分考虑跨国经济的影响，重视技术创新，重视高层次人才与政府的作用等。因此，本书在前人研究成果的基础上，对"钻石模型"进行了修正：引入了跨国公司、国际环境两个要素，并将专业人才从要素禀赋中剔出，作为一个专门的要素列出，将政府从辅助要素调整到基本要素中，从而形成由两个关键要素、五个基本要素与两个辅助要素相结合的新的多要素模型。专业人才与专业技术是影响服务贸易国际竞争力的关键因素，要素禀赋和需求、跨国公司、相关产业与支持性产业、企业的战略结构和竞争以及政府这五个要素作为基础性支撑要素，对服务贸易发展起着支撑作用。而机遇与国际环境构成了影响一国或地区服务贸易国际竞争力的外围辅助因素。从长远来看，专业技术人才是提升服务贸易竞争力的"发动机"，持续不断的技术创新是服务贸易国际竞争力得以维持的基本保障。因此，服务贸易国际竞争力影响因素存在多层次性，各要素密切配合，相互支持，共同形成了影响服务贸易发展的多维层面。

根据修正了的"钻石模型"，一国产业具有国际竞争力的前提条件是具备了优化的九要素。然而具备了优化的九要素，并不等于拥有了国际竞争优势。钻石体系是一个各因素相互影响的综合体系，内部的每个因素都会强化或改变其他因素的表现，每个关键因素都是相互依赖的，辅助因素亦通过影响关键因素而彼此互动。因此，任何一项因素的效果都是建立在其他条件的配合上的。只有将这些因素交错运用，形成该国、地区或产业自我强化的优势，才是国外竞争对手无法模仿或摧毁的。国际竞争优势的形成过程，实际上是一个上述因素有效整合、相互强化的过程，在这个过程中促进要素相互作用发挥的是产业集聚发展这一主要模式。

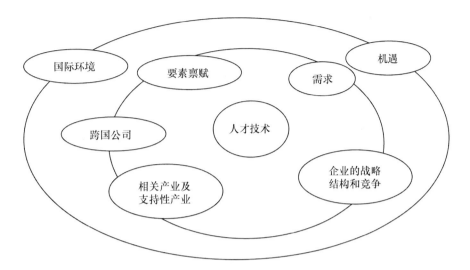

图 1.1 影响服务贸易国际竞争力的因素构成

小 结

一国尤其是发展中国家以传统比较优势理论为指导，完全按照比较优势原则参与国际分工。虽然这在短期内能够获利，但从长期来看，就容易陷入"比较优势陷阱"。根据上述动态比较优势理论，一国参与国际分工的基础是比较优势，竞争优势是建立在比较优势基础上的，但是，一国的比较优势是随着资本的积累和技术的进步而动态变化的，是可以通过学习、创新以及经验积累等后天因素人为地创造出来的。要素增量可以改变一国现有的比较优势及参与国际分工的层次，应该注重把要素积累增量和技术创新结合起来，不仅注重依托比较优势参与国际分工以获得资本积累，也特别注重加强技术创新投入，培育技术优势，提高人力资源智能，根据新的比较优势确定出口商品结构。同时，动态比较优势理论也重视政府在推动出口商品结构转变中的重要作用，并且认为产业升级是产品升级的基础。

发展中国家在对外贸易发展中要警惕"贫困化增长"现象，适当保护幼稚产业，在努力扩大外需的同时，要重视国内相关因素的完善与提高，培养创新人才，鼓励技术创新，创造公平竞争环境，提高国内市场需求数量与水平等，充分发挥贸易对经济增长的助推作用。

　　波特关于产业国际竞争优势的理论，对于本书具有重要的借鉴价值。一个产业国际竞争优势的形成，关键是要培育具有竞争力的相关要素，服务业与制造业是互动的关系，竞争有助于孕育或提升供应商和客户所属的产业的竞争能力。山东是制造业大省，半岛制造业产业基地建设已初见成效，农业发展也走在全国的前列，生产性服务贸易的发展具有良好的产业基础，这些都为国际竞争力提升提供了必要的条件。制约或影响产业发展的各种相关要素必须不断完善，相互配套，构成一个完整的系统，并以产业集群的形势发展，通过洼地效应促进人才、资金的汇集，只有这样，才能充分发挥各要素的作用，在与其他产业互动的过程中提升国际竞争力。

第二章

山东省对外贸易现状与竞争力分析

伴随着改革开放的步伐，山东省对外贸易取得了长足的发展。特别是20世纪90年代中期以来，国际、国内环境发生了巨大的变化，山东省的经济和社会发展跃上了一个新台阶，对外贸易有了飞速发展，对外贸易增长方式也有了转变，不断由粗放型向集约型方向发展，但仍然存在许多制约山东省对外贸易增长方式转变的问题。分析现状，发现问题，便于寻找相应的改进措施。

第一节　山东省对外贸易发展现状

一　山东省对外贸易总量发展情况

1987年，山东省对外贸易进出口总额仅为35.53亿美元，2014年，达到2771.15亿美元，增长了77倍。其中出口由1987年的28.99亿美元增长到2014年的1447.45亿美元；增长了49倍，进口由1987年的6.54亿美元增长到2014年的1323.70亿美元，增长了201倍。1994－2011年，对外贸易进出口总额一直保持着两位数的增长率（除1997、1998、1999、2009年外），其中，1995年对外贸易进出口增长率达到了44.87%，在经历了1997—1999年的低速发展以后，到2000年，进出口增长了36.77%；2004年，再次达到36.10%的增长速度。2009年因受金融危机的影响，进出口额大幅下降，但2010年很快出现增长，除2009年外，自2005年以来，山东省对外贸易稳步发展，保持了总量的稳定上升（见表2.1）。

表 2.1　　　　　　　　1987—2014 年山东省对外贸易发展情况

指标\时间	进出口		出口		进口		进出口差额（亿美元）
	总值（亿美元）	增长比率（%）	总值（亿美元）	增长比率（%）	总值（亿美元）	增长比率（%）	
1987	35.53	—	28.99	—	6.54	—	22.45
1988	57.34	61.38	30.98	6.84	26.36	303.31	4.62
1989	61.65	7.53	32.70	5.57	28.95	9.83	3.75
1990	42.85	-30.49	34.17	4.50	8.68	-70.02	25.49
1991	48.32	12.76	37.52	9.81	10.80	24.39	26.72
1992	77.81	61.04	43.38	15.60	34.44	218.97	8.94
1993	72.86	-6.37	42.04	-3.09	30.82	-10.50	11.22
1994	96.29	32.16	58.70	39.64	37.59	21.96	21.11
1995	139.50	44.87	81.61	39.03	57.89	54.00	23.72
1996	161.64	15.87	91.83	12.52	69.81	20.59	22.02
1997	175.36	8.49	108.59	18.25	66.77	-4.35	41.82
1998	166.17	-5.24	103.47	-4.71	62.70	-6.10	40.77
1999	182.71	9.95	115.79	11.91	66.92	6.72	48.87
2000	249.90	36.77	155.29	34.11	94.61	41.38	60.68
2001	289.63	15.90	181.29	16.74	108.34	14.51	72.95
2002	339.42	17.19	211.15	16.47	128.27	18.39	82.88
2003	446.58	31.57	265.73	25.85	180.85	40.99	84.88
2004	607.81	36.11	358.73	35.00	249.09	37.73	109.64
2005	768.89	26.50	462.51	28.93	306.38	23.00	156.13
2006	952.88	23.93	586.47	26.80	366.41	19.59	220.06
2007	1226.18	28.68	752.44	28.30	473.74	29.29	278.7
2008	1581.45	28.97	931.75	23.83	649.70	37.14	282.05
2009	1386.04	-12.36	795.65	-14.61	590.38	-9.13	205.27
2010	1889.51	36.32	1042.47	31.02	847.04	43.47	195.43
2011	2359.92	24.90	1257.88	20.66	1102.04	30.10	155.84
2012	2455.45	4.05	1287.32	2.34	1168.13	6.00	119.19
2013	2671.59	8.80	1345.10	4.49	1326.49	13.56	18.61
2014	2771.15	4.00	1447.45	7.90	1323.70	0.00	123.75

资料来源：根据《山东统计年鉴》以及山东统计信息网资料整理。

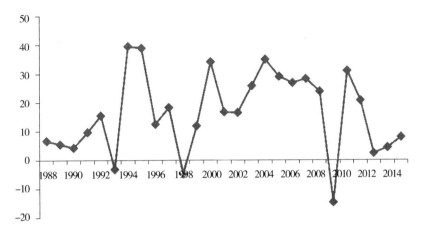

图 2.1　山东省对外贸易出口增长比率

根据对外贸易出口增长比率的高低变化,山东省对外贸易最近 26 年的发展可以分为五个阶段(见图 2.1):第一阶段为 1987—1992 年。这一阶段,对外贸易稳步发展,对外贸易出口增长率始终保持在 4%—10% 之间(除 1992 年外)。第二阶段为 1993—1998 年。对外贸易快速发展,但出现大幅波动,1993 年与 1998 年外贸出口出现负增长,而 1994 年和 1995 年对外贸易出口增长又分别高达 39.63% 和 39.03%。对外贸易出现负增长,主要受中国经济当时的发展状况以及亚洲金融危机的影响,而 1994 年、1995 年的外贸出口迅速增长是外贸体制改革带来的结果。第三阶段为 1999—2004 年。对外贸易快速发展,出口额迅速上升,其中,2004 年出口增长率高达 35%。第四阶段为 2005—2011 年。对外贸易出口出现稳步增长阶段,增长比率基本保持在 26—31% 之间(除 2009 年外)。第五阶段为 2011 年至今。

二　山东省对外贸易结构发展现状

(一) 山东省对外贸易商品结构分析

对外贸易商品结构是指一国或地区在一定时期内各类进出口产品在整个进出口贸易总额中所占的比重。它是反映该国或地区经济发展水平、资源禀赋状况、产业结构以及对外贸易政策方面的重要指标。由于初级产品附加值低,在国际市场上的竞争力较弱,粗放型外贸增长方式以初级产品口为主，而工业制成品附加值较高，具有较强的国际竞争能力，集约型外贸增长方式多以工业制成品出口为主。进口初级产品对于一国或地区的经济发展是有利的，尤其是急需的或者短缺的能源、原材料等的进口，有助于充分利用国际资源，参加全球范围内资源的优化配置。

1. 按贸易额占比进行的分析

研究商品结构变化需将进出口产品分为初级产品与工业制成品两大类，通常以工业制成品在出口总额中所占比重的高低来衡量一国或地区出口商品结构的优劣，而以初级产品在进口总额中所占比重的高低来衡量一国或地区进口商品结构的好坏。图 2.2、图 2.3 和表 2.2 反映了山东省对外贸易商品结构的概况，通过表 2.2 中的数据，我们可以得出以下一些基本结论：

第一，出口商品结构不断改善，工业制成品所占比重稳步提升。从进出口商品结构看，初级产品的出口占比基本上呈现逐年下降的发展趋势，由 1996 年的 24.9% 下降到 2014 年的 11.6%；工业制成品的出口占比逐年上升，由 1996 年的 75.1% 上升到 2014 年的 88.4%，目前工业制成品出口占绝对主导地位，这说明山东省出口产品结构正逐步趋于优化。

第二，进口商品结构不断改善，初级产品所占比重稳步提升。与出口形成鲜明对比的是，山东省进口商品中的初级产品占比不断上升，由 1997 年的 15.5% 上升到 2014 年的 58.4%；工业制成品的进口占比逐年下降，由 1996 年的 84.5% 下降到 2014 年的 41.6%。不断上升的初级产品进口有利于解决山东省资源不足的问题，不仅有利于山东经济的发展，也会间接促进外贸出口的进一步发展。

第三，工业制成品的出口结构进一步优化，资本和技术密集型机电产品和高新技术产品增长幅度较大。一般认为，农产品与纺织服装类产品属于劳动密集型产品，产品附加值低，一国参与国际竞争的初级阶段通常依赖这类商品；机电产品与高新技术产品属于资金与技术密集型产品，产品的附加值高，这类产品的出口比重不断上升，反映了一国或地区参与国际竞争的优势越来越强。由图 2.4 可以直观地看出，低附加值的纺织服装、农产品的出口以及出口占比不断下降，而且下降幅度较大，1998 年，纺织服装、农产品的出口占比为 52.1%，2014 年下降到 26.2%；高附加值的机电产品和高新技术产品的出口以及出口占比不断上升，由 1998 年的

22.39%上升到 2014 年的 53.03%；尤其是代表了产业竞争力的高新技术产品的出口，由 1998 年的 3.47%上升到 2014 年的 14.23%，占比提升了3.1 倍，说明山东省的高新技术产业发展比较迅速，出口产品的竞争力快速提升。

但是通过进一步分析我们发现，出口增长迅速的机电产品、高新技术产品中，大部分是通过加工贸易完成的。根据山东国际商务网公布的最新数据，2014 年，机电产品出口总额 561.6 亿美元，以加工贸易方式完成的机电产品出口额为 275.5 亿美元，占机电产品总出口额的 49.1%；高新技术产品出口总额 205.9 亿美元，以加工贸易方式完成的高新技术产品出口额为 146.2 亿美元，占高新技术产品总出口额的 70.1%。与一般贸易相比，通常加工贸易所从事的大多是低附加值的加工组装环节，国内产业链条短，产品的增加值不高，在山东省出口中占有重要比重的机电与高新技术产品主要依赖加工贸易完成，反映了山东省重要技术的缺乏，大力推动技术创新，仍是提高外贸国际竞争力的重要手段。

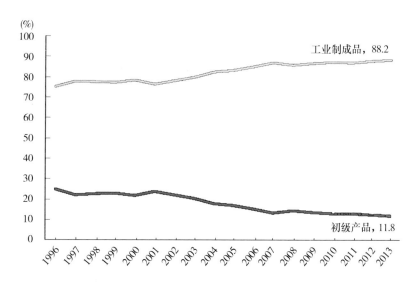

图 2.2 山东省工业制成品与初级产品出口占比变化

资料来源：山东统计信息网。其中 2007 年以后数据根据《山东统计年鉴》有关资料计算得出。在计算中，将"海关进出口商品分类金额"中的前五大项列为初级产品，其他各大项列为工业制成品。图 2.3 资料来源同此。

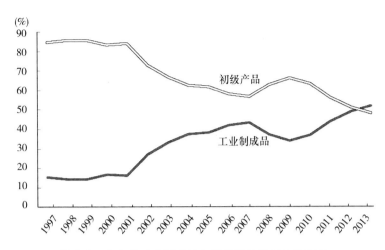

图 2.3 山东省工业制成品与初级产品进口占比变化

表 2.2　　　　　　1998—2014 年主要商品大类出口占比统计　　　　　　（％）

时间 \ 类别	纺织服装	农产品	机电产品	高新技术产品
1998	30.00	22.10	18.92	3.47
1999	30.30	18.13	3.89	23.40
2000	30.33	22.73	20.15	4.19
2001	28.52	24.66	20.96	4.30
2002	27.42	11.66	23.82	5.40
2003	28.11	17.88	24.24	5.80
2004	24.73	15.58	27.10	6.94
2005	22.96	21.96	29.34	9.18
2006	20.94	13.80	31.60	11.06
2007	18.36	12.30	36.88	11.25
2008	16.69	10.71	41.25	11.26
2009	17.86	12.28	42.94	14.67
2010	16.62	12.18	43.23	16.86
2011	16.20	12.22	40.42	12.08
2012	15.34	11.67	39.10	11.12
2013	16.06	11.30	37.83	12.83
2014	15.33	10.87	38.80	14.23

资料来源：根据《山东统计年鉴》与山东国际商务信息网数据计算整理得出。

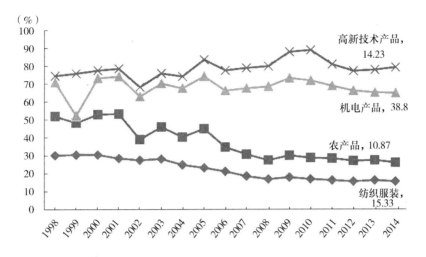

图2.4 主要大类出口产品占比变化

2. 出口商品集中度分析

商品集中度不仅反映了一国的经济发展水平，而且代表了一国在国际分工中的地位。其中，出口商品集中度指出口商品集中于某类产品的程度，反映了出口商品的多样性情况和比重分布情况是否均衡合理。

衡量商品集中度的指标很多，其中 Gini-Hirschman 系数是目前文献中常用指标之一。[①] 其应用虽然需要较大计算量，但能全面反映各类商品占总出口额比重的情况，避免指标计算中的主观性。计算公式为：

$$G = \sqrt{\sum_{i=1}^{n} \left(\frac{X_i}{X}\right)^2}$$

其中，X_i 表示第 i 类产品的出口额，X 表示总出口额，分类按照海关编码[②]分类，将商品分成 1—22 大类。G 介于 $1/\sqrt{n}$ 与 1 之间，G 越趋近于 $1/\sqrt{n}$，一国出口商品愈平均分配于各类产品；反之，G 愈趋近于 1，一国出口商品愈集中于其中几类产品，也就是一国出口收益愈容易受到个别商品的影响，也容易受一国宏观经济波动与政策调整的影响。

---

① 刘卫江：《中国出口收入不稳定性成因的实证分析》，《财经科学》2002 年第 2 期。

② 海关编码即 HS 编码，为编码协调制度的简称，全称为《商品名称及编码协调制度国际公约》（International Convention for Harmonized Commodity Description and Coding System），简称 "协调制度"（Harmonized System，HS）。

在实际计算中，对于第 19 类武器弹药及其零件、附件，第 21 项艺术品、收藏品及古物，第 22 特殊交易品及未分类商品，由于涉及商品的性质特殊，加之贸易额很小，所以不进行计算，实际上只对第 1—18 类以及第 20 类这 19 大类商品进行集中度分析。在计算山东省出口商品集中度时，选择 19 大类商品进行分析，因此 n 等于 19，$1/\sqrt{n}$ 等于 0.2294。结果如图 2.5 所示。

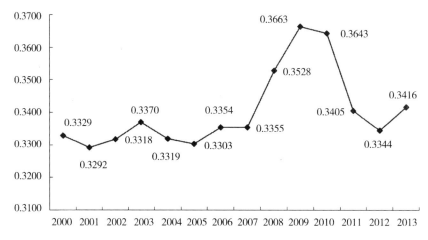

图 2.5　出口商品集中度

从计算结果来看，山东省出口商品集中度比较接近于 $1/\sqrt{n}$，说明山东省出口商品集中度比较平均地分配于各类产品中，外贸出口承受由于宏观经济波动与政策调整所带来的风险度较强。但从出口商品集中度变化的趋势来看，第一阶段，2000—2007 年，出口商品集中度指标比较稳定，基本维持在 0.3292—0.3370 之间。第二阶段，从 2008 年开始，出口商品集中度指标出现比较快速的上升，2009 年达到 0.3663，主要是因为第 16 大类机械、电气设备、电视机及音响设备的出口占比大幅度上升的结果；2000 年，第 16 大类产品的出口占比为 11.69%，2010 年该类产品的出口占比达到了 27.80%。第三阶段，2011 年至今，出口商品集中度指标又回落到 0.34 左右，这说明近几年来山东出口商品出现多样化趋势。

近几年来，尽管第 6 大类化学工业及其相关工业产品、第 17 大类车辆、航空器、船舶及运输设备以及第 18 大类照相计量医疗精密仪器及设备、零配件的占比也在上升，占比分别由 2000 年的 4.56%、3.96%、0.72% 上升到 2013 年的 7.74%、6.06% 和 1.38%，但占比上升幅度较小。上述三大类商品属于技术含量高，产品附加值高的产品，因此在进一步推动出口商品多元化发展的同时，仍然要加大第 6 大类、第 17 和第 18 大类产品的出口力度，在提高出口商品国际竞争力的同时，合理化分散风险。

（二）山东省对外贸易主体结构分析

山东省对外贸易主要由国有企业、外资企业、集体企业与私营企业完成。由表 2.3 的数据可以看出，2011 年以前，外资企业的出口占比一直在一半以上，其中 2009 年外资企业出口占比最高达到 56.34%，2012 年出现下降，2014 年降为 43.1%，这与山东省近年来大力推动民营企业外贸发展有着直接关系；国有企业的发展速度有所放缓，2005 年的出口额为 102 亿美元，2014 年也仅仅达到 118.15 亿美元，其对外贸易出口额占出口总额的比重由 2005 的 22.05% 下降到 2014 年的 8.2%，呈现出口占比快速下降的趋势；集体企业出口占比呈现平稳下降趋势，由 2005 年的 11.16% 下降到 2014 年的 6.0%；民营企业出口表现出较强的发展势头，比重由 2005 年的 15.31% 增加到 2014 年的 42.8%。随着 20 世纪 90 年代

表 2.3　　　　　　　2005—2014 年山东省出口企业性质统计

年份	总值	国有企业		外资企业		集体企业		私营企业	
		金额（亿 $）	占比（%）	金额（亿 $）	占比（%）	金额（亿 $）	占比（%）	金额（亿 $）	占比（%）
2005	462.51	102	22.05	238.1	51.48	51.6	11.16	70.8	15.31
2006	586.47	110.3	18.81	307.8	52.48	60.7	10.35	107.6	18.35
2007	752.44	123.8	16.45	403.4	53.61	69.0	9.17	156.1	20.75
2008	931.75	132.7	14.24	506.7	54.38	74.8	8.03	217.1	23.30
2009	795.65	95.2	11.97	448.3	56.34	57.2	7.19	194.7	24.47
2010	1042.91	120.9	11.59	565.7	54.26	73.8	7.08	281.8	27.02
2011	1257.9	140.93	11.2	637.61	50.7	88.56	7.0	390.76	31.1
2012	1287.3	123.40	9.6	605.55	47.0	84.70	6.6	473.31	36.7
2013	1345.1	113.28	8.4	585.74	43.5	86.64	6.4	558.88	41.5
2014	1447.5	118.15	8.2	623.36	43.1	86.23	6.0	619.30	42.8

资料来源：根据《山东统计年鉴》与山东省国际商务信息网数据计算整理得出。

初外商来华投资高潮的到来，外商投资企业在对外贸易中的比重迅速攀升，成为支撑山东省对外贸易发展的主导力量。近几年来，集体、民营企业出口规模不断扩大，尤其是民营企业，随着国家对外贸经营资格实行登记备案制，进一步释放了发展对外贸易的活力，民营企业对外贸易呈现迅猛发展的趋势，成为拉动山东省外贸增长不可忽视的力量（见表2.3）。

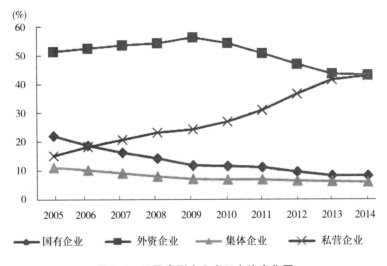

图2.6　不同类型企业出口占比变化图

资料来源：根据《山东统计年鉴》与山东省国际商务信息网数据计算整理得出。

　　尽管私营企业在对外贸易中的作用越来越重要，但是，外资企业在山东省对外贸易出口中占比最大的局面并没有发生改变（见图2.6）。提高内资企业在对外贸易中的地位，减少对外商的依赖，对于减少贸易风险具有重要意义。

　　（三）山东省对外贸易方式结构分析

　　对外贸易方式主要包括一般贸易与加工贸易，通常发展中国家开展的加工贸易在初期附加值相对较低，以外商投资企业为主，在本国劳动力成本上升而且资金比较充足的情况下，加工贸易所占比重的下降意味着对外贸易结构的改善。近十几年来，山东省加工贸易规模不断壮大，无论是进口额还是出口额，其绝对值都呈现快速上升势头，但所占比重却呈现逐年下降的趋势。

1998 年，加工贸易出口额占比为 54.9%，2014 年为 38.3%，而一般贸易的出口占比呈现稳定上升趋势，占比由 1998 年的 44.3% 上升到 2014 年的 57.9%，这说明山东省对外贸易方式结构有所改善（如图 2.7）。

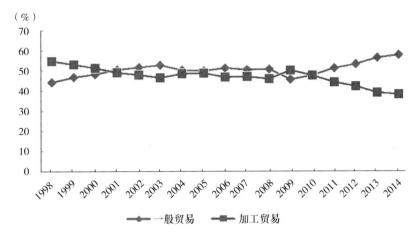

图 2.7　一般贸易与加工贸易出口占比变化

资料来源：根据《山东统计年鉴》与山东省国际商务信息网数据计算整理而来。

　　加工贸易出口额总体占比降到 40% 以下，说明对外贸易方式结构有所改善，但是，考虑到加工贸易在就业、税收、技术溢出等方面的作用，加工贸易受到冷落，今后仍然要大力促进加工贸易的转型升级，推动加工贸易总体产业链的提升，产品加工深度延伸，努力提高加工产品的附加值。

（四）山东省对外贸易市场结构分析

　　对外贸易进出口市场结构又称对外贸易地理分布，反映的是一国或地区进口或出口市场的国别分布情况，即市场多元化情况，可分为出口地理分布和进口地理分布。一方面，对于一国或地区的经济发展来说，出口的地理分布始终处在主导地位，这是因为出口地理分布代表着出口市场的分布，代表着贸易外汇的来源，因而在很大程度上制约着进口的规模和能力；另一方面，一国的对外贸易地理分布也反映了一国或地区与世界上其他国家和地区的贸易伙伴关系，因此双边贸易关系的发展及其贸易平衡是一国对外贸易关系的重要方面，而且经常成为国家之间发生贸易摩擦和贸易保护主义产生的重要根源。因此，实施市场多元化战略就是要力求做到贸易伙伴的多元化，与各类贸易伙伴平衡发展，不过度依赖少数国家，贸易盈余不严重依赖少数国家，这不仅有利于减少对于少数国家过度依赖所带来的风险，而且有利于减少因为过度依赖所带来的贸易约束与贸易摩擦，为一国或地区的对外贸易发展创造更为宽松的发展环境。

1. 根据出口占比进行的分析

从表 2.4、表 2.5 可以看出，山东省进出口市场的分布呈现出以下特征：

第一，山东省对外贸易的地理分布出现分散化现象，除了韩国、美国、欧盟、日本和东盟这几个最主要的对外贸易合作伙伴外，南美洲、大洋洲以及非洲的贸易额也不断增加。2000 年，山东省与韩国、美国、欧盟、日本和东盟五个主要贸易伙伴的进出口贸易额为 187.13 亿美元，2014 年达到 1348.17 亿美元，占全部进出口总额的比重由 2000 年的74.88% 下降到 2014 年的 48.65%。南美洲、大洋洲以及非洲的贸易额占比由 2000 年的 5.11% 提高到 2014 年的 13.46%，尤其是其中的非洲与大洋洲，贸易额与占比同步快速扩大。

韩国、美国、欧盟、日本和东盟保持着主要贸易伙伴地位，这一方面反映了山东省对外经济贸易对这些国家和地区的依赖程度高，这些国家和地区既是山东省产品的主要出口市场，又是经济发展所必需的技术和物质资料的主要来源地；另一方面，它还反映了这些国家在世界贸易中的主导地位。同时，由于山东临近日、韩的特殊位置，这两个国家自然成为山东省最主要的贸易伙伴，这种地理分布状况将会持续较长时间。

第二，美国、欧盟和日本等国家和地区不仅是山东省的主要贸易伙伴，还是山东省贸易顺差的主要来源地，2000 年，山东对美国、欧盟和日本的贸易顺差额总计为 55.9 亿美元，是顺差总额的 1.08 倍，2014 年达到 317.63 亿美元，是顺差总额的 2.57 倍，对这些主要发达国家的贸易顺差已成为双边贸易摩擦的主要原因之一。韩国、东盟三国、中国台湾、大洋洲、加拿大、南美洲等成为山东省贸易逆差的主要来源地，2014 年逆差额达到 234.53 亿美元。

第三，山东省与非洲、大洋洲的进出口总额呈现出快速增长的态势。2000 年，山东省与非洲、大洋洲的进出口总额分别为 4.32 亿美元、4.96

亿美元，占比分别为 1.73%、1.98%；2014 年，进出口总额分别为 150.16 亿美元、199.53 亿美元，占比分别为 5.42%、7.20%。对这些国家和地区贸易额的上升在一定程度上缓和了市场过度集中的现状，减少了对欧盟、美、日、韩的依赖，市场逐渐呈现出多元化发展趋势。

第四，市场多元化趋势逐渐显现，对少数国家或地区高度依赖的现状正在逐步改变。对比表 2.4 和表 2.5 可以看出，山东省对韩国、日本、美国的贸易额占比在下降，对东盟与欧盟的贸易额占比上升，尤其是对非洲、大洋洲贸易额的上升表明，山东省实施市场多元化战略取得了一定的成绩，但是就目前的情况来看，对美国、日本与韩国的依赖仍然较大，今后应加强与金砖国家的合作，重视与加拿大、东盟国家的贸易，同时开拓南美洲市场。

表 2.4　　　　　　　　　2014 年山东省进出口市场分布情况统计

市场	进出口		出口		进口		差额
	金额（亿美元）	占比（%）	金额（亿美元）	占比（%）	金额（亿美元）	占比（%）	
合　计	2771.15	100.00	1447.45	100.00	1323.70	100.00	123.75
韩国	328.42	11.85	138.38	9.56	190.04	14.36	-51.66
美国	378.98	13.68	243.73	16.84	135.25	10.22	108.48
欧盟（7 国）	241.55	8.72	177.53	12.26	64.02	4.84	113.51
日本	224.31	8.09	159.98	11.05	64.33	4.86	95.65
东盟（3 国）	174.91	6.31	70.73	4.89	104.18	7.87	-33.45
印度	63.80	2.30	37.23	2.57	26.56	2.01	10.67
俄罗斯	60.76	2.19	36.27	2.51	24.49	1.85	11.78
中国香港	48.19	1.74	46.05	3.18	2.14	0.16	43.92
中国台湾	54.08	1.95	18.91	1.31	35.18	2.66	-16.27
加拿大	49.31	1.78	22.69	1.57	26.63	2.01	-3.94
南美洲	23.26	0.84	11.34	0.78	11.92	0.90	-0.59
非洲	150.16	5.42	90.76	6.27	59.40	4.49	31.35
大洋洲	199.53	7.20	35.45	2.45	164.07	12.40	-128.62
其他	773.90	27.93	358.42	24.76	415.48	31.39	-57.07

资料来源：根据山东省国际商务信息网数据计算整理得出。

表 2.5　　　　　　　　2000 年山东省进出口市场分布情况统计

市场	出口		进口		进出口		差额
	金额（亿美元）	占比（%）	金额（亿美元）	占比（%）	金额（亿美元）	占比（%）	
合计	155.29	100	94.61	100	249.90	100	51.89
韩国	22.72	14.63	33.93	35.86	56.65	22.67	-11.21
美国	28.99	18.67	8.83	9.33	37.82	15.13	20.16
欧盟（7 国）	16.60	10.69	8.46	8.94	25.06	10.03	8.13
日本	43.63	28.09	16.02	16.93	59.65	23.87	27.61
东盟（3 国）	5.43	3.50	2.53	2.67	7.95	3.18	2.90
印度	—	—	—	—	—	—	—
俄罗斯	1.99	1.28	2.59	2.74	4.58	1.83	-0.60
中国香港	8.13	5.24	1.55	1.64	9.68	3.87	6.58
中国台湾	2.01	1.30	3.51	3.71	5.52	2.21	-1.50
加拿大	2.20	1.42	2.29	2.42	4.49	1.80	-0.09
南美洲	2.87	1.85	3.79	4.01	6.66	2.67	-0.92
非洲	2.91	1.88	1.41	1.49	4.32	1.73	1.50
大洋洲	2.14	1.38	2.82	2.98	4.96	1.98	-0.68
其他	15.67	10.09	6.88	7.27	22.55	9.02	8.79

资料来源：根据山东省国际商务信息网数据计算整理而来。

说明：欧盟（7 国）包括英国、德国、法国、意大利、荷兰、西班牙、瑞典。东盟（3 国）包括印度尼西亚、马来西亚、新加坡。2000 年与印度的贸易额较小，故没有查到。

2. 出口市场分布度分析

出口市场分布度指标是以国家或地区为单位计算的一国或地区出口商品的市场结构。它反映了一国与世界其他国家或地区的经济贸易联系程度，表明一国出口商品的去向。在衡量一国出口市场集中度系数时，我们采取用赫芬达指数。OECD 将反映市场集中度的指标也用赫芬达指数来表示，即将反映一国出口（进口）地区集中度的市场多元化指数等于与每个贸易对象国的出口（进口）占一国出口（进口）总额比例的平方的总和。① 其计算公式为：

① 李钢、李俊：《迈向贸易强国——中国外经贸战略的深化与升级》，人民出版社 2006 年版，第 108—109 页。

$$G = \sum_{i=1}^{n} \left(\frac{X_i}{\sum_{i=1}^{n} X} \right)^2$$

其中，X_i 表示输出到第 i 国的商品额，X 表示总出口额，n 代表出口的国家总数。若某国家或地区在一国出口中所占份额较大，则一国或地区出口商品的市场集中度就较高；反之，就较分散、较低。

上式中，如果 X_i 代表进口 i 国商品额，X 代表进口总额，n 代表进口的国家数，则我们就得到了进口的市场分布度。同样，如果 X_i 代表山东省 i 国的实际投资额，而 X 代表山东省外商投资总额，n 代表到山东投资的国际或地区数目，我们就可以得到实际利用外资分布度的计算公式。

赫芬达指数值介于 $1/n$ 与 1 之间，当市场完全均等，即实现了完全的多元化市场时，其值为 $1/n$；如果高速集中于一个市场，则赫芬达指数为1。随着赫芬达指数的增长，市场越集中；随着赫芬达指数的降低，市场则越分散和多元化。

在计算山东省出口市场赫芬达指数时，先从山东省统计信息网上下载按国别出口的数据，然后将各州以及各集团的数据删除，只留下国别数据，然后求出向所有主要国家当年的出口额，以其为基数，计算各国或地区的占比，计算赫达芬指数（结果如图 2.8 所示）。

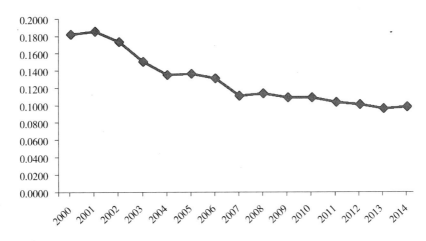

图 2.8　出口市场赫芬达指数变化趋势

2000—2014 年，山东省出口市场赫芬达指数总体上呈现出波动下降的趋势。2000 年，赫芬达指数为 0.141305，2014 年降到 0.09823。出口市场赫芬达指数下降表明，山东省的出口贸易市场日益呈现出多元化发展趋势，这也是山东省政府积极实施出口市场多元化政策所取得的成绩。

（五）山东省对外贸易地区结构分析

从表 2.6 中可以看出，各地市对外贸易发展呈现出不平衡状态。基本上可以分成三个模块：一个是对外贸易发展的主要集中地——青、烟、威、潍四市。2000 年，青、烟、威、潍四市对外贸易出口总额为 1252444 万美元，占山东省出口总额的 71.50%。2014 年，青、烟、威、潍四市对外贸易出口累计为 9888175 万美元，占山东省出口总额的 68.31%。从上述数据可以看出，四地市是山东省对外贸易出口的主要地区，出口额呈现

表 2.6　　　　　山东省各地市对外贸易出口占比统计　　　　　　　（%）

地区	2000	2002	2004	2006	2008	2010	2012	2014
青岛市	39.60	38.07	35.59	39.96	35.02	32.51	31.69	31.63
烟台市	14.60	15.47	18.73	15.00	22.16	24.44	22.03	20.31
威海市	10.66	10.57	9.27	10.25	8.00	8.55	8.28	7.86
潍坊市	6.64	6.79	6.89	6.58	7.02	8.34	8.52	8.52
济南市	4.00	4.29	4.57	4.16	4.93	3.89	4.44	4.19
淄博市	4.54	4.41	3.98	4.28	3.90	3.87	4.13	3.87
临沂市	1.49	1.71	2.98	2.86	2.82	2.71	3.03	3.93
日照市	2.98	3.23	2.61	3.13	2.71	2.12	3.01	3.31
滨州市	2.79	2.78	2.5	2.70	2.47	2.45	2.20	2.61
济宁市	2.62	2.64	2.29	2.56	2.00	2.21	2.48	2.26
东营市	1.92	1.97	1.86	1.91	2.12	2.65	3.87	4.21
莱芜市	2.87	2.95	1.61	1.66	1.47	0.99	0.57	0.64
聊城市	1.04	1.07	1.33	1.04	1.63	1.24	1.44	1.65
德州市	1.24	1.11	1.17	1.08	1.31	1.28	1.45	1.54
泰安市	1.23	1.21	1.13	1.17	0.99	0.89	0.95	1.20
菏泽市	1.07	0.98	0.96	0.95	0.90	1.16	1.19	1.49
枣庄市	0.71	0.73	0.72	0.71	0.56	0.72	0.73	0.80

资料来源：根据《山东统计年鉴》数据计算整理得出。

迅速上升势头，占比一直在 70% 左右，但所占比重有下降的趋势，其中青岛市的出口所占比重由 2000 年的 39.6% 下降到 2014 年的 31.63%；烟台市的出口所占比重略有上升，由 2000 年的 14.6% 上升到 2014 年的 20.31%；威海市的出口所占比重由 2000 年的 10.66% 下降到 2014 年的 7.86%；潍坊市则由 6.64% 上升到 8.52%。第二个是东营、济南、临沂、淄博、日照、滨州、济宁七地市。近十年来，七地市的对外贸易出口额呈现缓步上升的趋势，占山东省出口的比重由 2000 年的 20.34% 上升为 2014 年的 24.38%。第三个是其他 6 地市。2000 年的出口占比为 8.16%，2014 年降到 7.31%，虽然绝对额有较大幅度的上升，但所占比重相对较小并趋于下降。通过上述分析，我们可以得出以下结论：山东省的外贸出口主要地区呈现三个模块，其中两端的模块占比下降，中间模块占比上升，出口地区多元化趋势逐渐显现，但对外贸易出口高度集中的局面有所改变，为烟、青、威、潍四市，出口落后的 6 地市仍有很大的发展空间。

三　山东省对外贸易效益发展现状

推动外贸增长方式的转变，关键是要提高对外贸易的经济效益。经济效益指的是在一切经济活动中为了达到一定的经济目标所耗费的投入和由此获得的成果之比，简言之，即投入与产出之比。由此推之，对外贸易的经济效益就是指一定时间内对外贸易领域的投入和由此取得的成果之比。对外贸易经济效益可以通过几类指标进行评价。一类是评价对外贸易经济效益的基本理论指标，包括出口商品经济效益系数、进口商品经济效益系数和对外贸易综合经济效益系数三个指标。这些指标是基于理论难以精确计算的。第二类是用以评价对外贸易微观经济效益的指标，包括资产负债率、流动比率、销售利润率等，这些指标是考核外贸企业经济效益及财务状况的主要依据，但由于相关指标难以获得，所以这类指标计算起来也有难度。第三类是评价对外贸易宏观经济效益的指标，主要包括贸易条件、外贸贡献度、外贸税收增长率等，它们反映了一国对外贸易的规模和效益。考虑到有关数据的可获得性，在此主要从宏观的角度来重点考察山东省的外贸贡献度指标。

从表 2.7 以及图 2.9 中可以看出，山东省的外贸贡献度呈现出波动变

表 2.7 　　　　　　　　　　1988—2014 年山东省对外贸易贡献度

时间	GDP 增量 （亿元）	外贸净出口额 （亿元）	外贸净出口增量 （亿元）	外贸贡献度
1988	225.4	17.2	-66.4	-29.4
1989	176.3	14.1	-3.3	-1.9
1990	217.3	121.9	104.0	47.9
1991	299.4	142.2	6.6	2.2
1992	386.0	49.3	-98.1	-25.4
1993	573.8	64.7	13.1	2.3
1994	1074.1	181.9	85.2	7.9
1995	1108.9	198.1	21.8	2.0
1996	930.5	183.1	-14.1	-1.5
1997	653.3	346.7	164.1	25.1
1998	484.3	337.5	-8.7	-1.8
1999	472.5	404.6	67.1	14.2
2000	843.6	502.3	97.8	11.6
2001	857.6	603.8	101.6	11.8
2002	1080.5	686.0	82.2	7.6
2003	1802.7	702.6	16.6	0.9
2004	2943.7	907.5	204.9	7.0
2005	3345.0	1279.0	380.8	11.4
2006	3533.3	1754.3	509.6	14.4
2007	3876.7	2119.2	445.9	11.5
2008	5156.4	1958.9	23.3	0.5
2009	2963.4	1402.2	-524.5	-17.7
2010	5273.3	1339.0	-50.6	-1.0
2011	6191.9	1006.0	-333.0	-5.4
2012	4651.4	752.4	-253.6	-5.5
2013	4671.1	115.3	-637.1	-13.6
2014	4742.3	761.4	646.1	13.6

资料来源：根据《山东统计年鉴》与山东省国际商务信息网数据计算整理得出；有关数据按当年汇率折算。

化的特征，1988—2014 年的外贸贡献度算数平均值为 3.29，表明山东省
外贸对经济增长的总体作用表现出正向拉动的特征。1988—1992 年，外
贸贡献度表现为剧烈的波动变化，最低为 -29.4，最高达 47.9；1993—
1998 年，外贸贡献度表现为小幅波动；1999—2007 年，山东省对外贸易
对于经济增长的拉动作用表现为先降后升的特点。2003 年之前，外贸贡
献度呈现出下降的趋势，从 2004 年起，对外贸易的净出口规模不断扩大，
其对于经济增长的拉动作用也不断增强，对外贸易的宏观经济效益越来越
明显。这期间的外贸贡献度指标值平均为 10.04，反映了这一期间外贸对
经济增长的较高贡献。受金融危机的影响以及山东省贯彻落实外贸增长方
式转变和拉动内需的政策影响，2009—2013 年，外贸贡献度一直是负值，
2014 年有所好转。总体来看，1988—2008 年，山东省外贸贡献度呈现出
波动上升的态势，但近几年来的指标值说明，外贸对于山东省经济增长的
拉动作用总体水平下降，外贸的宏观效益有待提高。

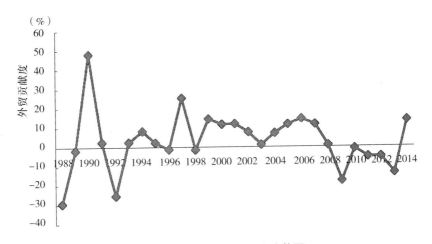

图 2.9 山东省外贸贡献度趋势图

第二节 山东省加工贸易发展现状

加工贸易作为一种主要的贸易方式，一直以来在山东省对外贸易出
口中占有很高的比重，认真梳理加工贸易发展的现状，探究其对经济发
展以及对外贸易的贡献，对于全面认识山东省对外贸易竞争能力具有重

要意义。

一　山东省加工贸易发展历程

伴随着改革开放的步伐，山东省加工贸易取得了长足的发展。1987年，山东省加工贸易出口额仅为 2.18 亿美元；2014 年，加工贸易出口额达到 553.98 亿美元，增长了 254 倍。加工贸易出口占出口总额的比重也由 1987 年的 7.5%，增加到 2014 年的 38.27%；2000—2011 年，加工贸易出口一直保持着两位数的增长率（除 2009 年外），其中，2004 年加贸易出口达到 40.2% 的增长速度。自 2012 年以来，呈现负增长。根据加工贸易出口增长比率的高低变化，山东省加工贸易最近 20 年来的发展可以分为四个阶段（如图 2.10）：第一个阶段为 1989—1993 年。这一阶段，加工贸易稳步发展，加工贸易出口增长率始终保持在 20%—30% 之间（除 1990 年外）。第二个阶段为 1994—1998 年，加工贸易快速发展，但增长幅度逐年下降，其中，1994 年和 1995 年加工贸易出口增长达到 73.4%、66.3%，而 1998 年却出现负值。第三个阶段为 1999—2004 年，加工贸易进入低速稳步发展阶段（除 2000 年快速增长外），这与亚洲金融危机的影响有关。第四阶段为 2004 年至今，加工贸易出口增长比率总体处于下降态势。

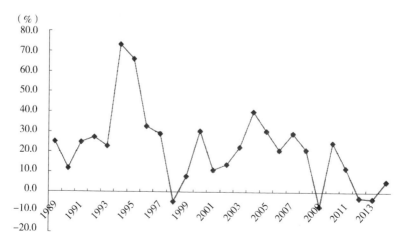

图 2.10　加工贸易出口增长率

通过加工贸易占对外贸易出口额的比重，可以直观地反映出加工贸易在山东省的地位与作用的变化。1987年之前，加工贸易处于起步发展阶段，规模小，仅仅是山东省出口的补充形式；进入1987年之后，加工贸易处于稳步上升阶段，加工贸易出口占比稳定增加，其在对外贸易中的地位也越来越重要；1994—2000年，加工贸易快速发展，加工贸易出口占比超过了50%，显示出其在山东省外经贸发展中的重要地位；1999—2014年，加工贸易出口占比始终处于38%以上，加工贸易成为拉动山东省经济增长的重要因素，是山东省重要的对外贸易方式，在对外贸易中的重要地位非常明显。如果将加工贸易的发展与山东省出口的发展相联系的话，很容易发现，山东加工贸易是伴随着整个对外贸易的发展而发展起来的。

二　加工贸易发展的相关指标分析

加工贸易的发展状况可以进一步通过相关指标来分析，包括直接指标与间接指标。国内许多学者借用加工贸易对GDP的贡献率这一指标来分析问题，但我们认为，加工贸易对GDP的贡献率指标仅仅是从加工贸易净出口增量的角度进行直接影响效应分析的，忽视了加工贸易对经济的间接带动作用，因此，可以引入加工贸易对外依存度、加工贸易增值率、加工贸易国内采购率、加工贸易与对外贸易增长比率等指标，与加工贸易对于GDP的贡献率指标一起研究山东省加工贸易对经济增长的贡献情况。

（一）山东省国民经济的增长对加工贸易的依存度分析

加工贸易出口依存度是指一个国家或地区加工贸易出口额占国内生产总值的比重，它是衡量一个国家或地区对国际市场依赖程度的重要指标。其公式为：加工贸易依存度＝加工贸易出口/国内生产总值。

从表2.8可以看出，1998年以来，随着加工贸易规模的扩张，加工贸易出口依存度呈现出先升后降的发展特点，由1997年的7.56%上升到2007年的10.5%后，又降到2014年的5.7%。经济总量增长与加工贸易扩张呈现出明显的正相关关系，说明加工贸易对山东省国民经济增长具有较强的促进作用，在国民经济和社会发展中具有重要地位，但这种作用在2008年之后不断下降。

　　横向比较起来，山东省该指标低于全国平均水平，也低于先进省江苏与广东（见图2.11），说明山东省国民经济的发展对于加工贸易的依赖程度相对较低，加工贸易对山东省国民经济增长的作用需要进一步加强。

表2.8　　　　　　　　　　　加工贸易发展状况的相关指标计算

时间	GDP（A）	GDP增量（B）	加工贸易出口额（C）	加工贸易进口额（D）	净出口（E）	净出口增量（F）	外贸出口总值（G）	H（C/A）（%）	I（F/B）（%）	J（C/G）（%）	K（E/D）（%）
1997	6537	653	494	249	245	—·	900	7.6	—	54.9	98.6
1998	7021	484	470	291	179	-66	857	6.7	-13.6	54.9	61.5
1999	7494	472	508	317	191	12	959	6.8	2.5	52.9	60.2
2000	8337	844	662	425	238	47	1285	7.9	5.5	51.5	56.0
2001	9195	858	736	463	273	36	1501	8.0	4.1	49.0	59.0
2002	10276	1080	837	509	328	55	1748	8.1	5.1	47.9	64.5
2003	12078	1803	1025	655	370	42	2199	8.5	2.3	46.6	56.5
2004	15022	2944	1437	876	561	191	2969	9.6	6.5	48.4	64.0
2005	18367	3345	1854	1103	751	191	3789	10.1	5.7	48.9	68.1
2006	21900	3533	2183	1249	934	183	4675	10.0	5.2	46.7	74.8
2007	25777	3877	2693	1518	1176	242	5722	10.4	6.2	47.1	77.5
2008	30933	5156	2983	1672	1311	135	6471	9.6	2.6	46.1	78.4
2009	33897	2963	2728	1460	1269	-42	5435	8.0	-1.4	50.2	86.9
2010	39170	5273	3372	1749	1623	355	7057	8.6	6.7	47.8	92.8
2011	45429	6259	3604	1786	1818	194	8120	7.9	3.1	44.4	101.8
2012	50013	4651	3430	1676	1754	-63	8126	6.9	-1.4	42.2	104.7
2013	54684	4671	3257	1623	1634	-120	8330	6.0	-2.6	39.1	100.6
2014	59427	4742	3407	1846	1561	-72	8902	5.7	-1.5	38.3	84.6

　　资料来源：根据山东省统计信息网有关资料整理。

　　说明：1. H代表加工贸易出口依存度指标；I代表加工贸易对GDP增长的贡献率指标；J代表加工贸易出口占对外贸易出口的比率指标；K代表加工贸易出口增值率指标。

　　2. 汇率折算采用人民币对美元年平均汇价（中间价），来源于人民银行网。

　　3. 表中A、B、C、D、E、F、G各项指标的单位均为"亿元人民币"。

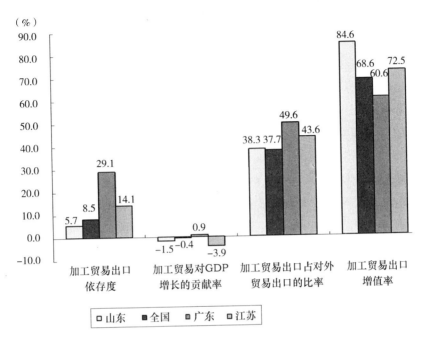

图 2.11　2014 年加工贸易发展状况的相关指标比较

资料来源：根据全国、江苏、广东与山东 2011 年国民经济与社会发展统计公报数据计算得出。

（二）加工贸易出口占对外贸易出口的比率分析

加工贸易出口占对外贸易出口的比率能够直观地反映加工贸易对于一国或地区外贸出口的影响度，也能够客观地反映加工贸易与一般贸易的变化。

从表 2.8 可以看出，山东省对外贸易出口额不断上升，由 1997 年的 900 亿元上升到 2014 年的 8902 亿元，增加了 8.9 倍。同期，加工贸易出口额由 494 亿元增加到 3407 亿元，增加了 5.9 倍，反映出加工贸易与对外贸易的同向发展关系。加工贸易出口占对外贸易出口的比率呈现出波动下降趋势（见图 2.12），1997 年为 54.9%，到 2014 年降为 38.3%，近两年来的降速增大。上述数据表明，近十几年来，山东省加工贸易出口额的不断上升，带动了对外贸易额的上升，成为推动山东省对外贸易发展、增加外汇收入的重要力量，但这种带动作用在下降。

经横向比较后发现，2014 年，加工贸易出口占对外贸易出口的比率略高于全国平均水平，但低于江苏省与广东省的同类指标（见图 2.11）。
在普遍认为加工贸易增值率低的前提下，山东省该指标的横向比较偏低，
从另一侧面反映了山东省对外贸易转型升级取得了较好的成果。

（三）加工贸易对山东省国民经济增长的贡献率分析

加工贸易对经济增长的贡献率是直观反映加工贸易出口对经济增长作
用的又一个重要指标，它是加工贸易净出口增量与国内生产总值增量之间
的比率。其计算公式为：加工贸易经济增长贡献率 = 加工贸易出口增长
率/GDP 增长率。

从表 2.8 可以看出，1998 年加工贸易对山东省 GDP 增长的贡献率是负
值，从 1999 年开始，各年加工贸易净出口额不断增加，加工贸易净出口对
山东省经济增长的贡献率呈现出波动上升后又下降的趋势，1999 年的加工
贸易对经济增长的贡献率为 2.5%，2010 年达到了 6.7%，2011 年以后降
到负值。2000—2014 年加工贸易对经济增长的年均贡献率算术平均为
3.07%。2011 年之前，加工贸易对经济增长的贡献率都为正值（除 2009 年
外），说明加工贸易正向拉动了经济增长，但自 2012 年以来，加工贸易增
长速度低于经济增长速度。

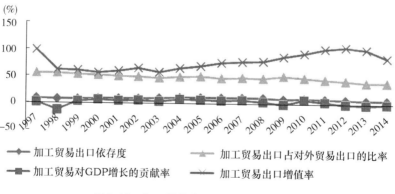

图 2.12　加工贸易有关指标变化趋势图

经横向比较后发现，2014 年，加工贸易对山东省国民经济增长的贡
献率低于全国平均水平，也低于江苏省同类指标（见图 2.11）。平均贡献
率水平较低，说明加工贸易对经济的拉动效果不是很理想，仍有很大的提
升空间。

（四）加工贸易出口产品增值率分析

加工贸易出口产品增值率是加工贸易进出口差额与加工贸易进口总额的比率，即加工贸易出口产品增值率 =（加工贸易出口值 - 加工贸易进口值）/加工贸易进口值，它可以直观地反映产品由进口到出口附加值的变化程度，能够较为准确地反映加工贸易产业升级与增值状况。

表 2.8 的数据显示，1997—2011 年，山东省加工贸易增值率呈现出 S 抛物线形状。1997—2000 年，呈现逐渐下降趋势。从 2001 年开始，呈现出较稳定的上升态势，由 59% 增加到 2011 年的 101.8%，后又折向下，但总体来看，加工贸易增值率还保持在 80% 以上，这说明山东省加工贸易产业链条在加长，产品的技术含量不断提高。2014 年，山东省加工贸易增值率高于全国的加工贸易增值率，也高于广东省与江苏省的同类指标（见图 2.11），说明山东省加工贸易产生的经济效益较好。

作为加工贸易投资主体的外商投资企业的增值率低于国有企业和民营企业的增值率（见图 2.13）。2014 年，外商投资企业的增值率仅为 68.18%，远低于集体企业的 335.29%，也低于国有和民营企业的 264.4% 和 77.39%。这说明外商投资企业国内产业链条短，多数是纯粹利用山东省廉价的劳动力资源进行简单的组装。

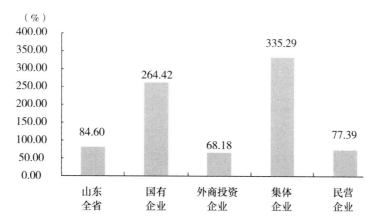

图 2.13　2014 年山东省各类企业加工贸易增值率

资料来源：根据山东省国际商务网 2014 年数据计算得出。

　　根据山东省国际商务网数据计算得出，2014 年，山东省农产品加工贸易增值率为 24.19%，纺织服装产品增值率为 600.37%，机电产品增值率为83.46%，高新技术产业加工贸易的增值率为 44.66%（见图 2.14）。纺织服装产品增值率高说明了中国纺织服装产业整体水平高，国内配套比较完善，加工产品在国内的采购率高；机电产品、高新技术产品的加工贸易增值率偏低，说明国内从事的主要是来料与进料组装，国内采购比率低，这可能与山东省高新技术产业总体上处于较低水平、国内配套水平低有关。尽管山东省已成为全球重要的高新技术产品的组装加工基地，但高附加值的技术与资本密集型产品的生产仍在国外，高端配套产品主要依赖进口。

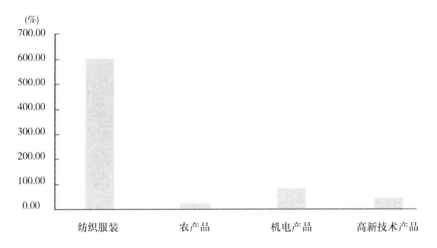

图 2.14　山东省 2014 年主要产品大类加工增值率

资料来源：根据山东省国际商务网 2014 年数据计算得出。

（五）加工贸易国内采购比率分析

　　国内采购比率是指加工贸易企业国内采购额占国内外采购总额的比重，该指标能够直观地反映加工贸易国内采购的深度状况。有学者提出，加工贸易原材料、零部件国内采购额按加工贸易出口与进口差额的 85%进行估算，即扣除 5% 的利润，10% 除原材料、零部件成本以外的其他费用，国内采购额加上加工贸易进口额等于国内外采购总额。借鉴此方法，可以测算出山东省加工贸易原材料、零部件国内采购额和采购率。

　　从表 2.9 可以看出，加工贸易企业的原材料、零部件国内采购额从

1998 年的 18.4 亿美元上升到 2014 年的 253.9 亿美元，增加了 12.8 倍，加工贸易国内采购率从 1998 年的 34.3% 增加到 2014 年的 41.8%，提高了 7.5 个百分点。期间，1998—2000 年呈现出略微下降趋势，2001 年以后开始稳定上升，尤其是 2012 年，超过了 47%，尽管 2014 年略有下降，但加工贸易国内采购率仍然高于 40%。加工贸易国内采购率的提高说明加工贸易的加工环节逐渐延伸，产业链条不断加长，山东省内总体配套能力增强，对山东省内产业的关联作用逐渐扩大。但较快的增长额与较低的增长速度说明，山东省加工贸易国内采购额的增加主要是由于规模扩大自然带来的结果，原材料、零部件国内采购升级并不明显。

表 2.9　　　　　1998—2014 年山东省加工贸易国内采购统计　　　　（亿美元）

时间	加工贸易差额	原材料、零部件国内采购额	国内外采购总额	国内采购率（%）
1998	21.6	18.4	53.6	34.3
1999	23.0	19.6	57.9	33.8
2000	28.7	24.4	75.7	32.2
2001	33.0	28.1	84.0	33.4
2002	39.6	33.7	95.2	35.4
2003	44.7	38.0	117.1	32.4
2004	67.8	57.6	163.4	35.3
2005	91.7	77.9	212.5	36.7
2006	117.2	99.6	256.3	38.9
2007	154.6	131.4	331.0	39.7
2008	188.7	160.4	401.2	40.0
2009	185.7	157.8	371.5	42.5
2010	239.8	203.8	462.1	44.1
2011	281.6	239.4	516.1	46.4
2012	277.9	236.2	501.7	47.1
2013	264.0	224.0	486.5	46.1
2014	253.9	215.8	515.9	41.8

资料来源：根据山东省国际商务网资料计算得到。

经横向比较，山东省加工贸易国内采购率高于全国平均水平，也高于江苏省、广东省。2014 年，山东的加工贸易国内采购率为 41.83%，高于全国该指标 5 个百分点；分别比江苏省与广东省高 3.7 和 7.8 个百分点（见图 2.15），反映出山东省加工贸易的国内经济带动作用相对较好。

从贸易主体来看，民营与国有企业的加工贸易国内采购率要高于外商投资企业的同类指标（见图2.16），从另一个侧面反映了需要进一步促进外资企业的国内加工产业链的延伸。从主要产品大类来看，纺织服装的加工贸易国内采购比率高于其他三类，其次是机电产品，高新技术产品的加工贸易国内采购比率较低（见图2.17）。

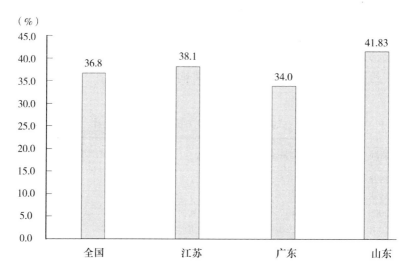

图 2.15   2014 年鲁、苏、粤以及全国加工贸易国内采购率

资料来源：根据各地统计公报以及商务厅网站数据计算得到。

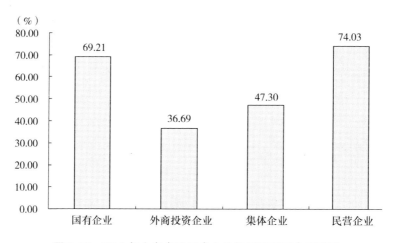

图 2.16   2014 年山东省不同类企业加工贸易国内采购率

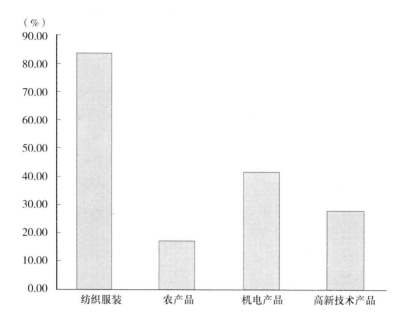

图 2.17　2014 年山东省主要产品大类国内加工采购比

三　对加工贸易发展的综合评价

（一）加工贸易的发展促进了山东省经济的快速增长

改革开放以来，山东省利用优越的地理位置、良好的交通运输条件和政府引进外资的优惠政策，把握国外产业结构调整的机会，大力发展加工贸易，带动了该地区经济的快速增长。尤其是胶东半岛地区，依靠临近日、韩的优越地理位置，紧紧把握日、韩产业转移的机会，充分利用劳动力、资源、地理位置优势，大力招商引资，使该地区加工贸易迅速发展起来，不但带动了该地区经济贸易的发展，也促进了山东省的经贸发展。加工贸易的快速发展以及不断扩大的贸易顺差不但解决了大量劳动力的就业问题，而且增加了外汇收入，推动了山东省经济的增长，加工贸易在推动山东省经济发展中的作用越来越重要。

（二）加工贸易的发展促进了山东省产业结构的优化与技术进步

随着国际产业升级与转移步伐的加快，发达国家正在将大量成熟的中间性技术乃至某些高新技术向发展中国家转移，山东省政府充分利用中国加工贸易发展政策，紧紧抓住新一轮国际产业转移的历史性机遇，大大加快了总体产业升级以及工业现代化的进程。加工贸易充分利用了山东省劳动力资源相对丰裕、劳动力素质较高的比较优势，劳动密集型加工制成品出口的快速增长提高了生产资源的配置效率，加快了生产资源向具有比较优势的产业部门的转移，推动了山东省工业化进程。外国资本、技术、管理方法的引进，促进了技术进步，扩大了技术的外溢效果，改善了出口商品结构，扩大了出口产品的国际市场竞争能力，加快了山东省潜在比较优势向现实市场竞争优势的转变，推动了产业结构的升级。机电与高新技术产品出口比重大大提高，这反映了利用外资和加工贸易对于山东省经济结构调整和产业结构升级所发挥的积极作用。特别是随着制造业、加工业整体水平的提高，加工贸易出口产品已从以纺织、轻工制成品为主转变为以机电、高新技术产品出口为主。

（三）加工贸易产业关联度仍然较低，带动配套产业发展的效果不理想

最早开展的加工贸易是典型的大进大出型，原料以及配件几乎全部依靠进口。随着加工业务的扩展，越来越多的省内企业凭借良好的技术、优良的品质以及适当的价格而成为加工贸易企业的配套产品生产企业，关联产业的发展成为加工贸易企业国内采购的重要影响因素。在通常情况下，国内采购比率越高，对当地关联产业的带动作用也就越强，对配套企业的技术援助越多，就越能促进配套企业的技术进步与参与国际竞争的能力。近十年来，山东省加工贸易国内采购率一直处在47%以下，这说明山东省加工贸易仍属于大进大出的模式，所需的绝大部分原材料与零部件都是通过进口获得的，零部件本地化程度低，加工贸易尚处于以简单加工和组装为主的发展阶段；产业链条短、深加工结转比率低，没有形成大规模的配套产业群，聚集效应较差。这一方面表明山东省现有的产业和产品对加工贸易的配套能力差，不能满足市场化的需求；另一方面也表明加工贸易与省内产业的关联度小，带动产业升级、产品换代、技术进步的作用尚不显著。

第三节　山东省服务贸易发展现状

从总体上看，近几年来山东省服务贸易呈现出加速发展状态，但地区发展不平衡，贸易逆差严重，服务贸易产品结构不够合理的现象仍然存在。①

---

① 本节的数据均来源于山东省商务厅网站，个别数据经计算得到。

一 服务贸易额保持稳步上升，服务贸易逆差迅速扩大

根据商务部和国家统计局新修订的《国际服务贸易统计制度》对统计口径的调整，2014 年山东省服务进出口总额为 297.1 亿美元，较 2006 年的 58.4 亿美元增长了 4 倍；其中，出口额为 113.2 亿美元，较 2006 年的 29.9 亿美元增长了 2.8 倍；进口额为 183.9 亿美元，较 2006 年的 28.5 亿美元增长了 5.5 倍。

在服务贸易进出口额上升的同时，我们也很容易发现，山东省的服务贸易逆差正迅速扩大，2006 年顺差为 1.4 亿美元，2014 年则呈现出逆差，达 70.7 亿美元，旅游、运输、保险、专有权利使用费和特许费为逆差的主要来源。逆差来源地为除亚洲外的美洲、欧洲、大洋洲和非洲，显示了山东省服务贸易国际竞争力较弱的现状。

二 省内出口市场分布不均，进出口业务来源趋于分散

服务贸易省内出口市场分布不均衡，主要贸易额集中在少数地市。2014 年，青岛、烟台、济南三市服务出口分别为 50.7 亿美元、15.6 亿美元和 15.3 亿美元，占山东省服务出口总额的 72.1%。相对来说，其他地市服务贸易能力较弱。但发展最好的上述三地市的服务业并没有呈现出真正的集群发展模式，主要原因是山东省服务业发展处于起步阶段，知识密集型的金融、信息、物流、咨询等现代服务业发展滞后，这也成为限制服务贸易发展的重要瓶颈。

近年来，服务进出口业务来源趋于分散化，但服务贸易相对集中的现象仍然存在。2014 年，山东省与全球 243 个国家和地区开展了服务贸易，趋于分散的交易市场在某种程度上降低了对少数国家和地区的依赖。尽管贸易伙伴国呈分散化，但主要的服务贸易伙伴仍然来自亚洲，占到山东省出口额的 71.7%，进口额占山东省的 42.2%。除了亚洲的韩国、中国香港特区、日本外，主要的贸易伙伴还包括美国、澳大利亚、加拿大等国家。

三 传统服务出口保持发展，新兴服务出口加速，服务出口结构趋于优化

山东省的服务出口主要集中在传统的旅游、运输、建筑和加工服务等

行业，2014 年，出口额分别达到 28.1 亿美元、22 亿美元、6.2 亿美元和 26.7 亿美元，占山东省服务出口总额的 73.3%。新兴高附加值服务行业，如电信、计算机与信息服务、金融与保险服务都保持 30% 以上的增长速度，服务出口结构总体趋于优化。

四 离岸服务外包业务繁荣发展，市场与业务同步，呈多元化趋势

作为更加清洁、附加值更大的服务外包产业，得到山东省政府的高度重视，不仅建立了济南、青岛两大服务外包基地，而且推动了济南齐鲁软件园，青岛（市南）软件园，崂山软件园两个实体园和海尔信息产业园，海信软件产业园，烟台软件园 A 区、B 区，威海市软件园等的快速发展。

截至 2014 年底，山东省累计登记服务外包企业 2186 家，有离岸业务实绩的服务外包企业 726 家，其中有 144 家企业的外包额超过千万美元。2014 年，山东省实现服务外包离岸执行额 55 亿美元，同比增长 39.2%。山东省承接离岸服务外包来源地遍布世界 171 个国家和地区，其中，日本、美国、中国香港成为山东省服务外包离岸业务来源的前三位国家和地区。

2015 年上半年，山东省承接北美洲、欧洲离岸服务外包执行额较去年同期增长迅速，分别达到 4.1 亿美元和 4.3 亿美元，其中，美国成为山东省外包业务首位来源国，执行额达到 3.4 亿美元，同比增长 26.2%。对英国、德国、意大利、俄罗斯、法国、加拿大、西班牙、丹麦 8 个国家的执行额均超过了 2000 万美元，同比倍增。对日本外包业务尽管下降了 43.1%，但 2.4 亿美元的执行额仍然使日本位居第二位。

就服务外包业务结构来看，2014 年，山东省信息技术外包（ITO）与知识流程外包（KPO）离岸执行额分别达到 19.9 亿美元与 30.3 亿美元，占比分别为 36.2% 与 55.1%，同比均有较大增长。软件研发、技术服务、动漫网游等技术性、知识性强的业务成为山东省服务外包的主要增长点。

五 在岸业务得到重视，贸易规模稳步扩大

在服务外包离岸业务繁荣发展的同时，在岸业务规模也稳步扩大。2015 年上半年，山东省总计签订在岸服务外包合同 945 份，合同金额达到 5.9 亿美元，执行金额 3.9 亿美元，较去年同期分别增长了 55.7%、73.8% 和 59.7%。

在岸信息技术外包和知识流程外包的执行额分别达到 2.1 亿美元与 1.3 亿美元，较去年同期分别增长了 74.6% 与 73.6%。在欧美国家外包回流的国际背景下，在岸业务的扩大对于中国服务企业未来发展日益重要。

六　服务业利用外资项目不断增加，金额也不断增长

2014 年，山东省服务业实际使用外商直接外资 542843 亿美元，占山东省的 35.72%。截至 2014 年，山东省累计批准设立外商投资服务业项目 12784 个，实际使用外资 3820843 亿美元，占山东省实际使用外资比重的 24.7%。2014 年，山东省签订对外承包工程合同 348 个，对外承包工程完成营业额 925011 万美元，年末在外人员达 31832 人，当年外派人员为 19700 人。劳务合作当年外派人员为 40241 人，年末在外人数为 83493 人，实现劳务收入 96533 万美元。

第四节　山东省对外投资的发展现状

一　对外投资的发展情况

为促进和规范境外投资①，简化境外审批程序，商务部于 2009 年 3 月发布了《境外投资管理办法》，下放核准权限、简化核准程序、突出管理重点、强化引导服务、提出行为规范。为贯彻落实党的十八届三中全会决定和国务院关于减少行政审批、加大简政放权力度的精神，确立企业对外投资主体地位，提高境外投资便利化水平，商务部于 2014 年 9 月发布了新修订的《境外投资管理办法》，确立了"备案为主、核准为辅"的管理模式；缩小核准范围，缩短核准时限；明确备案要求和程序；由省级商务主管部门负责地方企业的备案工作，便利企业就地办理业务；政府提供公共服务，加强对企业的指导和规范。

山东省境外投资发展迅速，无论是境外企业数还是境外投资额都位于全国发展的前列。2006 年，山东省新核准境外企业（机构）188 家，协议投资总额 5.6 亿美元，其中，中方投资金额 4 亿美元；2014 年，山东

---

①　是指在中国依法设立的企业（以下简称"企业"）通过新设、并购等方式在境外设立非金融企业或取得既有非金融企业的所有权、控制权、经营管理权等权益的行为。

省新备案（核准）境外企业（机构）达到 524 家，中方投资金额达到 62.9 亿美元。截至 2006 年末，山东省累计核准境外企业（机构）1278 家，中方投资 14.9 亿美元；截至 2014 年底，山东省累计核准境外企业（机构）增加到 4086 家，中方投资额为 227 亿美元。①

根据商务部网上消息，2014 年，山东省境外投资突出表现出以下特点：一是境外产能转移取得积极进展。积极推动企业"走出去"，转移一批优势和富余产能，备案核准境外产能转移投资企业 87 家，中方投资 15.2 亿美元，占山东省的 24.2%。二是境外资源合作开发实现快速增长。备案核准境外资源合作开发投资企业 31 家，中方投资 13.6 亿美元，增长 25.1%。三是对"一带一路"沿线国家和地区投资占比大幅提高。2014 年，实现对"一带一路"沿线国家和地区投资 28.1 亿美元，增长 106.5%，占山东省境外投资的 44.7%，比去年同期提高 15 个百分点。② 民营企业境外投资发展迅速，境外投资的领域不断拓宽，由以营销网络为主逐步延伸到资源开发、加工贸易、高新研发与资本运作等多个领域。境外投资的国别、地区呈现多元化发展，但亚洲仍然是投资重点；东部沿海地区仍然是境外投资的主体，中西部地区表现出较快的发展趋势。

二 境外经贸合作区发展

境外经济贸易合作区③是中国的一条重要的"走出去"战略途径，它的建设有利于缓解贸易摩擦，推进外贸增长方式的转变，推动"走出去"企业境外聚集发展，为"走出去"企业搭建良好的海外发展平台，推动优势产业国际化发展。境外经贸合作区主要包括加工制造型、资源利用型、农业产业型和商贸物流型等几种类型。

为创新"走出去"方式，近年来，山东省按照"政府扶持、企业为主体、市场化运作"的原则，积极推动企业加快建设境外经贸合作区，

---

① 数据来源于山东统计信息网与山东国际商务信息网。

② 2014 年，山东省境外投资突破 60 亿美元，http://www.mofcom.gov.cn/article/resume/n/201501/20150100878879.shtml。

③ 境外经济贸易合作区是指在国家或地方政府的统筹指导下，国内企业在境外建设的或参与建设的基础设施较为完善、产业链较为完整、辐射和带动能力强、影响大的各类加工区、工业园区、科技产业园区等经济贸易合作区域，是中国实施"走出去"战略的一项重要举措。

取得了积极成效。截至 2015 年 6 月，山东省拥有"委内瑞拉中国科技工贸区"、"巴基斯坦海尔—鲁巴经贸合作区""中俄托木斯克木材工贸合作区"以及山东帝豪投资有限公司承建的"匈牙利中欧商贸物流合作园区"4 个国家级境外经济贸易合作区，其中后 3 个已经通过国家考核。根据《山东省境外经贸合作园区考核管理办法（试行）》，烟台万华实业集团有限公司主导开发的"万华中欧宝思德经贸合作区"等被认定为首批 4 家省级境外经贸合作区。

山东省政府在境外经贸合作区建设中发挥了重要的指导、促进作用，积极指导企业用好国家支持境外经贸合作区政策，制定支持省级境外经贸合作园区扶持政策，对认定的首批省级境外经贸合作园区基础设施、公共服务平台建设、贷款利息等费用给予资助。经过几年的发展，山东省在境外建设的经贸合作区发挥了良好的示范引领作用，带动了一大批产业链上下游企业和中小企业"走出去"，成为促进国际产能合作，提高"走出去"速度，提升"走出去"层次的主要载体。

下面对几个重要的国家级境外经贸合作区进行简单介绍[①]，以使我们对该境外经贸合作区有进一步的了解。

（一）巴基斯坦海尔—鲁巴经贸合作介绍

巴基斯坦海尔—鲁巴经贸合作区位于巴基斯坦第二大城市拉合尔市，是经商务部批准建设的首批"中国境外经贸合作区"之一，由海尔集团和巴基斯坦鲁巴集团合资建设。双方均以现金方式出资，共同购买土地、进行园区建设。规划面积 1.03 平方公里，分三期建设，总投资约 2.5 亿美元，建设期 5 年。合作区的产业定位以家电产品为主，包括相关配套产业和营销网络，吸引优秀家电企业入驻，形成品牌家电产业集群。目前，经济区一期已建成投产，为海尔企业自用；二期 33 万平方米已开始建设；三期规划 2 平方公里，二、三期园区主要面向国内企业招商。

（二）委内瑞拉中国科技工贸区介绍

委内瑞拉中国科技工贸区项目系纳入中委双边合作重点计划项目。山东省浪潮集团为该区的实施企业。科技工贸区规划占地总面积 5 平方公里，建筑总面积规划 200 万平方米，主要产业定位为电子、家电和农机等

---

① 园区资料主要来源于山东省国际商务网以及各地政府网站发布的信息。

产业，工贸区采取滚动发展方式，分两期开发，第一期开工建设 15 万平方米，2 年内完成，建成后可容 50 家企业入驻。该合作区分两期、两地建设，分别在巴拉瓜那半岛保税区和库阿市内。

（三）中俄托木斯克工贸合作区介绍

中俄托木斯克工贸合作区于 2007 年 11 月经国家商务部正式批准设立的中国境外经贸合作区。由烟台西北林业有限公司、中国国际海运集装箱（集团）股份有限公司等参与建设。园区规划面积 6.95 平方公里，起步区 3 平方公里，拟总投资为 15.7 亿美元、重点规划有 65 万吨纸浆厂、200 平方米板材及 20 万方旋切单板、20 万方密度板、20 万方刨花板、20 万方地板等 10 多个项目。山东省人民政府和俄罗斯托木斯克州政府已分别成立了领导小组，设立专门机构负责组织实施该项目。中国几家开发银行将对项目进行跟踪并提供联合银团贷款支持。

（四）匈牙利中欧商贸物流合作园区

匈牙利中欧商贸物流合作园区责任有限公司是由匈牙利注册成立的国际化公司，是集商品展示和交易中心于一体，具有贸易洽谈、现代物流配送、区域代理、加工研发和报关签证等配套综合服务功能的综合服务园区。合作园区由山东帝豪国际投资有限公司主导建设，采用"一区多园、两地展销、双向代理、内外联动"的建设模式，分二期开发。其中一期项目投资 4000 万欧元，占地面积 25000 平方米；二期规划 13 万平方米，投资 1.4 亿欧元。包括匈牙利布达佩斯物流园、中欧商贸物流合作园区电子商务平台、"匈牙利中国商品展示交易中心""临沂商城欧盟商品展示中心""德国不莱梅港 ESF 物流园"及"匈牙利布达佩斯物流园"。

第五节　山东省出口商品国际竞争力分析与比较

出口商品竞争力是一个国家或地区国际竞争力的有机组成部分。国际竞争力包括商品的国际竞争力和企业的国际竞争力。商品的国际竞争力，也可称为出口商品竞争力，是指商品在设计、开发、生产、营销、使用以及售后服务等方面在国际市场上与同类商品竞争中所体现出来的满足消费者需求、占领市场、实现商品使用价值和价值的能力。

企业的国际竞争力是指企业在产品开发、生产、营销及售后服务诸方面与竞争对手进行综合比较,在国际市场竞争环境中求得生存与发展的能力。企业的国际竞争力在市场上最终要通过其商品来体现和实现,因此,商品的国际竞争力是衡量一个企业乃至一个国家或地区国际竞争力最基本也是最重要的指标之一。

本节从纵横两个角度采用贸易竞争力指数分别考察农产品、高新技术产品和机电产品的出口竞争力,并通过显示性比较优势指数来衡量山东省农产品与工业制成品出口产品的国际竞争力。纵向研究主要考察1998—2014 年的变化,目的在于发现竞争力的变化趋势;横向研究选择江苏、浙江两省以及全国的平均水平作为比较省份,进行出口商品的国际竞争力比较分析,这是因为江苏、浙江两省与山东省都是中国东部地区经济较发达省份,制造业比较发达,对外贸易发展规模相近。通过这三个省份的比较能够考察山东省出口产品国际竞争力的高低;与全国平均水平进行比较,则能很好地确定山东省出口产品的国际竞争力在全国的水平。

一　贸易竞争力指数分析

(一) 贸易竞争力指数

贸易竞争力指数,即 TC (Trade Competitiveness) 指数,是在对国际竞争力进行分析时比较常用的测度指标之一,它表示一国进出口贸易的差额占进出口贸易总额的比重。计算公式为:

$$TC = (X_i - M_i)/(X_i + M_i)$$

其中,TC 代表贸易竞争力指数,X_i 代表 i 产品的出口额,M_i 代表 i 产品的进口额,贸易竞争力的取值范围是 $-1 \leqslant TC \leqslant 1$,指数值越接近 0,表示竞争力越接近于平均水平;指数值越接近于 1,则竞争力越大;等于1,表示该产业只出口不进口;指数值越接近于 -1,表示竞争力越薄弱;等于 -1,表示该产品只进口不出口。

(二) 山东省贸易竞争力指数分析

从表 2. 10 可以看出,1998—2010 年,农产品贸易竞争力指数全部为正数,说明这一时期山东农产品的国际竞争力水平总体较高,然而 TC 指数由 1998 年的 0.25 下降到 2010 年的 0.01，反映了山东省农产品的竞争力正逐年下降。2011—2014 年，则全部为负，表明当前山东省农产品的国际竞争力水平处于中等偏下。从高新技术产品的竞争力指数可以看出，除 1999 年外，1998—2005 年均为负数，2006—2014 年，贸易竞争力指数虽然为正值，但指数非常接近于 0，这反映了山东省高新技术产品具有一定的贸易竞争力，但贸易竞争力一直处于相对较弱的状态。

机电产品的 1998—2004 年，贸易竞争力指数基本为负值，但非常接近 0，说明在这一时期的机电产品竞争力略低于平均水平，但从 2005 年开始逐年上升，到 2014 年达到 0.27，说明山东省的机电产品竞争能力不断上升，整体竞争实力较强。

表 2.10　　　　1998—2014 年山东省主要产品出口竞争力指标

指标时间	农产品			高新技术产品			机电产品		
	进口额（亿美元）	出口额（亿美元）	TC	进口额（亿美元）	出口额（亿美元）	TC	进口额（亿美元）	出口额（亿美元）	TC
1998	13.8	22.9	0.25	8.1	3.6	-0.39	22.4	19.6	-0.07
1999	13.9	27.1	0.32	6.4	27.1	0.62	20.9	4.5	-0.65
2000	22.0	35.3	0.23	10.7	6.5	-0.24	30.0	31.3	0.02
2001	24.2	44.7	0.30	16.0	7.8	-0.34	40.5	38.0	-0.03
2002	26.4	52.3	0.33	18.5	11.4	-0.24	48.7	50.3	0.02
2003	39.6	65.8	0.25	23.9	15.4	-0.22	64.6	64.4	-0.00
2004	52.3	83.0	0.23	30.8	24.9	-0.11	83.1	97.2	0.08
2005	58.5	101.6	0.27	42.6	42.5	-0.00	104.5	135.7	0.13
2006	60.1	80.9	0.15	47.6	64.8	0.15	120.7	185.3	0.21
2007	66.4	92.5	0.16	61.3	84.7	0.16	162.8	277.5	0.26
2008	88.3	99.8	0.06	118.6	136.7	0.07	224	384.3	0.26
2009	83.9	97.7	0.08	120	136.7	0.07	212	341.7	0.23
2010	123.6	127	0.01	153.3	175.8	0.07	274.3	450.7	0.24
2011	153.7	185.9	-0.09	152.0	135.2	0.06	508.4	267.8	0.31
2012	150.2	216.6	-0.18	143.2	140.7	0.01	503.3	250.9	0.33
2013	152.0	257.8	-0.26	172.6	156.2	0.05	508.8	272.5	0.30
2014	157.4	269.6	-0.26	205.9	186.9	0.05	561.7	324.2	0.27

资料来源：根据《山东统计年鉴》与山东省国际商务信息网数据计算整理得出。

（三）鲁、浙、苏、粤贸易竞争力指数比较分析

2014 年，全国农产品的 TC 指数为负值（见表 2.11），说明中国农产品的国际竞争力较弱，山东省农产品的国际竞争力等于全国的平均水平，略高于江苏省与广东省的农产品 TC 指数。进一步分析广东省的农产品进出口额，2014 年，广东省与江苏省的农产品出口总额分别为 84.2 亿美元与 36.2 亿美元，分别占山东省同类指标的 53.5% 和 23%，而进口分别为 168 亿美元和 103.3 亿美元，分别占山东省同类指标的 62.3% 和 38.3%。由此可以看出，广东省与江苏省该指标低的一个重要原因是进口额较高，而不是由于出口额低形成的。这说明山东省农产品的国际竞争力总体水平仍有待提高。

2014 年，全国机电产品的 TC 指数为正值，说明中国机电产品的国际竞争力较好，山东省机电产品的 TC 指数为 0.2681，高于全国的平均水平 0.2106，较江苏省和广东省的 0.2637 和 0.2552 略高（见表 2.11）。这些数据说明，山东省的机电产品整体国际竞争力较高，处于全国的领先地位。机电行业是体现山东省经济、技术发展水平的主要行业，在一定程度上反映了山东省的经济实力和综合实力，机电产品出口保持连续十几年迅速发展的态势，对中国的外贸发展及国际收支都做出了重要贡献。但是，山东省机电产品的出口技术含量与附加值不高，出口增长过多地依靠数量扩张和价格竞争的局面并未得到根本的转变，转变出口增长方式的任务依然非常艰巨，机电产品出口要在继续扩大出口规模的同时，注重出口效益的提高，增强产业的国际竞争力。

2014 年，山东省高新技术产品的 TC 指数仅为 0.0484，非常接近 0，比全国的平均水平 0.0899 还低，远低于江苏省的 0.1787 与广东的 0.0890（见表 2.11），这说明山东省高新技术产品的国际竞争力与先进省相比还有很大的差距。从总体上判断，山东省高新技术产业发展仅处于全国中等偏下水平，正处于由初创和起步到旺盛增长的过渡阶段。作为集中体现现代最先进科技成果的高新技术产品，其出口能力可以直接反映出一个国家或地区经济的国际竞争力。为在国内外市场竞争中占据主动，山东省政府把提升高新技术产业的国际竞争力摆在了突出位置，在"十一五"与"十二五"发展规划中都把发展高新技术产品贸易作为推动经济发展的战略举措，出台了一系列政策措施，推动了高新技术

产业的起步和形成，取得了明显的成效。但发展中还存在着许多不容忽视的困难和问题，诸如技术创新能力不强，成果产业化率低；高技术、高层次人才短缺等。

表 2.11 2014 年鲁、浙、苏以及全国主要产品贸易竞争力指数

地区	农产品			高新技术产品			机电产品		
	进口额（亿美元）	出口额（亿美元）	TC	进口额（亿美元）	出口额（亿美元）	TC	进口额（亿美元）	出口额（亿美元）	TC
山东	157.4	269.6	−0.2628	205.9	186.9	0.0484	561.7	324.2	0.2681
江苏	36.2	103.3	−0.4811	1288.8	898.0	0.1787	2216.5	1291.4	0.2637
广东	84.2	168.0	−0.3323	2307.3	1930.2	0.0890	4280.5	2539.9	0.2552
全国	719.6	1225.4	−0.2601	6596.7	5508.3	0.0899	13093.8	8538.0	0.2106

二 显示性比较优势指数分析

（一）显示性比较优势指数

美国经济学家巴拉萨于 1965 年提出了显示性比较优势指数（简称RCA 指数）。它是衡量一国产品或产业的国际市场竞争力最具说服力的指标。它旨在定量地描述一个国家内各个产业（产品组）相对出口的表现。通过 RCA 指数可以判定一国的哪些产业更具出口竞争力，从而揭示一国在国际贸易中的比较优势。所谓显示性比较优势指数是指一个国家某种商品出口额占其出口总值的份额与世界出口总额中该类商品出口额所占份额的比率，用公式表示如下：

$$RCA_{ij} = (X_{ij}/X_{tj}) \div (X_i W/X_t W)$$

其中，X_{ij} 表示国家 j 出口产品 i 的出口值，X_{tj} 表示国家 j 的总出口值；$X_i W$ 表示世界出口产品 i 的出口值，$X_t W$ 表示世界总出口值。

一般而言，RCA 值接近 1，表示中性的相对比较利益，无所谓相对优势或劣势可言；RCA 值大于 1，表示该商品在国家中的出口比重大于在世界中的出口比重，则该国的此产品在国际市场上具有比较优势，具有一定的国际竞争力；RCA 值小于 1，则表示在国际市场上不具有比较优势，国际竞争力相对较弱。根据日本贸易振兴会制定的标准，可以根据竞争力指数的大小更准确地得到竞争力所处的水平：如果 RCA >

2.5，则表明该商品具有极强的竞争力；如果 $1.25 \leqslant RCA \leqslant 2.5$，则表明该商品具有较强的国际竞争力；如果 $0.8 \leqslant RCA \leqslant 1.25$，则表明该商品具有中度的国际竞争力；如果 $RCA < 0.8$，则表明该商品竞争力弱。

　　显示性比较优势指数的特点是不直接分析比较优势或贸易结构形式的决定因素，而是从商品的进出口贸易的结果来间接地测定比较优势。它在经验分析中可以摆脱苛刻的各种理论假设的制约，因而较适合于现实的国际贸易结构分析。然而，显示性比较优势指数也有它的局限性：当一个产业的产业内贸易盛行时，以显示性比较优势指数所衡量的该经济体和产业的比较优势不具有客观性，更不能用来预测一项贸易发展的模式。另外，RCA 指数忽视了进口的作用。①

　　（二）主要产品显示性比较优势指数计算

　　通过对农产品的显示性比较优势指标计算，我们可以发现，山东省农产品的国际竞争力总体水平较高，2000—2005 年，其显示性比较优势指数处于大于 2.5 的状态，表明农产品具有极强的竞争力。2006—2012 年，其显示性比较优势指数大于 1.25 但小于 2.5，表明农产品仍然具有较强的国际竞争力。2013—2014 年，其显示性优势指数介于 0.8 和 1.25 之间，表明农产品具有中度的国际竞争力。总体来看，当前山东省农产品国际竞争力处于中度水平，但农产品的显示性比较优势指数呈现逐年下降的趋势，表明山东省农产品的国际竞争力总体水平呈下降趋势（见表 2.12）。

　　通过对工业制成品的显示性比较优势指数的计算，我们可以发现，山东省工业制成品的国际竞争力总体处于高于平均水平的状态，且有逐年上升的发展趋势。但从指标的具体数值来看，2007 年之前的显示性比较优势指数均小于 1.25，表明山东省工业制成品仅仅具有中度国际竞争力；2008—2014 年的显示性比较优势指数大于 1.25 而小于 2.5，表明山东省工业制成品具有较强的国际竞争力。显示性比较优势指数逐年上升的趋势表明山东省工业制成品的国际竞争力总体水平处于不断上升的状态之中。

---

　　①　显示性比较优势指数，http://baike.baidu.com/view/1599585.htm。

表 2.12　　　　2000—2013 年山东省农产品与工业制成品 RCA 指数

时间	农产品			工业制成品		
	出口比重（%）	世界出口比重（%）	RCA 指数	出口比重（%）	世界出口比重（%）	RCA 指数
2000	22.7	9.0	2.52	78.3	74.9	1.05
2001	24.7	9.1	2.71	76.3	74.8	1.02
2002	24.8	9.3	2.67	78.1	75.1	1.04
2003	24.8	9.2	2.70	79.8	74.5	1.07
2004	23.1	8.8	2.63	82.2	73.8	1.11
2005	22.0	8.4	2.62	83.2	72.0	1.16
2006	13.8	8.0	1.73	84.9	70.1	1.22
2007	12.3	8.3	1.48	85.1	69.8	1.21
2008	10.71	8.5	1.26	86.9	66.5	1.31
2009	12.28	9.6	1.28	87.2	68.6	1.27
2010	12.18	9.2	1.32	87.1	67.1	1.30
2011	12.22	9.3	1.31	86.9	64.6	1.35
2012	11.67	9.2	1.27	87.6	64.1	1.37
2013	11.30	9.5	1.19	88.2	64.7	1.36
2014	10.85	9.5	1.14	88.53	66.2	1.34

资料来源：根据《山东统计年鉴》、山东省国际商务信息网以及 WTO 有关数据计算整理得出。https：//www.wto.org/english/res_e/statis_e/merch_trade_stat_e.htm。

（三）鲁、浙、苏、粤显示性比较优势指数的比较分析

与江苏省、浙江省和全国的平均水平进行比较可以看出（见表 2.13），2014 年，山东省农产品出口显示性比较优势指数远高于全国的平均水平，也大大高于江苏省与浙江省的同类指标，说明山东省农产品国际竞争力处于全国领先水平，这主要得益于山东省良好的农业产业发展基础。山东省在农业规模经济水平、硬件水平、产业竞争力、对地区经济贡献度等反映农业综合素质上的指标都明显高于江苏省相应的指标。但是，从产业拉动力角度来讲，江苏省农业在国民经济中的地位要高于山东省农业在国民经济中的地位；从产业推动力角度来讲，江苏省农业在国民经济中的地位也高于山东省农业在国民经济中的地位。[1] 因此，山东省今后要大力发展农业产业化，充分发挥农业龙头企业的带动作用，促进农产品高

① 储新民、袁雪峰、司增绰、陈学法、李琪：《关于农业基础地位的实证研究——基于江苏与山东的比较》，《经济问题》2011 年第 11 期。

产与优质,质量与效益并重,推动生产和加工的结合。

表 2.13　　2014 年鲁、浙、苏和全国农产品与工业制成品的 RCA 指数

时间	农产品			工业制成品		
	出口比重（％）	世界出口比重（％）	RCA 指数	出口比重（％）	世界出口比重（％）	RCA 指数
山东	10.85	9.5	1.14	88.53	66.2	1.34
江苏	1.1		0.12	97.15		1.47
广东	3.76		0.40	96.60		1.46
全国	3.1		0.33	95.2		1.44

　　从工业制成品的显示性比较优势指数来看,2014 年,山东、江苏、浙江与全国的该项指标均位于 1.3 与 1.5 之间,同样具有较强的国际竞争力水平。但山东省的 RCA 指数 1.34 不仅低于全国的平均水平 1.44,而且低于江苏省与浙江省的 1.47 与 1.46。这说明了山东省工业制成品的国际竞争力还有待进一步提高。山东省工业发展仍然存在很多问题和矛盾,影响了工业制成品的出口竞争力。例如,生产能力在低水平上过度扩张,产品附加值低;产业集中度较低,缺乏规模经济效益;区域产业互补性差等。① 为了提高山东省工业制成品的国际竞争力,不仅要提高产业层次、产品层次,发展资本密集型尤其是高新技术产业,而且要推动工业企业集群发展,加快制造业技术创新,提高产品附加值。

---

① 赵丽敏、刘鹏:《山东省工业制成品出口竞争力实证分析》,《当代经济》2011 年第 1 期。

第三章

山东省对外贸易发展中存在的问题

山东省对外贸易近几年来有了很大的发展，无论是反映量变的总体规模，还是反映质变的外贸出口结构、宏观外贸效益、出口商品国际竞争力都有了很大的变化，反映了山东省推动加工贸易转型升级、促进外贸增长方式转变的工作取得了一定的成效。但是，相对于成熟的市场经济国家以及国内东部经济发达的有关省市，山东省对外贸易发展中仍然存在一定的问题。正视存在的问题，对于下一步认清形势，更快更好地促进外贸发展至关重要。

第一节　货物贸易发展中存在的问题

一　对外贸易产业层次低，出口商品结构不合理

山东省对外贸易仍然以低附加值的劳动密集型项目为主，产业层次不高，产品附加值不高，高端产品、终端产品出口较少，靠低成本数量扩张的出口格局尚未得到根本改变，在国际分工格局中仍处于外围和从属地位，通过国际交换获得的贸易利益较少，外贸增长方式仍处于以粗放型为主的阶段。

纺织服装和农副产品一直是山东省对外贸易的骨干出口商品，出口产品仍以劳动密集型为主。代表技术密集型的高新技术产品出口虽然有大幅增长，但相比于广东，其在总额中所占比重依然比较低。机电产品加工项目发展迅速，出口额持续增长，2014 年，出口占比达到 38.8%，成为最主要的出口商品。进一步分析发现，山东省机电产品出口主要是以加工贸易形式展开的，并且主要集中于组装这一劳动密集型加工环节，对于关键零部件和附件的加工较少，也很少承担研发、设计、技术

服务、管理服务以及销售服务等技术含量高、附加值高的环节。由于从事加工贸易的外贸出口企业大都采用 OEM 的方式从事贴牌加工业务，致使出口商品缺乏国际有影响力的品牌，自然也就不能获得高的附加值。

二　外贸主体结构不合理，缺乏大的项目拉动

山东省对外贸易企业主要以外商投资企业为主。2011 年以前，外商投资企业出口占山东省外贸出口的比重一直保持在 50% 以上，2012 年以后，这一比重逐步下降。内资中的民营企业出口占比有不断扩大的趋势，2014 年，民营企业出口占比达 42.8%，非常接近于外资企业的 43.1%，但仍未改变外资企业主导山东省对外贸易的基本格局。由于外资企业主要从事加工贸易，外商投资企业的加工贸易出口比重一直在 65% 以上。基于当前加工贸易产业链条短、技术含量低的现实，外资企业加工贸易对于地区经济的带动作用极为有限。

总的来看，山东省外贸缺少高水平的出口型大项目，缺少带动性强的龙头企业，以中小型、低附加值、劳动密集型居多，生产规模和生产能力偏小，产品更新换代跟不上国际市场的需求变化。没有像广东、江苏、福建等省那样，紧紧抓住前几年国际产业结构调整和 IT 制造业向国内转移的机遇，大规模引进附加值高、新技术含量高、创汇高的技术密集型项目。同时，外资企业掌握着关键技术、市场和销售渠道，中方大都只从事简单的加工装配，这种局面抑制了产业关联效应和技术外溢效益，从而阻滞了整个加工贸易的升级和配套产业效率的提高。更重要的是，当地经济通过招商引资提高技术水平、培育产业国际竞争力、逐步积累实力、发展壮大的进程没有显现。

三　贸易方式结构仍需调整，服务贸易发展落后

对外贸易方式主要包括一般贸易与加工贸易，加工贸易的特点是出口产品中所含进口成分很高，出口国主要投入劳动力对进口零部件进行组装以完成最终产品的生产，即使是高新技术产业的加工贸易，我们从事的也是简单的低技术含量的组装，所以设计的产业链通常都比较短，经济的前后向关联度弱，对产业的带动作用不强。近几年来，山东省加工贸易出口

占比有不断下降的趋势，对外贸易方式结构有所改善。尽管如此，加工贸易出口额总体占比仍然在46%以上。在目前加工贸易总体产业层次比较低，而且产品增加值低的情况下，这一占比仍然显得太高，仍需继续努力优化对外贸易结构。

从贸易形式来看，货物贸易发展较好，而服务贸易竞争力弱。随着经济一体化的发展，服务贸易发展水平已成为衡量一个国家或地区国际竞争力的重要指标之一，而山东省的服务贸易与货物贸易的发展却存在着不协调的态势。2014年，山东省服务出口值为113.2亿美元，占贸易出口总比重的7.25%，明显低于全国8.67%的平均水平，远低于19.92%的世界平均水平。① 从行业角度看，山东省服务贸易中优势行业主要是传统的服务外包、旅游、运输等，而在金融、保险、计算机软件、咨询、管理等服务行业领域的参与程度还很低。此外，在高新技术方面，山东省企业高度依赖国外专利技术。在医药行业、芯片业、数控机床和纺织机械业以及汽车行业的专利主要掌握在外国企业手中，为此我们每年需要支付巨额的专利费用，这是造成服务贸易逆差的重要原因之一。

四　加工贸易产业链条短，缺乏配套产业群

大进大出的加工贸易模式反映了山东省加工贸易尚处在"一进一出、单一工序"型的发展阶段，其特点是国内加工链条短，主要从事简单加工和组装业务，零部件采购和制成品销售没有带动本地产业的发展，主要原因之一是山东省现有的产业和产品对加工贸易的配套能力差，缺乏"配套协作"型加工贸易企业群。加工贸易通常只是个别企业参与国际经济循环的一种贸易方式，即使具有一定的贸易规模，也主要局限于部分企业和少数相关企业，整体规模的扩大对其他企业和地区的辐射作用不大。

即使是在各类开发区、出口加工区中，也没有形成大规模的配套产业群，聚集效应较差。如广东珠江三角洲地区的计算机零部件配套率已达到95%，在该地区基本上可以找到所需的全部配套产品，而在山东省，像威海三星电子公司这样有影响的龙头企业，在当地也只有十几家"配套协作"型加工贸易企业能为之进行产品配套。这说明加工贸易与山东省内

---

①　根据商务部网站、山东省统计信息网与WTO官网的有关数据计算得出。

产业的关联度小，带动产业升级、产品换代的作用尚不显著。中国台湾地区能够顺利完成加工贸易的转型升级，很重要的一点就是当地配套产业群的迅速形成与发展，这也说明，缺乏配套产业群的地区加工贸易的发展是不稳定的，很难通过加工贸易带动相关产业发展以实现产业结构的改善与升级。

五 外贸出口内外部市场不均衡，外贸风险仍然存在

从对外贸易的外部市场来看，山东省对外贸易的地理分布呈现出较高的集中度，韩国、美国、欧盟、日本和东盟成为山东省最主要的对外贸易合作伙伴。2014 年，山东省与上述五个主要贸易伙伴的进出口贸易额达到 1348.17 亿美元，占全部进出口总额的比重为 48.65%。其中，对日进出口值占比达到 8.09%。虽然市场多元化的趋势已经显现，但是就目前的情况来看，市场多元化的效果并不理想，对少数国家或地区高度依赖的现状并没有得到根本的改变，对特定市场依存度过高，一旦政策或市场发生变化，企业没有回旋余地，出口也将随之大幅下降。中日政治关系时有摩擦，未来的贸易关系发展趋势会有波动，这一点应该引起重视。

从对外贸易的内部市场来看，山东省对外贸易主要集中在青、烟、威、潍地区。2014 年，青、烟、威、潍四地市对外贸易出口累计为 9888175 万美元，占山东省出口总额的 68.31%。虽然在近几年里，出口地区表现出多元化的趋势，但是，还没有真正推动山东省各地市充分发挥自己的优势，达到遍地开花的出口地区多元化目标。外贸发展的过度集中使得资金和相关资源大批移入经济发达的青岛、烟台、威海地区，经济落后的其余地市难以获得促使经济快速发展的重要资源，这使得山东省内地区间经济发展差距进一步扩大。三地市对外贸易的迅速发展，使得劳动力成本上升，外来务工人员增多，给城市的发展带来困难。加大其他地区特别是鲁西北地区的对外贸易尤其是加工贸易的发展，促使更多的地区融入对外贸易产业链条中，对于提高山东省整体经济的发展实力是非常必要的。

六 对外自主品牌市场开发不够，外贸企业缺乏核心技术

截至 2015 年底，山东省出口企业国际商标注册率不足 20%，加工贸

易自主品牌产品出口占比不足20%①，出口产品缺乏自有品牌。出口商品缺乏自主品牌，不仅影响外贸出口贸易的收益，也不利于出口产品国际竞争力的提高，更不利于对外贸易的持续发展。尽管山东省对外贸易出口产品中已具有像海尔、联想、青啤等有着一定影响力的国际品牌，但是数量太少，影响力也不高。山东省是农产品的出口大省，但并没与形成与此相对应的国际名牌，而机电、化工、纺织服装产品尽管贸易额很高，但仍然缺少国际名牌。

品牌的建设与国际推广受诸多因素的影响，最大的障碍是缺乏核心技术作为支撑。多年来，山东省一直致力于推动品牌建设，但国际品牌建设成效甚微，一个关键的原因在于外贸企业普遍缺乏核心技术。没有核心技术就制造不出具有绝对优势的高端产品，甚至有些产品的质量勉强能够达到进口国的技术要求，直接导致产品缺乏核心竞争力，品牌建设自然会遇到困难。部分拥有专利技术的企业，缺乏国际品牌建设意识，满足于加工贸易所带来的微薄利润；也有企业虽意识到了国际品牌建设的重要性，但限于资金、人才、知识、经验等的约束，在国际品牌建设上也显得心有余而力不足。

七　中小企业融资渠道不畅通

面临日趋激烈的国际竞争，中小企业需要进行科技创新，引进国外先进设备和技术，实现产业结构调整和转型升级，这些都离不开大量的资金。然而，当前山东省中小企业的融资渠道不畅，融资现状不容乐观，甚至有许多中小企业在银行融资受限的情况下，为了"找钱"，不得不把手伸向"高利贷"，但如此饮鸩止渴的背后是风险重重。造成这种现状的原因既有融资政策的原因也有企业自身的原因。从融资支持上看，山东省政府一贯重视对大企业、龙头企业的扶持，对中小企业的扶持不够，许多中小企业由于资金缺乏而倒闭或陷入经营困境。2014年，菏泽成武县高息借贷压垮当地众多中小企业的事件②就足以反映山东省内中小企业融资难

---

① 韩伟：《山东外贸形势严峻　政企共商自主品牌培育　拓市场》，大众网，2015年11月23日。

② 《高息借贷压垮资金链　菏泽成武中小民企向政府求助》，http：//news. iqilu. com/shan-dong/shizhengcaijing/20140105/1814342. shtml。

的现实。从中小企业自身看，普遍存在着组织机构不健全，管理制度不规范，融资信誉度不高等问题，达不到融资机构的投资要求。如何提升中小企业自身的经营管理能力与信誉，如何拓宽中小企业融资渠道以解决融资难题，对于中小企业自身的发展至关重要，对于山东省外贸的平稳发展也同样十分关键。

第二节　服务贸易发展中存在的问题

一　服务业发展相对滞后，服务贸易缺乏强有力的产业支撑

近几年来，山东省服务业有了较快的发展，服务业在三次产业中的占比呈现出逐渐加大的态势，但与服务业发达省市相比较，依然存在着诸多的问题。例如，服务业总量小，占比低，人均服务业产值不高，吸纳就业能力不强以及内部结构不够合理等问题。2014 年，山东省实现服务业增加值 25840.12 亿美元，占 GDP 的比重为 43.48%，低于北京（77.9%）、上海（64.8%）、广东（49.1%）、浙江（47.9%）等服务业发达省市。从结构上看，以批发零售餐饮业、交通运输仓储房地产为代表的传统服务业占 53.37%，金融、信息传输、软件和信息技术等现代服务业仅占 14.37%。[①]

二　服务业与制造业高度正相关，但对服务业的带动作用不够理想

山东省服务业与制造业同步发展，而且高度正相关，说明山东省服务业的发展和制造业的发展是相辅相成的。但是，制造业对于服务业发展的带动作用并不理想，主要原因在于制造业产业层次低，技术创新能力低，生产性服务业仍然内化于制造企业产品增值链体系中，没有有效地剥离为专业化的第三方服务，产业集群没有真正发挥集群效应。随着新型工业化的发展，物流与营销、研发设计与人力资源开发、软件与信息服务、金融与保险服务、财务与法律服务等专业化的生产性服务业，已经成为制造业产业链中不可或缺的部分，而且多处于价值链的高端，先进制造业与生产性服务业互为依托、共存共荣。促进制造业尤其是先进制造业的集群发

---

① 根据山东省统计信息网有关数据计算得来。

展，提高资源配置效率，充分发挥产业集群效应，必定会带动生产性服务业的发展。反过来，生产性服务业的发展又会推动制造业效率的提高，同时推动 BOP 等服务贸易的发展。

三 服务贸易总体规模小，仍处于价值链低端

近年来，山东省货物贸易出口保持了快速的增长，出口规模居全国前列，但服务贸易规模小，仅占山东省贸易总量的 7.25%，远低于 19% 的世界平均水平。服务贸易相对优势主要集中在旅游、运输、建筑、外包服务等比较传统的劳动密集型和资源密集型行业，大部分企业处于服务贸易产业链的末端，而金融、保险、计算机服务、技术贸易等现代服务业的国际竞争力还很低，尽管计算机和信息服务发展较快，也主要从事的是服务外包业务，处于价值链的低端。这就造成两方面问题：一是相关企业主要以压低价格来换取市场竞争力，企业利润率较低；二是没有形成核心竞争力、容易被边缘化、容易被取代。如果山东省相关服务贸易企业没有了成本优势和政策支持，很容易被成本和政策更占优势的中西部地区所取代，甚至订单会转移到东南亚有关国家。同时不断上升的服务贸易逆差也反映了山东省服务贸易国际竞争力弱的现实。

四 服务业对外开放不断扩大，但外资介入程度仍然较低

近年来，山东省对外经济贸易发展迅速，利用外资的规模不断扩大，服务业对外开放步伐加快，但服务业利用外资总体规模不大，领域不宽，项目水平不高，主要集中于房地产、批发零售等传统服务业领域。2014年，第三产业实际利用外资占山东省实际利用外资额的 35.72%，不仅低于北京（87.70%）、上海（91.7%），而且也低于同样是制造业大省的江苏（43.53%）、广东（47.64%）等地，第三产业仍然是利用外资的一个薄弱环节。推动外资流向服务业，尤其是服务业中的高知识、高技术行业，对于山东省服务行业的繁荣发展非常重要。

五 政策扶持与资金支持力度不大，服务贸易企业融资难问题普遍存在

山东省是制造业大省，制造业企业的发展历史长而且规模大，相比而

言，许多服务贸易企业成立时间短，企业规模小，拥有的有形资产少，无形资产比重较高，例如大量的高科技专利和创新性知识产权等。但大多数银行往往偏爱采用有形资产做抵押的贷款模式，新兴服务贸易企业很难得到金融机构的认可，普遍面临着资金短缺的难题。同时，在传统贷款业务中，无形资产评估难的问题普遍存在，企业用专利和知识产权抵押贷款困难重重，而银行等相关部门并没有针对此类企业进行适当的政策倾斜与资金帮扶，导致山东省服务贸易类企业普遍存在融资难问题。

六　高端复合型人才缺乏，遏制了企业的进一步发展

尽管山东省实施人才计划，在省内外乃至国内外招聘人才并欢迎企业家来山东省投资创业，但由于区域与发展机遇的限制，山东省大多数地市对技术型、复合型高端人才的吸引力远不如一些大城市，例如北京、上海、广州、大连等，像济南、青岛两个城市本土培养的员工也很容易向大城市流失。同时由于受工资待遇、发展环境、发展前景等因素的影响，相关企业的人才流动率偏高，如山东省万声通讯等一些企业由于人才的缺乏和在职员工流失率过高，企业在招聘、培训等环节疲于应付，严重制约了企业的正常运营与长期发展。

第三节　国际资本合作中存在的问题

一　国际要素流动质量不高，国际资本合作规模较小

随着招商引资力度的增加，外资进入总量也在扩大，但与先进省市还有一定的差距。山东省 2014 年实际利用外资 1519512 万美元，外商直接投资占 GDP 的比重为 1.57%，低于浙江（2.42%）和广东（2.43%）的水平。在招商引资中，一个值得注意的问题是低层次、重复性招商引资，另一个就是盲目追求引入世界 500 强企业，但并没有控制这些企业的低端污染项目进入，外资的技术溢出效应没有凸显，对地区经济的带动作用小等现象仍然存在。

2014 年，山东省对外承包工程与劳务合作营业额为 1021544 万美元，占 GDP 的比重为 1.06%，高于浙江（0.82%），但低于广东（1.18%）。"走出去"项目层次低、规模小，投资的回报并不明显，"走出去"人员

数量尽管有所增加，但人员总体素质有待提高。

二　企业创新性不足，区域合作紧密度不够

企业家的股权合作意愿虽然强烈，但又担心失去企业控制权。绝大多数企业在融资、扩大生产、技术创新、开拓市场渠道、拓展市场规模等方面有着强烈的意愿，但对外部投资者、技术入股等参股方式比较谨慎。由于产业转型升级对资金和技术的需求较大，尤其国际合作是产业发展的主要方向，因此开放意识的薄弱也是制约产业发展的重要因素。

在三区建设①、环渤海湾经济圈建设的背景下，山东省尽管出台了若干政策，加强地区之间的合作，但出于地方利益最大化考虑，各地市之间以及与外省之间的经济合作紧密度不够，例如，在联合招商、联合投资、联合接包、联合海外宣传等国际项目上的合作不够；没能充分借助大连、天津等地的优势；没能充分借力国有大型跨国公司，对外开放仍处于单打独斗状态。

三　对外投资结构与投资方式单一，投资国家和地区相对集中

山东省对外投资贸易性企业多，生产性企业、资本运作类企业与资源利用型企业少。2014 年，在山东省境外投资企业中，贸易型企业占43.13%，而资源开发型企业仅占 5.9%。虽然对外直接投资涉及领域广泛，但产业层次较低，多限于钢铁、纺织服装、轻工、机械等传统行业，电子通信高科技企业和大型资源开发企业偏少。

投资企业虽然覆盖了全球 100 多个国家和地区，但东亚国家和发展中国家居多，欧美等发达国家偏少。虽然对外直接投资方式趋向多样化，以股权置换、收购、兼并等方式进行的投资呈逐年增多趋势，但总体来看，独资、合资等方式仍然占主导地位，采用兼并、收购、参股等资本运作方式较少。

四　境外经贸园区建设尚处于起步阶段，园区建设面临一定的困难

山东省境外经贸合作区建设虽然取得了较快发展，但仍存在一些制约

---

①　三区建设是指"山东半岛蓝色经济区、胶东半岛高端产业聚集区、黄河三角洲高效生态经济区"建设。

发展的突出问题。① 一是东道国政策变化风险加大。山东省境外经贸合作区主要位于发展中国家，东道国经济环境、基础设施环境、制度环境、信用环境等都存在着一定的缺陷，在一定程度上影响了合作区建设的难度。二是融资困难使园区建设面临着资金压力。境外经贸合作区前期投入较大，而中国金融机构境外分支机构提供资金的能力有限，企业境外投资形成的资产不能作为抵押担保在境内贷款等都使企业面临着融资难问题，目前园区建设均面临着不同程度的资金压力，影响了合作区建设的持续发展。三是配套政策不足和宣传招商不到位影响了合作区的辐射带动作用。"走出去"政策配套不足，国家鼓励企业通过转移一批以化解富余产能，但由于缺乏必要的财税、金融等配套支持政策，企业需要承担巨大的转移成本，企业向境外园区转移产能的动力不足。同时，境外经贸合作区在政策、配套服务和环境等方面的宣传力度还不够，造成合作区和有需求的入区企业之间的信息不对称，招商进展较慢，同时合作区招商机制和招商模式也有待进一步完善。四是园区国际化复合型人才缺乏。境外园区普遍缺乏资本运营、企业管理、金融投资、商贸物流等国际化、复合型高端双语人才，园区建设运营和管理经验不足，成为制约发展的重要瓶颈。

---

① 《山东省境外经贸合作区建设取得积极成效》，http://www.mofcom.gov.cn/article/resume/dybg/201507/20150701043231.shtml。

第四章

山东省地区经济综合发展分析

第一节 经济发展总量

衡量经济总量常用的指标是国内生产总值（Gross Domestic Product，简称 GDP），是指在一定时期内（一个季度或一年），一个国家或地区经济所产出的全部最终产品和劳务的价值。它不但可以反映一个国家的经济状况，还可以反映一国的国力与财富。

近年来，随着开放型经济的快速发展和不断深入，山东省经济进入一个飞速发展的新阶段，综合实力显著增强。按 1995 年不变价格计算，1995 年，山东省 GDP 为 4953.4 亿元，2014 年达到 38714.4 亿元，增长了 6.8 倍。同期，按不变价格计算的第一产业 GDP 增长了 2.09 倍；第二产业 GDP 增长了 6.96 倍；第三产业 GDP 增长了 9.6 倍。人均 GDP 也呈现出快速上升的趋势，按 1995 年不变价格计算，1995 年人均 GDP 为 5701元，2014 年达到了 39661 元，增长了 5.96 倍（见表 4.1）。

从图 4.1 可以看出，人均 GDP 增长率变化呈现倒 U 形。2001 年之前基本上在 8% 左右徘徊，2002 年以后出现快速增长，到 2005 年达到了 20.23%，2006 年以后增长速度逐步下降，到 2014 年，降到6.34%。这一变化与中国整个经济政策的调整基本上是一致的。近年来，山东省加大经济增长方式转变的力度，不断优化产业结构，尤其是 2012 年以后，调低了 GDP 增长速度，不断提高经济发展的内涵质量，取得了一定的成效。

从图 4.2 的变化看，2003 年以前，GDP 总量以及三次产业的 GDP 缓慢增长，从 2004 年起，GDP 总量、第二与第三产业的 GDP 呈现出快速上升的发展趋势，尤其是第三产业的 GDP 增长速度远高于第一与第二产业，

表 4.1　　　　　　　按 1995 年不变价格计算的三次产业产值

时间	GDP（亿元）	第一产业（亿元）	第二产业（亿元）	第三产业（亿元）	人均 GDP（亿元）	GDP 增长率（%）
1995	4953.4	1010.1	2355.8	1587.4	5701.0	
1996	5368.4	1095.0	2540.2	1733.2	6155.1	8.38
1997	5800.4	1060.3	2792.7	1947.4	6620.2	8.05
1998	6269.1	1085.5	3042.9	2140.6	7114.3	8.08
1999	6739.1	1098.0	3277.3	2363.8	7628.6	7.50
2000	7484.3	1138.8	3738.3	2607.2	8371.6	11.06
2001	8108.5	1198.8	4017.6	2892.0	8990.3	8.34
2002	9125.7	1234.5	4604.8	3286.4	10071.0	12.54
2003	10613.5	1301.1	5698.6	3613.7	11659.1	16.30
2004	12741.2	1508.4	7191.4	4041.3	13921.1	20.05
2005	15318.5	1637.6	8739.5	4941.4	16625.5	20.23
2006	18084.4	1766.2	10383.2	5935.0	19490.7	18.06
2007	20393.1	1985.1	11588.2	6819.8	21839.0	12.77
2008	23240.6	2255.9	13202.1	7782.6	24745.1	13.96
2009	25467.1	2424.2	14201.2	8841.6	26967.4	9.58
2010	28591.2	2619.2	15502.5	10469.4	30004.4	12.27
2011	31523.2	2761.5	16690.1	12071.5	32894.4	10.25
2012	34045.8	2914.7	17519.2	13611.9	35240.2	8.00
2013	36407.7	3157.5	18257.3	14992.8	37498.7	6.94
2014	38714.4	3126.0	18754.5	16833.9	39660.6	6.34

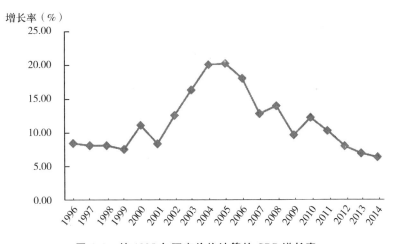

图 4.1　按 1995 年不变价格计算的 GDP 增长率

说明山东省经济总量不仅不断增强，而且产业结构也在不断优化。从人均GDP 来看，2001 年之前增长较为缓慢，2002—2010 年基本保持了两位数的增长速度，之后有所下降。2002—2014 年，山东省人均 GDP 的算数平均增长速度达到 12.18%（见图 4.3）。

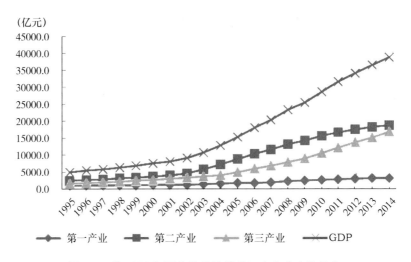

图 4.2　按 1995 年不变价格计算的三次产业产值分布

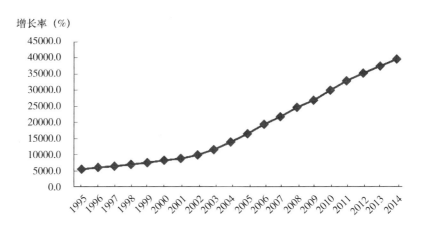

图 4.3　按 1995 年不变价格计算的人均 GDP 变化图

第二节　产业结构分析

一　产业结构转变的阶段划分理论

产业结构是指各产业的构成及各产业之间的联系和比例关系。各产业部门的构成及相互之间的联系、比例关系不尽相同，对经济增长的贡献大小也不同。产业结构可以从不同的角度分类：根据社会生产活动历史发展顺序对产业结构的划分，将产业分为第一产业、第二产业和第三产业；根据劳动力、资本和技术三种生产要素在各产业中的相对密集度，把产业划分为劳动密集型、资本密集型和技术密集型产业。①

中国关于三次产业的划分标准是根据 2011 年统计局颁布的《国民经济行业分类》（GB/T 4754—2011）确定的。第一产业是指农、林、牧、渔业（不含农、林、牧、渔服务业）。第二产业是指采矿业（不含开采辅助活动），制造业（不含金属制品、机械和设备修理业），电力、热力、燃气及水生产和供应业，建筑业。第三产业即服务业，是指除第一产业、第二产业以外的其他行业。②

钱纳里认为，一国或地区经济的发展过程总是伴随着产业结构的转变，产业结构转变就是劳动和资本资源从生产率较低的部门向生产率较高的部门转移，这种转移能够加速经济增长。钱纳里根据人均国内生产总值，将不发达经济到成熟工业经济整个变化过程划分为三个阶段六个时期③，即初级产品生产阶段、工业化阶段和发达经济阶段，工业化阶段包括初级、中级和高级三个时期。三次产业结构的调整一般要依次经历"一二三""二一三""二三一"和"三二一"几个阶段，最终实现产业结构的持续升级。

根据钱纳里产业与就业结构模型，随着工业化的推进，第一产业增加值比重与第一产业劳动力就业比重不断下降，第二产业增加值比重与就业比重不断提高，当工业化发展到一定阶段，第一产业增加值比重与就业比

---

① 产业结构，http：//baike. baidu. com/view/61661. htm? fr = aladdin。

② 国家统计局设管司：三次产业划分规定，http：//www. stats. gov. cn/tjsj/tjbz/201301/t20130114_ 8675. html。

③ 产业结构，http：//baike. baidu. com/view/61661. htm。

表4.2   钱纳里的工业化发展阶段

时期	人均国内生产总值（美元）	工业经济变化阶段
1	580—1150	初级产品生产
2	1150—2300	工业化初级
3	2300—4600	工业化中级
4	4600—8600	工业化高级
5	8600—13780	发达经济初级
6	13780—20680	发达经济高级

重持续下降，第二产业增加值比重与就业比重变化就不再明显，第三产业增加值比重与就业比重持续上升。

根据钱纳里等经济学家的实证研究，就多数国家一般变动模式来说，在初级产品生产阶段早期，当人均 GDP 达到 600 美元时，三次产业的增加值比重分别为 21.8%、29% 和 49.2%；在初级产品生产阶段后期，当人均 GDP 达到 1000 美元时，三次产业的产值比重分别为 18.6∶31.4∶50；当处于工业化中级阶段时，人均 GDP 达到 3000 美元时，三次产业的比重分别是 9.8∶38.9∶51.3（见表4.3）。

表4.3   人均 GDP 和产业结构变化的多国模型标准

人均 GDP（美元）	100	200	300	400	600	1000	2000	3000
第一产业占 GDP 比重（%）	46.4	36	30.4	26.7	21.8	18.6	16.3	9.8
第二产业占 GDP 比重（%）	13.5	19.6	23.1	25.5	29	31.4	33.2	38.9
第三产业占 GDP 比重（%）	40.1	44.4	46.5	47.8	49.2	50	50.5	51.3
第一产业劳动力占比（%）	68.1	58.7	49.9	43.6	34.8	28.6	23.7	8.3
第二产业劳动力占比（%）	9.6	16.6	20.5	23.4	27.6	30.7	33.2	40.1
第三产业劳动力占比（%）	22.3	24.7	29.6	33	37.6	40.7	43.1	51.6

资料来源：H. 钱纳里等：《工业化和经济增长的比较研究》，上海三联书店 1995 年版。

二　三次产业增加值占 GDP 比重的结构分析

新中国成立以来，山东省产业结构大致经历了三个阶段：1970 年以前为第一产业占绝对优势的"一二三"阶段，三次产业增加值占 GDP 比重的平均值依次为 49.3:31.5:9.2；1970—1989 年为"二一三"阶段，三次产业增加值占 GDP 比重的平均值依次为 35.5:50:18.5；1990 年进入"二三一"阶段，即钱纳里的工业化初级阶段；2000—2005 年经历了工业化中级阶段；2006 年以后进入工业化高级阶段。产业结构升级使生产要素由生产率低的部门转移到生产率高的部门，从而推动经济的增长。[①]

　　1990—2014 年，第一产业产值比重持续下降，第二产业产值比重先升后又下降，第三产业产值比重快速上升（见图 4.4 与表 4.4）。第一产业在 GDP 中所占的比重由 1990 年的 28.14% 下降到 2014 年的 8.1%，降低了 20.04 个百分点；第二产业占 GDP 比重为由 42.08% 上升为48.4%，上升了 6.32 个百分点；第三产业则由 29.77% 上升为 43.5%，上升了 13.73 个百分点。山东省"十二五"发展规划中列出的三次产业结构的发展目标为 7:48:45，而 2014 年的 8.1:48.4:43.5 距离这一目标还有一定的距离，大力发展第三产业仍是山东省今后经济发展工作的一项重点。

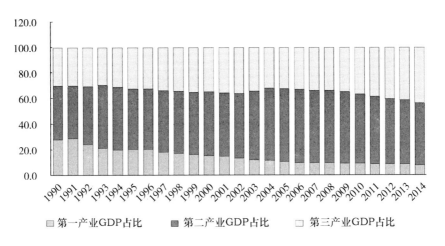

■第一产业GDP占比　　■第二产业GDP占比　　□第三产业GDP占比

图 4.4　山东省三次产业占比变化趋势图

　　① 张鸣、张艳丽：《"十一五"时期山东省产业结构调整研究——基于 2005—2009 年的数据分析》，《青岛科技大学学报》2011 年第 3 期。

表 4.4 山东省三次产业产值占比变化 （%）

	第一产业 GDP 占比	第二产业 GDP 占比	第三产业 GDP 占比
1990	28.1	42.1	29.8
1991	28.8	41.2	30.0
1992	24.3	45.5	30.2
1993	21.5	49.0	29.5
1994	20.2	49.2	30.6
1995	20.4	47.6	32.0
1996	20.4	47.3	32.3
1997	18.3	48.1	33.6
1998	17.3	48.5	34.2
1999	16.3	48.6	35.1
2000	15.2	50.0	34.8
2001	14.8	49.5	35.7
2002	13.5	50.5	36.0
2003	12.3	53.7	34.0
2004	11.8	56.5	31.7
2005	10.7	57.0	32.3
2006	9.8	57.4	32.8
2007	9.7	56.8	33.5
2008	9.7	56.8	33.5
2009	9.5	55.8	34.7
2010	9.2	54.2	36.6
2011	8.8	52.9	38.3
2012	8.6	51.4	40.0
2013	8.7	50.1	41.2
2014	8.1	48.4	43.5

数据来源：根据山东省统计信息网历年统计年鉴以及 2014 年山东省国民经济和社会发展统计公报数据整理得来。

从人均 GDP 来看，山东省处于工业化高级阶段，但三次产业结构距离钱纳里模型中产业结构的比重差距甚远，尤其是第三产业远远落后。2014 年，山东省第一产业产值占比为 8.1%，符合工业化中级的水平，但第二产业与第三产业占比倒挂，反映了山东省工业发展较好，而第三产业发展相对薄弱的现实。

　　山东省各地的三次产业比存在着较大差距（见图 4.5）。2014 年，在
山东省 17 地市中，济南、青岛的第三产业占比超过了 50%，淄博、潍
坊、泰安、威海、临沂、日照和滨州七地市的第三产业占比在 40% 以上，
其他八地市在 30% —40% 之间，反映了各地经济发展不平衡的现状。推
动中西部地区产业结构升级，仍然是全省面临的重要问题。

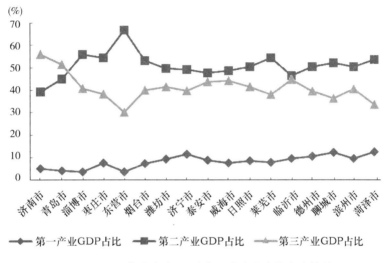

图 4.5　2014 年山东省 17 地市三次产业产值占比统计

三　三次产业就业人员结构分析

　　居民就业从另一个侧面反映了一国经济发展的状况。根据传统的经
济增长理论，就业与经济增长呈正相关关系，在一般情况下，经济复苏
和繁荣将增加对劳动力的需求、改善就业并增加劳动者报酬。反之，经
济衰退将减少对劳动力的需求、增加失业和减少居民收入。奥肯对于周
期波动中经济增长率和失业率之间的经验关系进行了分析并提出了著名
的奥肯定律。奥肯定律指出，当实际 GDP 增长相对于潜在 GDP 增长
（亦称充分就业下的 GDP 增长）下降 2%（美国一般将之定义为 3%）
时，失业率上升大约 1%；当实际 GDP 增长相对于潜在 GDP 增长上升
2% 时，失业率下降大约 1%。[①] 奥肯定律反映的是一种趋势性的普遍规

---

　　①　奥肯定律，http：//wiki.mbalib.com/wiki/。

律。因此了解山东省的居民就业状况，有利于我们更好地了解其经济发展水平。

就业结构是反映区域经济发展阶段的重要指标，就业结构变化与三次产业结构变化一样，反映了工业化过程中劳动力从第一产业向第二、三产业转移，由劳动密集型产业向资本、技术密集型产业转移的过程；同时也反映了劳动力由低生产率产业向高生产率产业转移的过程，通过分析就业结构演变，可以判断工业化发展阶段。

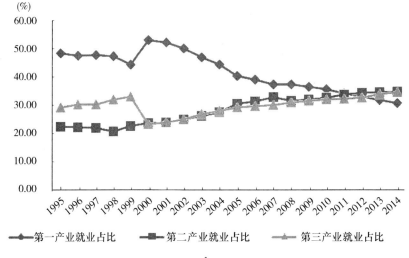

图4.6　山东省三次产业就业人员占比变化趋势图

从图4.6可以看出，1999年以前，三次产业就业人员比重呈现出明显的"一三二"特点，这也反映了在1999年之前，山东省工业企业数量少，容纳劳动力的能力不高，工业企业就业人员的数量少。2000年以后，由于加快了国有企业改制，民间资本进入工业领域的趋势加快，山东省工业企业不仅出现数量上的增加，而且劳动力的就业人数也始终保持着上升的态势。在第二与第三产业就业人数比重不断扩大的同时，第一产业就业人数占比出现了快速的下降，由1995年的48.32%下降到2013年的30.70%。2012年，第二产业就业人员的比重首次超过了第一产业；2013年，第三产业就业人员的比重也超过了第一产业。2014年，三次产业的就业人员比重呈现"二三一"的特点，这既符合山东制造业大省的发展现实，也反映出山东省第三产业的发展尚需努力。

第三节　服务业发展状况

　　衡量一个产业发展状况一般考虑用两类指标：一类是总量指标，包括服务业产值、就业人数、该产业产值占 GDP 的比重与该产业劳动人员占全部就业人员的比重；另一类是服务业内部结构均衡问题。另外，根据波特理论，服务业是整个产业集群体中不可或缺的一环，产业集群形成的过程则是创造国家竞争优势的核心。考察地区服务业发展状况，有助于增强对地区竞争力的了解。

　　山东省服务业近几年来有了很大的发展。1996 年，服务业产值为 1899.54 亿元，2014 年达到 25840.12 亿元，增长了 12.60 倍；服务业从业人员也从 1996 年的 1153.5 万人增加到 2014 年的 2289.1 万人，增长了 98.45%；服务业劳动生产率由 16470.48 元/人增加到 112883 元/人，增长了 5.85 倍。服务业从业人员占比 1996 年为 22.06%，2014 年达到了 34.60%，表现出较快的发展趋势；服务业产值占 GDP 的比重经历了先升后降又上升的变化发展，到 2014 年达到了 43.48%。

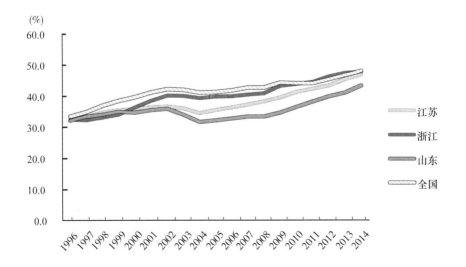

图 4.7　主要省份服务业 GDP 产值占比

表4.5   山东省服务业产值与服务业从业人员统计分析表

指标 时间	GDP （亿元）	服务业 产值 （亿元）	全部就业 人员 （万人）	服务业 劳动人员 （万人）	服务业产值 GDP占比 （％）	服务业人员 占比 （％）	服务业 劳动产值 （元/人）
1996	5883.80	1899.54	5227.4	1153.3	32.28	22.06	16470
1997	6537.07	2194.70	5256.0	1131.6	33.57	21.53	19395
1998	7021.35	2397.49	5287.6	1204.5	34.15	22.78	19904
1999	7493.84	2628.52	5314.7	1257.3	35.08	23.66	20906
2000	8337.47	2904.45	5441.8	1268.1	34.84	23.30	22904
2001	9195.04	3279.53	5475.3	1303.1	35.67	23.80	25167
2002	10275.5	3700.52	5527.0	1382.3	36.01	25.00	26771
2003	12078.15	4112.43	5620.6	1508.0	34.05	26.80	27271
2004	15021.84	4764.70	5728.1	1605.0	31.72	28.00	29687
2005	18366.87	5924.74	5840.7	1709.0	32.26	29.30	34668
2006	21900.19	7187.26	5960.0	1761.7	32.82	29.50	40797
2007	25776.91	8620.24	6081.4	1826.3	33.44	30.03	47201
2008	30933.28	10358.64	6187.6	1918.6	33.49	31.00	53991
2009	33896.65	11768.18	6294.2	1982.7	34.72	31.50	59354
2010	39169.92	14343.14	6401.9	2042.1	36.62	31.90	70237
2011	45361.85	17370.89	6485.6	2088.4	38.29	32.20	83178
2012	50013.24	19995.81	6554.3	2141.1	39.98	32.67	93390
2013	54684.33	22519.23	6580.4	2224.2	41.18	33.80	101246
2014	59426.59	25840.12	6606.5	2289.1	43.48	34.6	112883

资料来源：根据山东省统计信息网数据计算整理。

说明：2005年以后执行2002年国民经济行业分类（新行业分类）。在新行业分类中，农林牧渔服务业由第三产业调整到第一产业。GDP与服务业产值按当年价格计算。

尽管服务业表现出较快的发展势头，但从服务业产值占GDP比重这一指标来看，山东省与先进省份相比仍存在着一定的差距。由图4.7可以看出，1996年，山东省服务业产值占GDP的比重与全国的平均水平以及江苏和浙江的水平比较接近，但在1996—2014年期间，江苏与浙江的该指标有了较大幅度的提高，到了2014年，江苏、浙江分别达到了47%、47.9%，而山东仅为43.48%，远远低于这两个省份。根据世界银行公布

的数据，2014 年，世界服务业增加值占全球生产总值的比重平均为 70%，
中国为 48.1%。山东省目前 43.48% 的比值不仅远低于世界平均水平，也
低于全国的平均水平。

　　服务业就业人员占比不断上升，但上升幅度不大。1996 年为 22.1%，
江苏、浙江的同类指标分别为 22.2%、23.2%，但低于全国该指标的平
均值。经过十几年的发展，尽管个别省份的同类指标值不断上升，但山东
省该指标的上升幅度显然低于江苏与浙江，2014 年，江苏、浙江的服务
业就业人员占比分别达到 37.7% 和 36.78%，可见，山东省 34.6% 的该指
标值不仅低于国内先进省份，甚至低于全国平均 40.6% 的平均水平（图
4.8）。

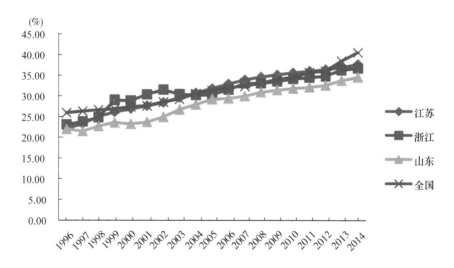

图 4.8　主要省份服务业从业人员占比

　　1996 年以来，山东省服务业劳动生产率不断上升，1996 年为 16470
元/人，2014 年上升到 112883 元/人，增加了 5.85 倍，高于全国的平均
水平值，但与江苏和浙江相比差距很大（见图 4.9）。2014 年，江苏省服
务业劳动产值为 170486.8 元/人，浙江为 140699 元/人。而发达国家 2000
年服务业劳动产值为 6 万美元。可见，山东省第三产业就业比重低，劳动
产值不高，服务业仍然处于发展的初级阶段。

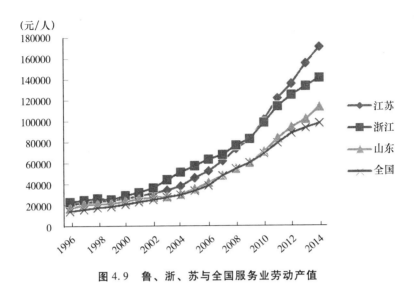

图 4.9　鲁、浙、苏与全国服务业劳动产值

服务业内部结构不合理，传统服务业比重过高，现代服务业发展明显滞后。从服务业内部结构看，发达国家主要以信息、咨询、科技、金融等新兴产业为主，而山东省服务业仍以传统的交通、商贸、餐饮住宿等服务业为主，金融保险业、信息传输、计算机服务业等现代服务业仍然发育不足，发展不快，仅青岛、济南两地还算发展得比较好，教育、卫生和科研等知识含量高的产业比重仍然偏小。济南、青岛是山东省服务业最发达的地区，2014 年，济南、青岛的生产总值构成分别是 5.2∶38.4∶56.4 和 4.2∶44.6∶51.2，其服务业所占比重远高于全省 43.48％ 的平均水平。但服务业并没有呈现出真正的集群发展模式，主要原因是山东服务业发展处于起步阶段，知识密集型的金融、信息、物流、咨询等现代服务业发展不足。

第四节　制造业发展状况

一　传统制造业与新型制造业

世界经济发展的历史表明，一国制造业的发展状况在很大程度上体现其经济的发展水平。发达国家的经济综合实力强大的重要特征之一就是拥有世界一流的制造业。参与国际竞争离不开制造业水平的提高。正如迈克尔·波特（2003）所指出的，国家的竞争力在于其产业创新与升级的能力，先进制造业发展关乎一国能否占据产业发展的未来制高点，其发展水平关乎一国的经济安全和竞争优势。

制造业是指将制造资源（物料、能源、设备、工具、资金、技术、信息和人力等）按照市场的要求，通过制造过程，转化为可供人们使用和利用的工业品与生活消费品的行业，包括扣除采掘业、公用事业后的所有 30 个行业。目前，作为中国国民经济的支柱产业，制造业是中国经济增长的主导部门和经济转型的基础；作为经济社会发展的重要依托，制造业是中国城镇就业的主要渠道和国际竞争力的集中体现。[1] 制造业通常被分成传统制造业与先进制造业。

先进制造业指的是以科技创新、降低能源消耗、减少环境污染、增加就业、提高经济效益、提升竞争能力，最终实现可持续发展的制造业。先进制造业的内涵体现在"以人为本、科技创新、环境友好、面向未来"四个方面。先进制造业强调以人的发展作为根本的出发点和最终的落脚点，以科技创新作为主要的推动力，加强劳动者素质和能力建设，强调工业生产与自然环境的和谐发展，追求高效益、低消耗的价值取向。

从理论上说，在制造业内部各行业中，只要在技术、生产模式和市场网络三个方面同时具有先进性的产业，都可以认定为先进制造业。而从实践情况看，先进制造业不仅包括由信息技术、生物技术、材料技术等所代表的高新技术制造业，也包括通过先进技术和管理手段改造、技术密集度得以提升的部分传统制造业，如数控机床制造、精品钢材制造等。[2]

根据《国家高新技术产业开发区高新技术产业认定条件和办法》，在统计局统计的 30 个行业中，直接将石油加工、炼焦及核燃料加工业；医药制造业；化学纤维制造业；黑色金属冶炼及压延加工业；有色金属冶炼及压延加工业；通信设备、计算机及其他电子设备制造业六个行业认定为高新技术产业。

---

① 制造业，http：//baike. baidu. com/view/728164. htm。

② 先进制造业，http：//xxyd. mzdj. cn/Article/ShowArticle. asp？ ArticleID = 23。

传统制造业是与现代制造业相对而言的，它是指在传统的制造环境下，运用传统的制造手段和制造技术对制造对象进行加工。主要特征表现为：一是绝大多数是劳动密集型；二是处于由成熟期向衰退期转变，产品销售利税率、劳动生产率低。与现代制造业相比，传统制造业不能说是夕阳产业，因为制造业没有什么夕阳和朝阳之说，只有是否适应时代发展的需要之谈，只有努力改造和发展传统产业，传统制造业才有出路。①

二 山东省制造业发展状况

山东是制造业大省，经过多年努力，制造业得到了长足发展，制造业成为山东省工业化和现代化的主导力量，制造业的发展水平成为衡量山东省工业化、综合实力和国际竞争力的重要标志。但随着经济全球化的日益深入，山东省的制造业特别是传统制造业的发展遇到了如产业层次低、技术创新能力弱、可持续发展能力不强等许多前所未有的问题。

近十几年来，山东省工业制造业的各项指标都有了快速的发展（见表 4.6）。1990 年，山东省工业总产值为 2200.85 亿元，2014 年达到了 141415.02 亿元，增长了 63.25 倍，从工业总产值增长率来看，除了 1996—2001 年以外，其他年度都保持了两位数的高增长，甚至个别年份工业总产值增长率超过了 30%。从占比来看，国有经济与集体经济占全部工业总产值的比重同步下降，其他经济（主要指外资企业与民营企业）占比大幅度上升，这也是多年来为活跃市场经济而进行企业改制的重要结果。1990 年，山东省轻工业与重工业占全部工业总产值的比重基本相当，但此后轻工业占比不断下降，重工业占比不断上升。到 2014 年，重工业占比上升到 69%，轻工业占比降为 31%，说明山东省重视重工业的发展。

从规模以上企业的各项指标来看（表 4.7），2000 年，山东省规模以上企业为 11679 个，到 2005 年就翻了一番，达到 27540 个，到 2014 年达到 40756 个，反映了山东省企业规模不断扩大的现实。从工业总产值以及

---

① 王慧：《实现企业信息化 提高企业核心竞争力》，《经济经纬》2002 年第 4 期。

表 4.6　　　　　1990—2014 年山东省工业总产值以及构成统计

年份	工业总产值（亿元）	工业总产值增长率（%）	国有经济占比（%）	集体经济占比（%）	轻工业占比（%）	重工业占比（%）
1990	2200.85		41.43	29.55	50.83	49.17
1991	2599.17	18.10	39.96	29.42	51.05	48.95
1992	3115.45	19.86	41.77	31.90	49.32	50.68
1993	4713.48	51.29	35.62	27.27	45.10	54.90
1994	7023.23	49.00	28.66	25.81	47.95	52.05
1995	8906.60	26.82	29.20	20.67	49.44	50.56
1996	9126.63	2.47	26.56	26.08	49.75	50.25
1997	9984.12	9.40	25.17	25.16	49.34	50.66
1998	10579.17	5.96	20.59	20.86	48.30	51.70
1999	11195.46	5.83	18.39	19.82	48.00	52.00
2000	12509.53	11.74	19.78	19.14	47.68	52.32
2001	13277.37	6.14	9.21	15.65	48.48	51.52
2002	15588.53	17.41	8.83	15.07	48.95	51.05
2003	19891.54	27.60	7.46	12.70	45.49	54.51
2004	26295.24	32.19	7.94	10.72	43.29	56.71
2005	35387.43	34.58	5.60	6.40	37.09	62.91
2006	43900.21	24.06	5.26	5.63	35.62	64.38
2007	54428.27	23.98	5.49	5.37	34.93	65.07
2008	62958.53	15.67	7.27	3.91	33.86	66.14
2009	71209.42	13.11	5.72	3.90	33.86	66.02
2010	83851.40	17.75	6.54	3.14	32.39	67.61
2011	99504.98	18.67	6.23	3.00	31.17	68.83
2012	114707.29	15.28	4.38	2.73	31.98	68.02
2013	129906.01	13.25	3.27	1.35	31.38	68.62
2014	141415.02	8.86	3.01	1.18	31.00	69.00

资料来源：根据山东省统计信息网数据计算整理。

利税来看，这两项指标同步上升，分别由 2000 年的 8311.53 亿元、1002.59 亿元上升到 2014 年的 141415.02 亿元[①]、14452.62 亿元，分别增长了 10.30% 和 13.42%；年均从业人员、利润也呈现出逐步上升的态势，

---

①　2015 年山东统计年鉴中规模以上工业总产值指标与工业总产值指标值相同，应该存在统计上的错误，后者理论上应该高于前者。但考虑到不影响分析的结论，所以未作修正。

总体反映了规模以上工业企业运行状况良好。近十年来，税收占利税比重指标值总体保持在 38% 左右，说明企业的税负并没有减少，以税收作为调节手段鼓励企业技术创新、品牌建设、开拓国际市场还有很大的操作空间。

表 4.7　　　　　　　　　山东省规模以上工业企业①主要指标

年份	2000	2005	2010	2013	2014
企业个数（个）	11679	27540	44037	40467	40756
工业总产值（亿元）	8311.53	30522.86	83851.40	129906.00	141415.02
年均从业人员（人）	5223652	7382292	9315033	9482280	—
利税（亿元）	1002.59	3452.93	9737.62	14124.17	14452.62
利润（亿元）	544.00	2164.70	6107.99	8715.36	—
税收占利税比重（%）	45.74	37.31	37.27	38.29	—

资料来源：根据山东省统计信息网数据计算整理。

从工业总产值的构成来看，2014 年，占工业总产值 62.07% 的前十位的产业为化学原料及化学制品制造业；农副食品加工业；纺织业；交通运输设备制造业、通用设备制造业；非金属矿物制品业；石油加工、炼焦及核燃料加工业；有色金属冶炼及压延加工业；电气机械及器材制造业；橡胶和塑料制品业。其中有色金属冶炼及压延加工业；石油加工、炼焦及核燃料加工业都属于高新技术产业。

2014 年与 2000 年，在山东的制造业构成中，工业总产值占比排名均保持前十位的是：化学原料及化学制品制造业；农副食品加工业；纺织业；交通运输设备制造业；非金属矿物制品业；石油加工及炼焦业；电气机械及器材制造业七个产业。黑色金属冶炼及压延加工业；有色金属冶炼及压延加工业的工业增加值占比分别由 2000 年的第 12 位和第 20 位上升到 2014 年的第 8 位和第 12 位，而这两个产业都属于高新技术产业。以石油加工、炼焦及核燃料加工业，医药制造业，黑色金属冶炼及压延加工

① 自 2011 年开始，规模以上工业企业划分标准由年主营业务收入 500 万元及以上提高到 2000 万元及以上。

业，有色金属冶炼及压延加工业，计算机、通信和其他电子设备制造业五个行业为代表的高新技术产业在规模以上工业总产值中的比重不断上升，由 2000 年的 16.19% 上升为 2013 年的 20.02%。医药制造业的排名由 2000 年的第 22 位上升到 2014 年的第 15 位，但通信设备、计算机及其他电子设备制造业的总产值占比排名却由第 10 位退到第 14 位。总体来看，山东省工业制造业的整体水平在上升，发展也一直紧跟世界的脚步，适应了国际市场，因此保持了较快的发展速度，但医药制造与通信设备、计算机及其他电子设备制造行业还需努力。

表 4.8　　2014 年与 2000 年规模以上制造业主要行业工业总产值占比

排名	2014		2000	
	行业	占比（%）	行业	占比（%）
1	化学原料和化学制品制造业	11.65	农副食品加工业	11.39
2	农副食品加工业	8.60	纺织业	9.02
3	纺织业	6.06	电气机械及器材制造业	8.20
4	交通运输设备制造业①	5.95	化学原料及化学制品制造业	6.93
5	通用设备制造业	5.62	石油加工及炼焦业	6.58
6	非金属矿物制品业	5.48	非金属矿物制品业	6.39
7	石油加工、炼焦和核燃料加工业	5.34	专用设备制造业	6.30
8	有色金属冶炼及压延加工业	4.62	普通机械制造业	4.98
9	电气机械及器材制造业	4.44	交通运输设备制造业	4.00
10	橡胶与塑料制品业	4.31	电子及通信设备制造业	3.40

资料来源：根据山东省统计信息网各年的统计数据整理得出。

近年来，山东省政府非常重视产业集群的发展，出台了一系列的政策、措施。2008 年出台了《山东省人民政府关于加快产业集群发展的意见》，明确推动产业集群发展的意义、指导思想、工作重点与措施以及"十一五"期间的目标："着力在装备制造、电子信息及家电、纺织服装、化工医药、食品和农产品加工、建材六大产业中培育出 300 个营业收入过

---

　　① 2013 年交通运输设备制造业统计值由汽车制造业以及铁路、船舶、航空航天和其他运输的指标值加总得来。

10 亿元、100 个营业收入过 50 亿元、50 个营业收入过 100 亿元的产业集群。"①

2009 年发布的《中小企业产业集群发展规划》提出："到 2012 年，全省过 10 亿元产业集群将由去年的 300 个增加到 350 个，其中，营业收入过 50 亿元的增加到 170 个、营业收入过 100 亿元的增加至 100 个。同时，16 个行业将成为产业集群发展重点，涉及食品工业、化学工业、装备制造业、纺织服装鞋（皮件）业、电子信息家电业、建材业、家具业等"②。"十二五"期间，山东省政府每年安排 10 亿元财政资金重点保障支持创新产业集群的发展。

2015 年 2 月，山东省科技厅发布《关于加快推动创新型产业集群发展的意见》，提出了创新型产业集群发展的目标：要以国家级、省级高新技术产业开发区和高新技术特色产业基地为载体，培育壮大产值过千亿元的集群。到"十二五"末，基本完成山东省创新型集群发展规划布局，产值过千亿元集群达到 5 个。"十三五"期间，新培育 15 个发展潜力大、创新能力强的创新型集群，成为支撑山东省产业转型升级的后备力量。到"十三五"末，产值过千亿元的创新型集群达到 20 个，成为科技人才、创新平台、产业技术创新联盟、科技服务业的聚集地。部分集群在创新成果及转化、研发实力、专利授权量和规模效应等方面达到国内领军水平。③

山东省确定的"以高新区为主要载体，重点围绕新材料、电子信息、先进制造、生物医药等战略性新兴产业，通过整合创新资源，组织关键技术攻关，扶持科技型中小企业，鼓励各类产业集聚、创新发展"的产业集聚发展思路，取得了一定的成效。截至 2014 年，山东省产值超过 100 亿元的创新型产业集群接近 100 个。产业集群已成为山东省各类企业重要的产业组织形式和载体，对促进山东省经济结构优化，推进区域经济发

---

① 山东省人民政府关于加快产业集群发展的意见，http：//www.mofcom.gov.cn/aarticle/b/g/200809/20080905776673.html。

② 山东省出台《中小企业产业集群发展规划》，http：//www.gov.cn/gzdt/2009—12/09/content_1483547.htm。

③ 山东省人民政府办公厅转发省科技厅关于加快推动创新型产业集群发展的意见的通知，http：//www.sdetn.gov.cn/portal/zwgk/xxgk/zwgkml/zcwj/swsf/webinfo/2015/01/1421892141316639.htm。

展，加快工业化和城镇化进程发挥着越来越重要的作用。

但是，山东省产业集群发展也存在着一些问题：产业集群数量少，规模小；产业层次低，产品附加值低；集群内产业链不够完整，企业之间关联度低，自我衍生能力弱；产业集群发展所需人才不足，自主品牌和创新能力缺乏；信息、质量监测、现代物流等社会化服务体系不健全，产业集群的整体竞争优势与辐射带动作用尚需提高，等等。

第五章

外贸发展的相关经济影响因素分析

第一节 基础生产要素

这里谈及的基础生产要素主要是指波特在竞争优势理论中所谈及的包括天然资源、气候、地理位置、非技术工人等初级生产要素和除专业人才外的现代通信、金融资本、信息科技、交通基础设施等高级生产要素。

一 自然地理环境

山东省拥有优越的自然地理环境，交通基础设施完善。[①] 山东省地处中国东部、黄河下游，是中国东部沿海的一个重要省份，东临渤海、黄海，与朝鲜半岛、日本列岛隔海相望，西北与河北省接壤，西南与河南省交界，南与安徽、江苏省毗邻。特殊的地理位置为山东省同日本与韩国进行贸易提供了得天独厚的便利条件。山东半岛与辽东半岛相对，环抱着渤海湾，使山东省成为沿黄河经济带与环渤海经济区的交汇点、华北地区和华东地区的结合部，在全国经济格局中占有重要地位。山东省地处中国大陆东部的南北交通要道，京杭大运河在境内自东南向西北纵贯鲁西平原，黄河在境内自鲁西南向东北斜贯鲁西北平原。济南、青岛、烟台、威海、潍坊、济宁等城市设有机场，航线290多条；铁路以京沪、胶济线为主体，与京九、菏兖石两线形成两纵、两横铁路干线；公路交通居全国首位，高速公路贯穿山东省各市，县乡公路实现村村通。山东省的海岸线全长3024.4公里，大陆海岸线占全国海岸线的1/6，沿海岸线有天然港湾

---

① 山东省自然地理环境，http://www.china.com.cn/aboutchina/zhuanti/09dfgl/2009—06/09/content_ 17913764.htm。

20 余处，有近陆岛屿 296 个，拥有沿海港口 26 个，港口密度居全国之首，港口生产性泊位达到 375 个，其中深水泊位 168 个，总吞吐能力达到 3.69 亿吨，码头结构、专业化水平显著改善，为港航生产实现跨越式发展奠定了基础，开通了国际国内航线，构成了境内海、陆、空立体交通。

二　人口素质

山东省人文居住环境好，劳动力资源丰富，但人口素质偏低。气候温和，民风质朴，经济发展环境好，社会安定，主要公共设施完善，大气质量与卫生条件不断改善，绿地面积不断扩大，餐饮、商店、高尔夫球场等公共服务及休闲娱乐设施不断增加，具有较好的人文居住环境。2014 年末，山东省常住人口 9785.43 万人，城镇化率达到 55%。山东省高度重视各级各类教育，教育事业蓬勃发展。山东省拥有普通高等教育学校 142 所，2014 年有 33 个研究生培养单位，共招收研究生 26545 人，在校研究生 74313 人；普通高等教育招生 580763 人，在校学生 1796665 人；460 所中等职业学校共招收 319143 人，在校生 948167 人；有 10770 所小学，在校生 6484744 人（见表 5.1）。虽然山东省基础教育趋于合理，但中职、高等教育尤其是研究生教育相对落后。目前山东省经济总量与人口在全国排名均处第 2 位，但现有博士、硕士单位数量仅列全国第 10 位和第 8 位；全国每万人口在校研究生为 13.51 人，其中博士生 2.18 人，而山东省分别为 7.45 人、0.87 人。

表 5.1　　　　　　　　　　　2014 年各类教育基本情况

数量　　　　　　教育类型	学校数（所）	招生数		在校学生数	
	数量	人数（人）	变动（人）	人数（人）	变动（人）
研究生教育	33	26545	141	74313	1351
普通高等教育	142	580763	55826	1796665	105987
中等职业学校	460	319143	－44404	948167	－83418
普通中学	3461	1535825	－49456	4860613	－24230
小学	10770	1246992	90089	6484744	224924
特殊教育学校	145	3607	267	21805	859
幼儿园	18512	1107154	－53849	2628347	4042

资料来源：根据山东省统计信息网有关资料计算整理得出。

三 旅游资源

山东省旅游资源丰富，但没有形成山东特色。目前，山东省拥有中国历史文化名城 7 个、全国重点文物保护单位 101 处、旅游景区 900 余处，其中国家 A 级旅游景区 300 处、国家级风景名胜区 5 处、自然保护区 7 处、森林公园 36 处、地质公园 6 处。① 山东省旅游资源拥有 "一山（泰山）一水（济南泉水）一圣人（孔子）" 的美名。有 "五岳独尊" 之称的泰山，以其雄伟壮丽的自然风光和独特丰富的文化蕴含，被联合国教科文组织评为 "世界自然文化遗产"；山东省会济南素有 "泉城" 之称，趵突泉、千佛山、大明湖、灵岩寺为泉城增光添彩；孔子故里曲阜的古建筑群，被联合国教科文组织评为 "世界文化遗产"；中华民族的 "母亲河" 黄河，流经山东 610 公里，汇入渤海；黄河入海口原始独特的自然风光，令人叹为观止；海滨城市青岛是中国沿海重要的商业城市之一，也是著名的青岛啤酒产地，市区欧式建筑群和新建的国家级旅游度假区别具魅力；"人间仙境" 蓬莱，既有登州古市风情，又有自然奇观海市蜃楼出没。其他诸如 "国际葡萄酒城" 烟台、"世界风筝都" 潍坊、齐国故都淄博等，也都各具风采。丰富的旅游资源既吸引了国内游客，也使国外游客产生浓厚兴趣，为旅游贸易的发展提供了优越的自然条件。但是，山东省旅游产业缺乏统一的形象，没有明确的、能够吸引外国游客的定位。旅游资源缺少有效和深度的开发，旅游资源的优势未得到应有的发挥；交通管理的数字化程度不高，交通服务质量待提高；由于长期缺乏可持续发展的思路，造成旅游资源的掠夺性使用，使得旅游环境保护状况处于危险的地步；旅游企业管理水平低，人力资源的素质和结构与旅游业快速发展的要求仍有较大的差距等。②

四 基础设施

电信和其他信息传输服务业发展迅速，但固定资产投资总量相对比较低。山东省已建成覆盖全国、通达世界、技术先进、业务全面的信息通信

---

① 山东用 "一山一水一圣人" 打造好客山东旅游品牌，http://www.china.com.cn/travel/txt/2009—03/12/content_ 17433817. htm。

② 孙夏：《提升中国旅游服务贸易国际竞争力研究》，河海大学 2007 年硕士学位论文。

基础网络，以及业务种类齐全、网点分布广泛的公用电信网络。

改革开放以来，截至 2014 年，山东电信和其他信息传输服务业累计完成投资 997.58 亿元，年均增长超过 20%，占全部基础设施投资比例的比重大约 5.8%。其中，1990—2014 年，山东省电信和其他信息传输服务业累计完成投资 994.98 亿元，仅 2011—2014 年就累计完成 197.48 亿元，反映了山东省政府对于电信和其他信息传输服务业发展的高度重视。① 但是，与江苏、广东以及浙江相比，近年来，山东省虽发展速度较快，但总量投资明显偏低。1990—2014 年，江苏、广东、浙江电信和其他信息传输服务业累计投资分别达到 1575.07 亿元、3602.17 亿元和 1780.72 亿元，也就是说，山东截至 2014 年的电信和其他信息传输服务业投资总额不及广东 10 年前的同一指标，与 2008 年浙江的水平以及 2010 年江苏的水平相当。

加大电信和其他信息传输服务业总体投资水平，打造数字山东，对于山东的整体经济、服务产业以及对外贸易发展都是极其重要的。近年来，山东通信业坚持以服务促监管，树立"三个观念"，做好"三个结合"，实现"三个转变"，服务社会、服务民生，全力推进信息化应用，山东信息化服务水平稳步提升，为国民经济的发展提供了更好的服务。2014 年，山东通信管理局按照工信部统一部署，制定了《"宽带山东"2014 专项行动实施方案》，组织全行业大力推进宽带网络和光纤到户建设，宽带发展取得了显著成效。2015 年初，山东通信管理局联合省发改委、经信委、住建厅、环保厅等七部门起草了《关于推进我省 4G 等宽带网络基础设施建设的实施意见》，对加快 4G 等宽带网络基础设施建设提出了多项支持和保障措施，进一步改善了山东省宽带发展环境。②

五　教育、卫生、社会保障

教育、卫生、社会保障和社会福利业、文化、体育与娱乐业投资加快。改革开放至 2014 年，山东教育、卫生、社会保障和社会福利业、文化、体

---

① 本部分数据根据山东省统计信息网有关数据整理、计算得出。其中 2011 年之前的数据直接来源于固定资产投资分行业数据表中的"电信和其他信息传输服务业"对应的数据，2012 年及以后的数据是由"电信、广播电视和卫星传输服务"加上"互联网和相关服务"对应的数据得来。

② 山东管局召开 2015 年"宽带山东"建设启动会议，http://www.sdca.gov.cn/content/1/06/06/1764.html。

育与娱乐业完成投资 7831.37 亿元，年均增长约 20%。其中，1990—2014
年，山东省完成投资 8147.37 亿元，广东完成投资 6693.43 亿元，江苏完成
投资 6738.39 亿元，浙江完成投资 4576.26 亿元。[①] 尤其是 2008—2014 年，
山东省完成总投资 6235.17 亿元，远远高于其他省市，反映了近年来山东省
政府对于教育、卫生文化事业的重视程度越来越高，相应的教育、卫生、
社会保障和社会福利业、文化、体育与娱乐业等的发展速度也越来越快。

第二节 需求分析

根据迈克尔·波特的竞争优势理论，国内市场的大小及性质不但影响
了生产规模，而且影响了本国公司对产品或服务更新创造的速度及范围。
凯恩斯的有效需求不足理论认为，"由于总需求不足，商品滞销，存货充
实，引起生产缩减，解雇工人，造成失业"，这说明了有效需求不足将会
直接导致经济发展速度的下降与失业人员的增加。对产品与服务的需求主
要由消费以及投资来决定，不论是投资水平还是居民收入水平都与一国或
地区的经济发展水平密切相关。

一 山东省居民收入分析

因为 GDP 在反映地区经济发展中重视的是经济增长，不能全面反映
经济发展问题，所以单纯追求 GDP 容易忽视经济的全面发展而形成有增
长无发展的现象。居民收入水平指标能够较好地反映经济增长所带来的人
民生活水平的变化，能够比较好地从一个侧面反映经济增长带来的发展结
果。对外贸易促进经济发展，不仅应该表现为对外贸易促进了经济总量
GDP 的增加，也反映了对外贸易发展对于居民收入所起的促进作用。

居民收入水平直接决定消费者的购买力水平，是直接影响市场容量大
小的重要因素。居民收入水平一方面受宏观经济状况的影响，另一方面受
国家收入分配政策、消费政策的影响。居民收入分为纯收入和毛收入。纯

---

① 有关数据根据各省统计年鉴信息汇总得来。需要说明的是，由于没有相关省份的统计指
标，仅有城镇的数据，因此，2008—2010 年的数据是根据"按构成分城镇固定资产投资"项下的
数据统计的。

收入就是指除去成本和费用后的利润。当居民纯收入高的时候，社会的整体消费水平就得到提高；当纯收入低时，居民的消费量就会减少。一般在衡量城镇居民的纯收入时，使用城镇居民人均可支配收入这一指标，而衡量农村居民的人均收入时，采用农村居民人均纯收入这一指标。

随着山东省经济的快速发展，人们的收入水平不断提高。从图5.1可以看出，1995—2014年，山东省城镇居民家庭人均收入与农民人均收入均表现出上升的趋势。按1995年不变价格计算，1995年城镇居民家庭人均收入、农民人均收入分别为4264元和1715元；到2014年分别上升到19093元和7716元，分别增长了3.48和3.50倍。从曲线的变化趋势来看，2000年以前，城镇居民家庭人均收入与农民人均收入同步缓慢上升，2000年以后，城镇居民家庭人均收入的上升速度远高于农村居民人均收入。

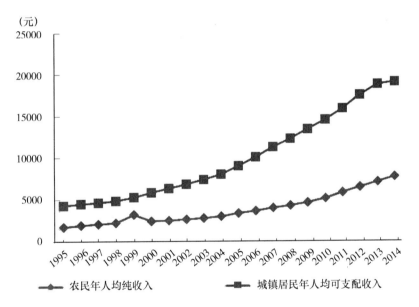

图 5.1　按 1995 年不变价格计算的山东省居民人均收入

资料来源：根据历年山东统计年鉴数据计算得出。

与先进省市相比，山东省城镇居民人均可支配收入以及农民纯收入低于主要先进省份。① 2014年，山东省居民人均可支配收入为20864元，而江

---

① 有关数据来源于各相关省 2014 年国民经济发展和社会发展统计公报。

苏、浙江与广东三省的居民人均可支配收入分别为 27173 元、32658 元和 25685 元；山东省城镇居民人均可支配收入为 29222 元，比浙江、广东、江苏的 40393 元、32148 元和 31348 元分别低 11171 元、2926 元与 2126 元；农村居民人均纯收入为 6990.3 元，比浙江、广东、江苏的 19373 元、12246 元和 13312 元分别低 12383 元、5256 元和 6322 元。山东省居民购买力明显低于同为经济大省的浙江、广东和江苏，直接影响了产品消费需求的扩大。

二 消费率与投资率分析

在衡量消费与投资水平时，通常用到的指标为消费与投资的绝对量，绝对量的增减能够起到促进经济总体水平上升或下降的效果。在研究经济发展的推动力量分布时，又通常会用到消费率与投资率这两个指标。

消费率又称最终消费率，是指一个国家或地区在一定时期内（通常为 1 年）的最终消费（用于居民个人消费和社会消费的总额）占当年 GDP 的比率。它反映了一个国家生产的产品用于最终消费的比重，是衡量国民经济中消费比重的重要指标。一般按现行价格计算。其公式为：消费率 = 消费额/GDP × 100%。其中，消费额包括居民消费和政府消费。

投资率通常是指一定时期（年度）内总投资占国内生产总值的比率。投资率 = 总投资额/国内生产总值生产额 × 100%。一般来说，投资是扩大再生产、提高生产能力的重要手段，较高的投资率不仅可以直接带动生产的增长，还会带动居民消费的增长。发展中国家和地区为保持经济较快地增长，都维持着较高的投资率水平。当经济发展到一定水平后，投资率会逐步趋缓，消费率逐步提升。此时，经济增长也由以投资拉动为主转为以消费拉动为主，此后，消费率始终保持较高水平。消费率的提高同时可以刺激生产的扩大，增加投资，对 GDP 产生双轨拉动。

随着收入的增加，山东省居民人均消费水平不断提高。从图 5.2 可以看出，按 1995 年不变价格计算，2000 年山东省城镇居民消费、农村居民消费分别为 5030 元和 1901 元；到 2014 年分别上升到 16908 元和 7330 元，分别增长了 2.36 倍和 3.86 倍。从曲线的变化趋势来看，2004 年以前，城镇居民与农村居民消费增长缓慢；2005 年以后，增长速度加快，但城镇居民消费增长速度高于农村居民；2005—2010 年，二者差距不断扩大，2010 年以来，随着农村收入的增加，农村消费增长加快。

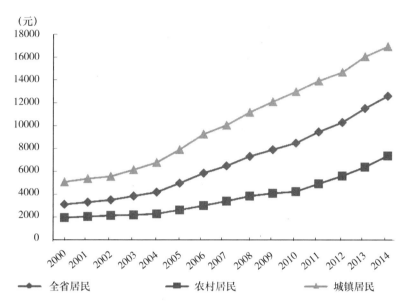

图 5.2 按 1995 年不变价格计算的山东省居民消费水平变化

资料来源：根据历年统计年鉴数据计算得出。

消费率总体呈下降趋势，投资率呈不断波动上升趋势。如表 5.2 所示，1996 年消费率、投资率分别为 46.34%、46.34%，2014 年分别为 40.71%、56.84%，这说明较高的经济增长率主要是由投资拉动的，消费对于经济发展的贡献在下降。在工业化、城镇化加快发展时期，消费率低一点是正常的，但从长远来看，消费不提高，投资快速扩张形成的产能就得不到有效释放，供需失衡将严重危及经济持续平稳较快发展。从细分看，居民消费率总体下降，而政府消费率相对稳定略有下降（见图 5.3）。1996 年，山东省居民消费率为 33.46%，政府消费率为 16.85%；2014 年，居民消费率为 31.51%，政府消费率为 9.2%，两者同时下降。自 2000 年以来，政府消费率基本稳定在 11% 左右，对于经济增长的贡献相对稳定，居民消费对经济增长的贡献在降低，可以看出，消费率的持续下降实际上主要是由居民消费率的持续走低引起的。

表 5.2　　1996—2014 年山东省 GDP、居民消费水平与投资规模统计

指标时间	GDP（亿元）	最终消费（亿元）	居民消费（亿元）	政府消费（亿元）	投资规模（亿元）	消费率（%）	居民消费率（%）	政府消费率（%）	投资率（%）
2000	8337	4021	3082	939	4122	48.23	36.97	11.27	49.44
2001	9195	4479	3361	1119	4422	48.72	36.55	12.16	48.09
2002	10276	4887	3556	1332	4840	47.56	34.60	12.96	47.11
2003	12078	5609	3961	1648	5669	46.44	32.79	13.64	46.93
2004	15022	6569	4507	2062	7456	43.73	30.00	13.73	49.63
2005	18367	7478	5451	2027	9411	40.72	29.68	11.04	51.24
2006	21900	8888	6554	2334	11178	40.58	29.93	10.66	51.04
2007	25777	10353	7603	2749	13106	40.16	29.50	10.67	50.84
2008	30933	12368	9085	3283	15588	39.98	29.37	10.61	50.39
2009	33897	13575	9910	3665	18110	40.05	29.24	10.81	53.43
2010	39170	15331	11059	4272	21499	39.14	28.23	10.91	54.89
2011	45362	18095	13000	5095	24944	39.89	28.66	11.23	54.99
2012	50013	20544	14583	5960	27552	41.08	29.16	11.92	55.09
2013	55230	23102	16741	6360	30953	41.83	30.31	11.52	56.04
2014	59427	24193	18727	5466	33781	40.71	31.51	9.20	56.84

资料来源：根据山东省统计信息网有关数据计算整理得出。

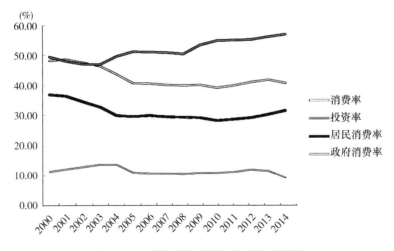

图 5.3　山东省消费率与投资率变动趋势

三　恩格尔系数与收入差距分析

（一）恩格尔系数分析

在衡量一国或地区居民的消费水平时，还有一个重要的指标便是恩格尔系数。恩格尔系数（Engel's Coefficient）是指食品支出总额占个人消费支

出总额的比重。19 世纪，德国统计学家恩格尔根据统计资料，对消费结构的变化得出一个规律：一个家庭收入越少，家庭收入中（或总支出中）用来购买食物的支出所占的比例就越大。随着家庭收入的增加，家庭收入中（或总支出中）用来购买食物的支出比例则会下降。推而广之，一个国家越穷，每个国民的平均收入中（或平均支出中）用于购买食物的支出所占比例就越大；随着国家的富裕，这个比例呈下降趋势。联合国根据恩格尔系数的大小，对世界各国的生活水平有一个划分标准，即一个国家平均家庭恩格尔系数大于 60% 为贫穷；50%—60% 为温饱；40%—50% 为小康；30%—40% 属于相对富裕；20%—30% 为富裕；20% 以下为极其富裕。[①]

　　从图 5.4 可以看出，山东省城镇居民与农村居民的恩格尔系数呈不断下降趋势。1996 年，城镇与农村居民的恩格尔系数分别为 43.64%、52.74%，到 2014 年分别下降到 28.91%、30.96%，表明山东省城镇居民目前的生活水平已经达到了富裕的初级水平，农村居民目前的生活水平处于相对富裕的后期。通过横向与浙江、广东以及江苏三省相比（图 5.5 和图 5.6），山东省的恩格尔系数总体低于浙江、广东和江苏，表明山东居民有相对多的收入可以用于科教、医疗、健康保健、娱乐等服务产品的消费，生活质量较高。

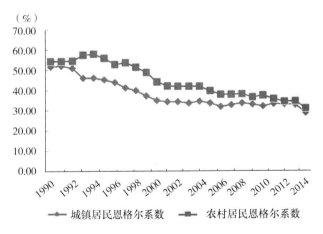

图 5.4　山东省城镇与农村居民恩格尔系数变化

资料来源：根据山东省统计信息网有关数据计算整理绘制。

---

　　①　http://baike.baidu.com/view/28093.htm。

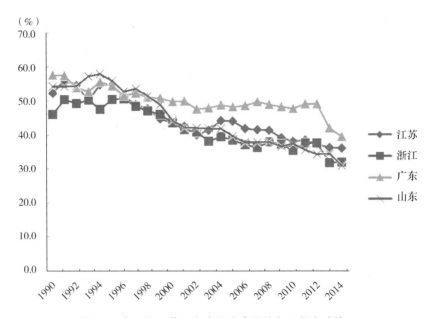

图 5.5 鲁、浙、苏、粤农村家庭恩格尔系数变动情况

资料来源：根据鲁、粤、苏、浙四省历年统计年鉴有关数据计算整理绘制。

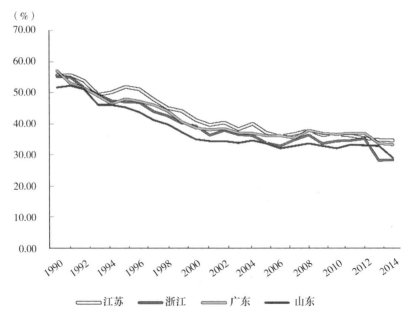

图 5.6 鲁、浙、苏、粤城镇居民家庭恩格尔系数变动

（二）居民的收入差距分析

将城镇居民家庭人均收入与农民人均收入相比，就得到了城乡居民人均收入差距比，反映了城乡居民人均收入差距的大小。居民收入差距涉及效率与公平问题，适度的收入差距有利于资本的积累，也促进了经济发展和资源的优化配置，过大的收入差距不仅不利于社会稳定，对经济发展的效率也有阻碍作用。从经济学角度分析，需求是推动经济增长的主要因素之一，收入差距的大小会直接影响居民的需求水平，进而影响社会经济的发展。对外贸易主要是通过经济增长机制来间接产生作用以影响收入分配的。

山东省城乡居民的收入差距总体在不断扩大。1990年，城镇居民人均可支配收入与农村居民人均纯收入之比为2.16∶1，2014年扩大为2.47∶1。收入分配的巨大差距说明山东省内还有相当一部分人处于最基本生活的边缘，对消费品的需求明显不足。消费率低必然导致生活品生产行业与生活相关的服务业发展慢、比重降低；居民收入水平偏低与有效需求不足会抑制消费需求，导致需求对国民经济的带动能力有限，也会影响地区对外贸易的发展及其竞争力的提升。

从城乡居民人均收入差距比变化图可以看出（图5.7），山东省城乡居民的收入差距总体呈M形变动趋势。1990年，城镇居民人均可支配收入与农村居民人均纯收入之比为2.16∶1，到1993年达到高点2.64，此后

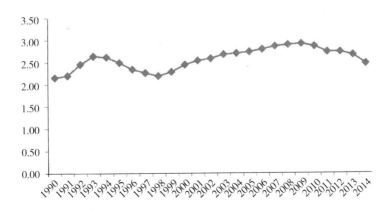

图5.7 山东省城乡居民人均收入差距比

数据来源：根据山东省统计信息网资料数据计算整理绘制。

收入差距不断缩小，到1998年达到最低点2.19；1999年后，城乡收入差距逐步扩大，到2009年达到了新的高点2.91，此后稳步下行，至2014年，下降到2.47。这反映出近几年来，山东省政府高度重视"三农"问题，采取措施发展农业经济发展与促进农民收入增加，取得了一定的成效。但总的来看，2000年以来，城乡居民人均收入差距比一直高于2.4，这反映了城乡发展仍然存在着较为严重的不平衡性。这种二元结构的不平衡发展不利于和谐社会的建设与经济持续、健康、稳定的发展，提高农民收入水平仍是政府面临的重要任务。

第三节　外商直接投资

跨国公司通常以控制经营管理权为核心，以获取利润为目的进行国外直接投资。根据中国国家统计局的解释，外商直接投资是指外国企业和经济组织或个人（包括华侨、港澳台胞以及中国在境外注册的企业）按中国有关政策、法规，用现汇、实物、技术等在中国境内开办外商独资企业、与中国境内的企业或经济组织共同举办中外合资经营企业、合作经营企业或合作开发资源的投资（包括外商投资收益的再投资），以及经政府有关部门批准的项目投资总额内企业从境外借入的资金。[①] 中国吸收外商投资，一般分为直接投资方式和其他投资方式。采用最多的直接投资方式是中外合资经营、中外合作经营、外商独资经营和合作开发。

跨国公司对东道国发展贡献的高低，多年来一直是跨国公司领域的重要问题之一。美国学者 Cave（1996）将跨国公司促进东道国经济发展的渠道总结为8个，即劳动生产率的提高、技术转移、新方法引进、管理经验和方法、国内市场诀窍、员工培训、国际生产网络和国际市场渠道。1999年《世界投资报告》将跨国公司促进东道国经济发展的方面归为促进资本形成、增强技术能力、提高出口竞争力、创造就业和增强技能基础以及环境保护。改革开放以来，山东省引进外资战略成为对外开放的关键环节之一，外资的进入对于山东省国民经济的多个方面都发挥了重要的促进作用。

---

　　①　中华人民共和国国家统计局，http：//www.stats.gov.cn/tjsj/ndsj/2010/indexch.htm。

一　外商直接投资总量发展

作为沿海地区开放比较早的省份，山东省外商直接投资发展迅速。1984 年，签订外商直接投资合同仅为 16 个，外商直接投资实际金额仅为40 万美元；2014 年，新批准设立外商投资企业 1352 家，合同外资 159.5亿美元，实际到账外资 152.0 亿美元。[①]

从发展特点来看，山东省的 FDI 发展可以分为五个阶段。1984—1992 年为缓慢起步阶段；1993—1999 年为缓慢发展阶段；2000—2007年为快速发展阶段；2008—2010 年由于受金融危机影响，FDI 进入调整期；2011 年以后又恢复了快速发展（见图 5.8）。从发展的趋势来看，山东省对外贸易与 FDI 的发展趋势基本相似，反映了外商投资企业和机构对于山东省提升对外贸易国际竞争力、促进对外贸易的发展发挥了重要作用。

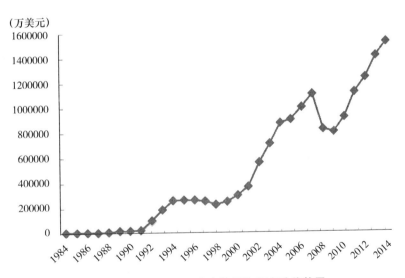

图 5.8　山东省历年外商直接投资额变动趋势图

资料来源：根据山东省统计信息网资料计算整理绘制。

---

① 2003 年，实际利用外资金额是全口径数据包括对外借款，从 2004 年起，实行新的外商投资统计制度，取消对外借款部分。外商直接投资数据来源于山东省统计信息网。

二 外商直接投资结构发展

(一) 产业分布结构

表 5.3 显示了山东省近些年来利用 FDI 在各产业所占比重的变化情况。第二产业利用 FDI 比重最高，第三产业次之，第一产业最小。第一产业利用外商直接投资的比重基本上处于 2%—6% 之间，这主要是因为农业投资周期长而收益率低，外商不愿意对此产业进行投资。在 2010 年以前，第二产业外商直接投资比重一直处于 65% 以上，其中，制造业利用 FDI 比重一直高于 60%，成为第二产业中利用 FDI 的最主要产业。由于山东省处于工业化发展的上升阶段，外商直接投资集中在工业部门与第二产业的高效率有关。在 2010 年以前，第三产业利用 FDI 的比重一直不高，总体低于 30%，但是，自从 2010 年以后，出现较大幅度的上升，2013 年占比达到 48.35%，其中，房地产业 FDI 投资涨幅较快，2013 年达到了 21.11% 的最高值，这与中国政府大力推进第三产业发展以及中国房地产市场发展不成熟有着直接关系。第三产业中的公共事业领域利用 FDI 发展滞后，2014 年，仅有 0.52% 的 FDI 投资于水利、环境和公共设施管理业，教育，文化、体育和娱乐业，卫生、社会保障和社会福利业等领域。

表 5.3 　　　　　　　　　　外商投资产业结构统计表 　　　　　　　　　（%）

时间	第一产业	第二产业	第三产业	制造业	房地产业
2001	3.98	81.54	13.54	70.20	5.21
2002	3.27	82.09	14.64	78.25	5.38
2003	3.34	81.99	14.67	78.59	6.29
2004	3.09	86.16	10.74	83.56	5.11
2005	2.98	88.12	8.89	84.63	3.60
2006	2.36	84.36	13.29	80.22	6.84
2007	2.64	79.86	17.50	77.59	7.70
2008	4.68	65.66	29.65	60.57	8.86
2009	5.53	66.55	27.92	60.71	10.53
2010	2.16	67.12	30.72	61.84	14.42
2011	2.89	62.82	34.30	57.53	19.75
2012	3.13	60.69	36.18	56.86	13.06
2013	3.34	48.32	48.35	43.99	21.11
2014	3.97	60.31	35.72	56.93	9.61

资料来源：根据历年《山东统计年鉴》数据计算整理得出。

尽管外资在第二产业中的投资比重有所下降，在第一、三产业的比重有所上升，但山东省 FDI 产业分布不平衡的问题仍然比较突出，具体表现为第一产业比例严重偏低；第二产业中的新技术项目和高端项目过少；第三产业的房地产比重偏大；公共事业领域利用 FDI 发展滞后。

（二）外资来源结构

从外资的来源看，截至 2014 年底，山东省累计吸收外商实际直接投资 1544.0512 亿美元，已接受了 30 多个国家或地区的外商直接投资。在这些来源国（地区）中，居前五位的分别为中国香港（50.20%）、韩国（10.07%）、美国（8.31%）、新加坡（7.95%）和日本（3.81%）（具体见图 5.9）。其中，来自韩国和中国香港的 FDI 总和占 60.27%；前五个投资国与地区的 FDI 占 80.35%；前 10 个投资国与地区的 FDI 占全部 FDI 的比例高达 89.11%。自 2002 年以来，山东省 FDI 的第一来源地一直是中国香港，由于韩国、日本与山东毗邻，交通便利，山东省也成为全国吸引日韩投资最多的省份，但近几年来美国与日本的 FDI 占比基本上没有大的提高，而欧洲发达国家的投资比例明显偏低。

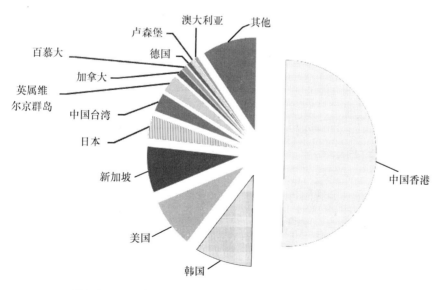

图 5.9　2014 年山东省来自主要国家或地区的 FDI 占比图

资料来源：根据《山东统计年鉴》2014 年数据计算而得。

虽然山东省利用FDI来源地的范围不断扩大，但呈现出高度集中的特征。许多学者认为，韩国和中国港、澳、台地区的外资企业大多是劳动密集型和出口导向型的中小企业，技术和管理经验有限，难以与山东省内资企业建立起有效的产业关联效应，FDI技术溢出效应有限，今后应该不断完善配套，加大对发达国家的外资引入，尤其要促进欧美大型跨国公司到山东投资，促进技术溢出效应的产生。

（三）外资分布地市结构

山东省外商直接投资主要集中在青岛、烟台、威海三地市。2014年，山东省实际利用FDI区域分布如图5.10所示。山东省利用FDI居前五位的地区分别为青岛（40.02%）、烟台（11.64%）、济南（9.44%）、威海（6.66%）、潍坊（5.91%），其中烟、青、威三地市占了山东省利用FDI的61.10%。近几年来，其他地市实际利用FDI占比有所增加，但总起来利用FDI份额偏低的现状没有发生根本改变。这种利用FDI的区域不平衡现象会直接影响到各地市对外贸易的发展，也会导致山东省各地市外商直接投资对当地经济的带动作用不平衡。

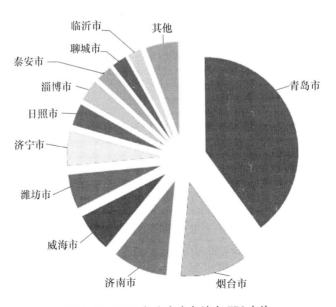

图5.10　2014年山东省各地市FDI占比

三　外商投资企业的发展

近年来，山东省外商投资企业发展迅速，新登记的外商投资法人企业户数、投资总额、注册资本、外方认缴等明显增长，户均规模明显扩大，外商投资企业的质量进一步提高。2014 年，山东省新批准设立外商投资企业 1352 家，合同外资 159.5 亿美元，实际到账外资 152.0 亿美元。制造业到账外资 86.5 亿美元，服务业到账外资 54.3 亿美元。总投资过亿美元的项目有 50 个，合同外资为 37.2 亿美元。引进世界 500 强企业投资项目 22 个，实际到账外资为 4.1 亿美元。① 根据山东省工商行政管理局公布的信息，截至 2015 年上半年，山东省实有外商投资企业达到 26628 户，外商投资总额达 2091.99 亿美元，注册资本为 1193.31 亿美元，外方认缴 925.11 亿美元；山东省实有外商投资法人企业户均投资总额、注册资本、外方认缴分别达到 785.64 万美元、448.14 万美元和 347.42 万美元，与上年同期相比，具有较大幅度的提高。

外资产业布局更加合理，产业结构进一步优化。第一产业增长迅速，自 2013 年以来，山东省新登记第一产业的外商投资企业户数为 62 户，比上年同期增长 21.57%。以制造业为主导的第二产业虽保持了良好的发展势头，但占比下降明显，被第三产业反超。第三产业吸引外商投资能力加强，在 2013 年新登记户数和投资额两方面均超过第二产业，成为主导产业。新登记第三产业外商投资企业投资总额、注册资本和外方认缴分别达到 121.93 亿美元、74.88 亿美元和 60.75 亿美元，分别占山东省新登记外商投资企业的 59.47%、62.48% 和 61.80%。

规模以上外商投资企业发展良好。2000 年，山东省规模以上外商投资企业②为 1740 家，有 373 家企业亏损，亏损率为 25.4%，工业总产值为 1173.34 亿元，利润达 1068901 亿元，税收为 46.15 亿元，就业人员为 57.09 万人。2014 年达到了 4155 家，亏损率为 14.6%，工业总产值为 19240 亿元，利润为 1207.45 亿元，税收 646.84 亿元，就业人员达到了 143.78 万人。通过上述指标的对比，可以看出，外商投资企业亏损率大幅下降，其他各

---

① 数据来源于 2014 年山东省国民经济和社会发展统计公报。
② 包括外商和中国港、澳、台商投资企业。

项指标都有较大幅度的提升，不仅在财税方面做出了巨大的贡献，而且为劳动力提供了大量的就业机会。外商投资企业对于山东省对外贸易的发展也做出了巨大的贡献，表现为外商投资企业的进出口总额不断上升，其完成的出口额对山东省外贸出口的贡献一直高于20%，尤其是加工贸易的发展与外商投资企业更是密切相关，多年来其贡献率一直在40%以上。

第四节　人力资本与科学技术

一　人力资本

人力资本是决定对外贸易竞争力的关键性要素之一，无论是动态比较优势理论还是竞争优势理论都强调人力资本投资的重要性。战后，新贸易理论从动态角度将人力资本、技术、规模经济等无形要素与有形要素结合起来，从人力资本、技术、规模经济等角度解释国际贸易现象；新贸易理论特别重视人力资本的积累和技术进步在提升比较优势中的重要作用。随着市场经济的不断发展，人力资本在一国或地区经济发展中的作用越来越重要，已经成为对外贸易比较优势的重要来源。竞争优势理论特别强调高级生产要素对竞争力的决定作用。高水平的人力资本状况不仅代表着一国人力资本投资水平，也是该国技术水平的重要反映，还是一个国家产业创造和保持竞争优势的关键性因素。人口素质高，受教育水平高，创新力强，则该国企业所能提供的产品质量就会高；同样，在一个国家中具有高素质、高教育水平的国民越多，对产品质量的要求也就越高，会迫使企业改进技术、提高产品质量，进而间接提升了产品对外贸易的国际竞争力。

人力资本的核心是提高人口质量，教育投资是提高人力资本最基本的手段。考察人力资本状况，通常看一地区的教育状况以及具有不同技术知识能力的人员结构。通常，一国或地区教育投入情况通常由其教育投资占财政支出的比重变化反映出来。

（一）人力资本的基本状况

近年来，山东省高水平人力资本状况有所改善，普通高等教育以及研究生教育学校数、招生人数以及在校学生数都有了较大幅度的提高①，科

---

① 关于高等教育的状况，前文已经做了阐述，此处不再赘述。

技活动人员数量不断上升，每万人中科技活动人员数逐年增加，教育支出占财政支出的比重以及教育支出占 GDP 的比重同比上升，但与部分发达地区相比还有差距。

山东省科技活动人员的数量不断上升，人力资本稳步提高。根据《山东统计年鉴》数据，2010 年，山东省研究与试验发展人员[①]为 275360 人，2014 年上升到 432430 人；有研究开发活动的单位数由 2010 年的 2988 个，上升到 2014 年的 5238 个。按 R&D 人员折合全时当量[②]计算，2010 年，山东省有 190329 人，2014 年增加到 286352 人。至 2013 年底，共有驻鲁两院院士 40 人；山东省有突出贡献的中青年专家以每年近 100 人的速度增加；泰山学者海外特聘专家（创业人才）以每年 38 人的速度增加；首席技师以每年 100 人的速度增加。2014 年，山东省新设国家博士后科研流动站 16 个，省博士后创新实践基地 38 个，新招收博士后科研人员 860 人。新增高技能人才 31.1 万人，其中技师、高级技师 5.6 万人。

图 5.11 显示了 2014 年山东省有研究开发活动单位的行业分布情况，可以看出，山东省有研究开发活动单位主要分布在制造业、教育、科学研究和技术服务业、卫生和社会工作等行业，占比分别达到 85.89%、3.17%、2.94% 和 2.25%。图 5.12 则显示了研究与试验发展人员的行业分布情况，主要分布在制造业、教育、采矿业、卫生和社会工作、科学研究和技术服务业、建筑等行业。制造业研究与试验发展人员以及有研究开发活动单位占比均在 70% 以上，这与山东省是制造业大省的地位相适应。

从山东省研究与试验发展人员的地区分布情况来看，2014 年，济南、青岛人数最多，占比均在 15% 以上；其次是潍坊和烟台，占比在 9% 以上；淄博、泰安与济宁的占比分别高于 5%（见图 5.13）。山东省经济最发达的四个地区，也正是科研人员最多的青岛、济南、潍坊和烟台。可见，科技人员的多少与地区经济的发展是直接相关的。

---

① 研究与试验发展人员指参与研究与试验发展项目研究、管理和辅助工作的人员，包括项目（课题）组人员，企业科技行政管理人员和直接为项目（课题）活动提供服务的辅助人员。这反映出投入从事拥有自主知识产权研究开发活动的人力规模。

② 研究与试验发展人员为国际上比较科技人力投入而制定的可比指标。全时当量指全时人员数加非全时人员按工作量折算为全时人员数的总和。例如，有四个全时人员和三个非全时人员（工作时间分别为 30%、30% 和 60%），则全时当量为 4 + 0.3 + 0.3 + 0.6 = 5.2 人/年。

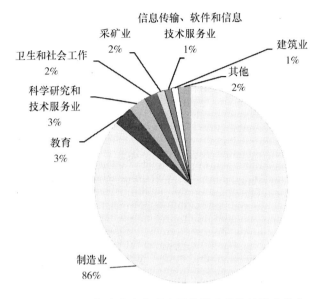

图 5.11 2014 年山东省有研究开发活动单位的行业分布

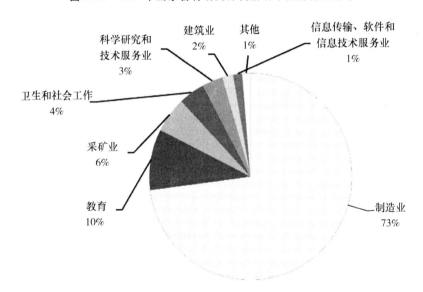

图 5.12 2014 年山东省研究与试验发展人员行业分布

图 5.14 显示了山东省 R&D 人员（折合全时当量）的研究领域分布情况，可以看出 R&D 人员（折合全时当量）主要分布在试验发展研究领域，其次是应用研究领域，基础理论研究领域人员最少。从发展的速度来看，

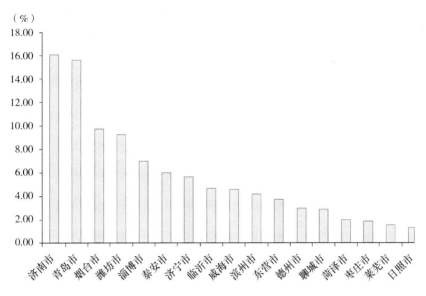

图 5.13 2014 年山东省研究与试验发展人员地区分布占比

试验发展研究与基础研究人员增长要快于应用研究的增长。由于试验发展研究与基础研究对于地区长远发展的意义重大，得到了山东省政府的高度重视。在"科技兴鲁"的战略导向下，山东省采取了有效的措施，加大试验发展研究与基础研究的人员培养与资金投入，取得了一定的成效。

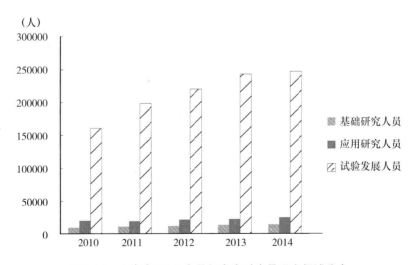

图 5.14 山东省 R&D 人员折合全时当量研究领域分布

（二）人力资本培育投入

在山东省政府与各级地方政府的共同努力下，山东省财政教育投入持续大幅增长。按 1995 年的不变价格计算，1995 年，教育支出为 52.38 亿元，2014 年达到 954.9 亿元，尤其是自 2006 年以来，教育支出的增长速度明显加快（见图 5.15）。

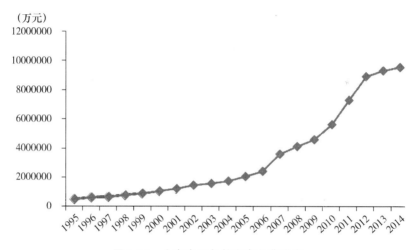

图 5.15　山东省历年教育事业费支出

自 1981 年以来，教育支出占财政支出的比重经历了两阶段 U 形发展。从图 5.16 可以看出，1981—1994 年是一个 U 形发展阶段；1995 年以来又是一个 U 形的发展变化。其中，1994 年与 2012 年分别达到 21.22%和 22.22%的峰值。尽管从总体水平来看，教育支出占财政支出的比重没有大的突破，基本上维持在 15%—22%之间，但自 2007 年以来，这一指标基本上保持在 20%左右。从表 5.4 可以看出，山东省财政教育支出占财政支出的比重不仅远高于全国平均水平，也高于先进省份江苏，与广东比较接近，这反映出山东省政府对教育的高度重视。

图 5.17 显示，自 1981 年以来，山东省教育事业费占 GDP 的比重变化基本呈现 U 形发展趋势。1981—1995 年，波动下行，从 1981 年的 1.57%降到 1995 年的 1.06%，此后不断波动上升，到 2014 年达到 2.50%。近十年来，教育事业费占 GDP 的比重波动上升这一事实，从一个侧面说明了山东省政府对于教育的投入程度在加大。财政教育投入的大

图 5.16　山东省教育事业费支出占财政支出比重

幅增加，为教育改革的发展提供了有力支持。目前，山东省城乡免费义务
教育全面实现，职业教育快速发展，高等教育进入大众化阶段，办学条件
显著改善，教育公平迈出了重大步伐。

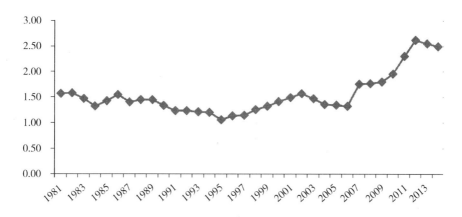

图 5.17　山东省教育事业费占 GDP 的比重

从教育支出占 GDP 的比重这一指标来看，山东省该指标远低于北京
的同类指标水平，也低于全国的平均水平，与江苏、广东比较接近（见
表 5.5）。从国家财政教育支出占 GDP 比重这一指标来看，距离《国家中
长期教育改革和发展规划纲要（2010—2020 年）》中提出的"到 2020 年
实现国家财政性教育经费支出占国内生产总值比例达到 4%"的目标非常

接近，但从山东省地方该指标来看，还有不小的差距。

《山东省中长期教育改革和发展规划纲要（2011—2020 年）》中提到："我省教育发展与经济文化强省建设的要求、与人民群众接受良好教育的需要还不完全适应……义务教育发展不够均衡，职业教育基础能力薄弱，高等教育特色不够鲜明，知识创新和服务经济社会发展的能力较弱，培养质量也有待于进一步提高；教育体制机制不够完善，投入不足，优先发展战略地位尚未完全落实。"[①] 稳步扩大教育经费支出，深化教育改革，改善基础教育教学条件，探索新型人才培养模式，解决经济发展中的适用性人才供需矛盾问题，仍然是山东省教育改革发展的重要命题。

表 5.4　　　**全国及主要地区财政教育支出占财政预算支出总额的比重**　　　（％）

	全国	山东	北京	江苏	广东
2007	14.31	20.04	15.94	19.30	18.23
2008	14.39	20.37	16.14	18.25	18.61
2009	13.68	18.77	15.77	16.94	18.53
2010	13.96	18.59	16.57	17.61	17.00
2011	15.10	20.95	16.03	17.57	18.29
2012	16.87	22.22	17.06	19.22	20.32
2013	15.69	20.93	16.32	18.40	20.74
2014	15.10	20.36	16.40	17.76	19.76

表 5.5　　　　　**全国及主要地区财政教育支出占 GDP 的比重**　　　　（％）

	全国	山东	北京	江苏	广东
2007	2.66	1.76	2.7	1.89	1.81
2008	2.84	1.78	2.8	1.91	1.91
2009	3.02	1.81	3.0	1.98	2.03
2010	3.07	1.97	3.2	2.09	2.00
2011	3.41	2.31	3.2	2.23	2.31
2012	3.98	2.62	3.5	2.50	2.63
2013	3.74	2.56	3.5	2.43	2.81
2014	3.61	2.50	3.5	2.31	2.67

---

① 《山东省中长期教育改革和发展规划纲要（2011—2020 年）》，http://www.moe.edu.cn/publicfiles/business/htmlfiles/moe/s5520/201104/117398.html。

二　科学技术

科技进步一方面可以带动产业结构的升级，加快出口结构向技术密集型产品的转变；另一方面，国内原来不具备比较优势的产业可以吸收贸易带来的先进技术，通过"干中学"逐步形成竞争优势。技术进步一般是通过影响贸易基础与贸易格局来发挥作用的。在决定贸易基础方面，技术进步会对各种要素发挥巨大的影响，能够改变土地、劳动和资本在生产中的相对比例关系，提高资源的利用效率，从而可以通过对产品、企业、产业施加影响而产生相应的比较优势。一旦贸易基础得以确立，贸易格局便会随之确立。

根据贫困化增长理论，为避免落入"贫困化陷阱"，一国或地区的经济增长不能过于依赖出口低技术、低附加值含量的劳动密集型或资源密集型产品，而应通过技术创新与进步，提高机电、高新技术产品的出口，推动出口产品国际竞争力的提高。只有技术创新才能在国际市场上获得更久的竞争优势和更大的发展。技术创新是指为了提高要素生产率，改进现有或创造新的产品、生产过程或服务方式的研发活动。大量的研究表明，技术创新可以促进一国科技水平的提高，从而促使贸易的产生和贸易模式的形成，而贸易可以通过传染效应、示范效应、"干中学"效应和产业关联效应等途径对贸易国家或地区产生技术创新溢出效应。[①]

山东省认真落实"科教兴鲁"和"人才强省"战略，大力推进科技进步和创新，实现了科技事业的快速发展。研发投入总量稳定增加，科技对经济社会的支撑与引领作用显著，自主创新基础能力建设取得了重大进展，深入推进了产学研的结合，以企业为主体的技术研发创新体系正在逐步形成。R&D 经费支出及其占 GDP 的比重以及每万人拥有的专利数量都在不断上升。

（一）研发经费投入

山东省 R&D 经费支出的绝对额与其占 GDP 的比重都在稳步扩大。2000 年，山东省 R&D 经费内部支出额为 519501 万元，但其占 GDP 的比

---

①　许和连、栾永玉：《出口贸易的技术外溢效应：基于三部门模型的实证研究》，《数量经济技术经济研究》2005 年第 8 期。

重仅为 0.62%；到 2014 年，R&D 经费内部支出达到了 13040695 万元，占 GDP 的比重也上升到了 2.19%。R&D 经费内部支出与其 GDP 占比不断上升的事实表明，山东省对科技研发越来越重视。

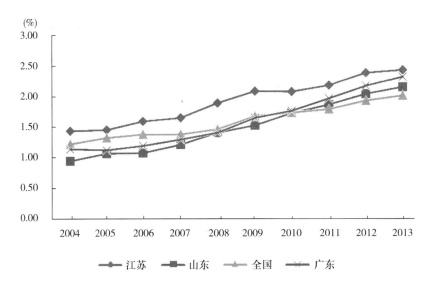

图 5.18　全国及主要省份 R&D 支出占 GDP 比重趋势图

同广东、江苏以及全国同类指标进行比较后发现，2010 年以前，山东省 R&D 经费内部支出占 GDP 的比重低于先进省份广东与江苏的同一指标，也低于全国的平均水平；自 2011 年以来，山东省该指标尽管还比广东省和江苏省同一指标低，但已经高于全国的平均水平（见图 5.18），说明山东省在科技研发投入方面的增长速度高于全国的平均水平，但与先进省份相比还存在着一定的差距。不断加大研发投入力度，充分发挥科技对经济的促进作用，这对于推动山东省商品结构和产业结构的转变，最终提高产业竞争力，提高出口产品的国际竞争力意义重大。

新产品开发经费的投入变动，反映出企业对于新产品开发的重视程度和高新技术产业化发展情况。新产品开发经费投入大的行业，其技术创新度往往比较高，产品的市场竞争力强，从而可以不断优化地区的产品结构和产业结构。分析各行业的新产品开发经费的占比，可以从一个侧面反映该地区的行业优势。图 5.19 反映了按行业分规模以上工业企业开发新产品经费在主要行业的分布情况。可以看出，新产品开发经费投入最大的行业是化学原料和化学制品制造业，其次是电气机械及器材制造业。化学原料和化学制品制造业，电气机械及器材制造业，计算机、通信和其他电子，通用设备制造业，汽车制造业，专用设备制造业，医药制造业这七个行业的新产品开发经费的投入占比超过了50%，达到了54.41%。而这些行业都属于资本或技术密集型行业，具有高附加值的特点。由此可以看出，山东省正在通过加大科研投入来培育资本或技术密集型产业优势的形成，推动产业结构的优化调整。

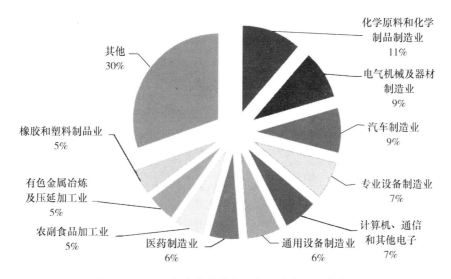

图 5.19 2014 年山东省分行业新开发产品经费占比

（二）专利成果

专利成果的多少与水平是最能反映科研开发水平的一项指标，被国内外广泛用于衡量地区与企业的研发能力。山东省研发经费投入的增加，促进了科技成果的上升，专利申请量、专利授权量以及每万人拥有的专利数量等指标都不断上升。2000 年申请专利 10019 项，授予专利 6962 项，平均每万人授予专利 0.77 项；2014 年申请专利 158619 项，授予专利 72818 项，平均每万人授予专利 7.48 项，分别增长了 14.83 倍、9.46 倍和 8.70 倍。将山东省平均每万人授予专利量同浙江、江苏、广东以及全国的平均水平进行比较后发现，山东省该项指标远低于浙江与江苏，同广东的差距也在拉大，甚至低于全国的平均水平。形成该结果的主要原因与山东省在科技研发方面投入相对较低以及企业研发动力不足有着直接的关系。创新型人才缺乏，没有形成创新的社会氛围，这与创新型人才的培育模式以及当前进行的素质教育改革不够有着直接关系。

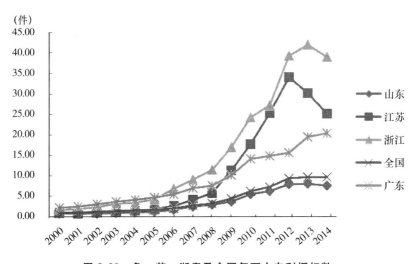

图 5.20　鲁、苏、浙粤及全国每万人专利授权数

资料来源：根据鲁、粤、苏、浙以及全国各年统计年鉴数据计算得出。

重要科技成果数量下降，但层次有所上升。2000 年，科技成果为3728 件，其中国际先进成果为 599 件，占 16.68%；2014 年科技成果为2995 件，其中国际先进成果为 817 件，占 27.3%。2014 年，山东省荣获国家发明奖 5 项，比 2012 年以及 2013 年都有所下降；国家科技进步奖 20项，与 2010 年的 31 项相比下降了许多。综合来看，山东省科技成果并未呈现出经济发展所需要的蓬勃向上的发展趋势，推动创新仍然是一项长期的重要任务。

山东省高素质人才占比与水平以及科技成果的层次与水平与发达国家存在着较大的差距，这与提高山东省国际竞争力的发展目标不相适应。美国一直以来在基础科研上投入了大量的人力、物力，美国拥有世界上人数最多、最具优势的科技人才队伍，其获得的诺贝尔奖最多，在世界主要科技文献上发表的论文最多，获得的国内外专利最多。长期高水平的教育投入和人才引进，为美国带来了丰富的人力资本，为其提高产业竞争优势提供了保证，同时发达的经济又反过来促进和扩大了对人力资本的投资，形成互相促进的良性循环。因而美国能够在知识技术密集型的行业领域保持优势。

可见，从长远来看，在当今以知识经济为主导的时代，大力发展基础科学，尤其是世界尖端技术，制定追赶并超越先进国家的科技发展战略是增强地区国际竞争力的关键。地区国际竞争力表现为在世界经济的大环境下，该地区创造增加值和实现国民财富持续增长的系统能力。在新常态下，山东省要深度融入世界经济，发展成为在国际上具有较高知名度和经济发达的地区，关键是要推动企业的技术创新，培育优势产业，形成山东地区的国际竞争力。

第五节　政府与外部环境

一　政府

国家竞争优势理论系统地阐述了政府在提高竞争优势中所发挥的作用。波特认为，政府在提高国家竞争优势中应起一种催化和激发企业创造欲的作用。政府政策成功的关键既不是越俎代庖，也不是无所作为，而是为企业创造一个有利于公平竞争的外部环境。注重对国内高级要素的培育，促使企业技术创新及产品质量创新，防止垄断，同时放宽对国际贸易的管制，以促进贸易的发展。

20世纪90年代初，中国政府为了提高外贸出口产品的国际竞争力，先后提出了以质取胜战略、市场多元化战略、科技兴贸战略以及"走出去"战略①，并采取多种措施和手段推动四大战略的实施。在落实有关政府政策的过程中，政府不断创新观念，优化服务，完善配套措施，不断夯实中国外贸出口产业基础，提高企业参与国际竞争的能力，为企业参与国际竞争提供日益完善的政策支持与引导，并为中国外贸出口企业参与国际

---

① 李钢、李俊：《外向贸易强国——中国外经贸战略的深化与升级》，人民出版社2006年版。

竞争创造日益良好的外部环境。

为落实以质取胜战略，中国政府出台了一系列法律法规，并在重要文件中多次提出对外贸易要"以质取胜"。1991 年 5 月 7 日，国务院发布《中华人民共和国产品质量认证管理条例》，1992 年 8 月 12 日发布《全国对外经贸进出口企业全面质量管理办法（试行）》，1993 年 2 月 22 日通过《中华人民共和国产品质量法》，1994 年 5 月 12 日通过了《中华人民共和国对外贸易法》，以促进扩大对外开放，发展对外贸易，维护对外贸易秩序，保护对外贸易经营者的合法权益，促进社会主义市场经济的健康发展。党的"十七大报告"明确指出："加快转变外贸增长方式，立足以质取胜，调整进出口结构，促进加工贸易转型升级。""十二五发展规划"明确提出："继续稳定和拓展外需，加快转变外贸发展方式，推动外贸发展从规模扩张向质量效益提高转变、从成本优势向综合竞争优势转变。"党的"十八大报告"明确指出："加快转变外贸增长方式，立足以质取胜，调整进出口结构，促进加工贸易转型升级，大力发展服务贸易。"

配合区域多元化战略的实施，中国政府积极推进自贸区建设，主导构建对外经贸战略伙伴关系体系。到 2015 年 6 月，中国在建自贸区有 19 个，涉及 32 个国家与地区。其中，已签署的自贸协定有 13 个，涉及 21 个国家与地区，分别是中国与东盟、新加坡、巴基斯坦、新西兰、智利、秘鲁、哥斯达黎加、冰岛、瑞士和韩国的自贸协定，中国内地与中国香港、澳门的更紧密经贸关系安排（CEPA），以及中国大陆与中国台湾的海峡两岸经济合作框架协议（ECFA），目前均已实施。正在谈判的自贸协定有 8 个，涉及 23 个国家，分别是中国与海湾合作委员会（GCC）、斯里兰卡、澳大利亚和挪威的自贸协定、中日韩自由贸易协定、区域全面经济合作伙伴关系（RCEP）协定和中国—东盟自贸协定（"10 + 1"）升级谈判、中国—巴基斯坦自贸协定第二阶段谈判。[①] 此外，中国完成了与印度的区域贸易安排（RTA）联合研究；正与哥伦比亚等开展自由贸易区联合可行性研究。同时，加紧同"金砖国家"的合作，积极寻求与南美洲、南亚各国、蒙古等新兴国家之间建立战略伙伴关系。

为主动发展与有关国家的经济合作伙伴关系，共同打造政治互信、经

---

① 中国对外商谈自由贸易协定的总体情况，http://fta.mofcom.gov.cn/。

济融合、文化包容的利益共同体、命运共同体和责任共同体，中国领导人提出了"一带一路"①的合作战略理念。依靠中国与有关国家既有的双多边机制，借助既有的、行之有效的区域合作平台，深入推进与沿路国家的政治、经济、文化合作。

中国"十二五发展规划"提出："扩大同发达国家的交流合作，增进相互信任，提高合作水平。深化同周边国家的睦邻友好和务实合作，维护地区和平稳定，促进共同发展繁荣。加强同发展中国家的团结合作，深化传统友谊，维护共同利益。积极开展多边合作。"多元化发展战略增加了中国的软实力，为中国企业参与国际竞争提供了更好的内外部环境。

科技兴贸是中国外经贸工作的基本战略。在知识经济迅猛发展、世界经济一体化、亚洲金融危机影响加深、国际经济技术竞争更加激烈的大环境下，1999 年 6 月 12 日，外经贸部和科技部联合发布了《科技兴贸行动计划》②，其宗旨是贯彻落实科教兴国战略，发挥科技及产业优势，扩大中国高技术产品出口，促进中国从外贸大国向外贸强国转变，使外贸出口持续、稳定、快速增长。2001 年，外经贸部发布了《国家科技兴贸"十五"计划发展纲要》，大力推进"科技兴贸"行动计划的实施，提高高新技术产品的出口能力，培育高新技术产品出口基地；以国际市场为导向进行技术开发和技术改造，创造高新技术产品出口新的增长点。2003 年 11 月 12 日发布了《关于进一步实施科技兴贸战略的若干意见》，把发展高新技术产品出口，特别是电子信息产品出口放在科技兴贸的首位，大力支持和鼓励具有自主知识产权的高新技术产品出口，加快出口促进体系建设。2009 年，国务院发布了《国务院关于发挥科技支撑作用 促进经济平稳较快发展的意见》，提出"充分发挥科学技术在应对国际金融危机影响，推动扩内需、保增长、调结构、上水平、惠民生各项政策措施落实的重要支撑作用，促进全省经济平稳较快发展"。该意见为对外贸易的发展提供了巨大的技术支持。2013 年 1 月，国务院办公厅发布了《关于强化

①　2013 年 9 月 7 日，习近平主席在哈萨克斯坦发表重要演讲，首次提出了共同建设"丝绸之路经济带"的战略倡议。同年 10 月 3 日，习近平主席在印度尼西亚国会发表重要演讲时明确提出，中国致力于加强同东盟国家的互联互通建设，愿同东盟国家发展海洋合作伙伴关系，共同建设"21 世纪海上丝绸之路"。

②　科学技术部、对外贸易经济合作部《科技兴贸行动计划》。

企业技术创新主体地位 全面提升企业创新能力的意见》，明确了今后 15 年的科技工作指导方针，即"自主创新，重点跨越，支撑发展，引领未来。更加自觉、更加坚定地把科技进步作为经济社会发展的首要推动力量，把提高自主创新能力作为调整经济结构、转变增长方式、提高国家竞争力的中心环节，把建设创新型国家作为面向未来的重大战略选择"。

2000 年初，江泽民总书记在向中央政治局通报"三讲"情况的讲话中，在全面总结中国对外开放经验的基础上，首次把"走出去"① 战略上升到"关系我国发展全局和前途的重大战略之举"的高度；2001 年，把"走出去"发展战略写入了中国《国民经济和社会发展第十个五年计划纲要》；2002 年，在党的"十六大报告"中，江泽民同志提出："坚持'走出去'与'引进来'相结合的方针，全面提高对外开放水平。"2005 年，温家宝总理在《政府工作报告》中提出："要进一步实施'走出去'战略。鼓励有条件的企业对外投资和跨国经营，加大信贷、保险外汇等支持力度，加强对'走出去'企业的引导和协调。"党的"十八大报告"明确指出：要坚持对外开放的基本国策，把"引进来"和"走出去"更好地结合起来，扩大开放领域，优化开放结构，提高开放质量，完善内外联动、互利共赢、安全高效的开放型经济体系，形成经济全球化条件下参与国际经济合作和竞争的新优势。这预示着中国"走出去""引进来"的双向开放向纵深发展。2015 年 2 月，国务院常务会议提出，要促进中国重大装备和优势产能"走出去"，实现互利共赢。推动中国装备走向国际市场，优化外贸结构，既能促进国内产业的转型升级，也对构建互利共赢的新格局具有重大意义。②

围绕四大发展战略，各级各地政府相应地采取了各种措施，不断完善相关法律法规和制度，推动产业结构的升级，引导企业加强科技创新，提高产品质量，加强科技人才的培养，维护市场公平竞争，中国对外贸易取得了举世瞩目的成就。但受整体产业发展水平较低的制约，中国外贸出口增长仍未从根本上摆脱数量增加、规模扩张、粗放型的增长方式，出口的

---

① "走出去"是指充分利用国内和国外"两个市场、两种资源"，通过对外直接投资、对外工程承包、对外劳务合作等形式积极参与国际竞争与合作，实现中国经济可持续发展的现代化强国战略，它与西部大开发战略、城镇化战略、人才战略并称为四大新战略。

② 走出去战略，http://baike.baidu.com/view/1268669.htm。

质量、结构和效益都有待进一步提高。

当前发达国家还没有完全走出国际经济危机的影响，发达国家主权债务风险上升，世界经济复苏动力依然不足，全球性通胀压力短期内难以缓解，非经济因素干扰不断增多，世界经济复苏的长期性、艰巨性和复杂性更加凸显。当前的国际经济形势对中国进出口产生了深刻的影响，特别是国内中小企业面临着重重挑战，中国外贸发展不平衡、不协调、不可持续的问题仍亟待改善。尽管如此，总的来看，今后中国外贸平稳发展尚具备基础和有利条件。首先，国内通胀压力正逐渐下降，在一定程度上受到了有力控制，国内经济发展平稳，经济基本面保持良好，这对中国外贸发展将形成强有力的支撑；其次，外贸政策基本稳定，对外贸易结构调整明显，市场多元化战略积极推进，外贸发展方式加速转变，区域发展更加协调；再次，广大外贸企业在激烈的市场竞争中不断成长，抵御风险、解决问题、开拓创新的信心和能力都有所增强；最后，中国在保持传统优势的同时，产业技术进步和自主创新步伐加快，新的竞争优势不断扩大，贸易新格局逐步形成。①

二　国内环境

（一）经济发展进入新常态

1. 新常态的提出

2014 年 5 月，习近平总书记在河南考察时指出，中国发展仍处于重要战略机遇期，要增强信心，从当前中国经济发展的阶段性特征出发，适应新常态，保持战略上的平常心态。这是中央领导首次以"新常态"描述新周期中的中国经济。国家主席习近平出席 2014 年亚太经合组织（APEC）工商领导人峰会并作题为《谋求持久发展　共筑亚太梦想》的主旨演讲，提出了中国经济新常态的三个主要特点。习近平指出了中国经济呈现出新常态所具有的主要特点：一是从高速增长转为中高速增长。二是经济结构不断优化升级，第三产业消费需求逐步成为主体，城乡区域差距逐步缩小，居民收入占比上升，发展成果惠及更广大的民众。三是从要素驱动、投资驱动转向创新驱动。

---

①　海关总署：《2012 年中国对外贸易发展形势分析》。

2. 新常态的九大特征

中央经济工作会议于 2014 年 12 月 9—11 日在北京举行，会议首次阐述了新常态的九大特征。

从消费需求看，过去中国消费具有明显的模仿型、排浪式特征，现在模仿型、排浪式消费阶段基本结束，个性化、多样化消费渐成主流，保证产品质量安全、通过创新供给激活需求的重要性显著上升，必须采取正确的消费政策，释放消费潜力，使消费继续在推动经济发展中发挥基础性作用。

从投资需求看，经历了 30 多年高强度、大规模开发建设后，传统产业相对饱和，但基础设施互联互通和一些新技术、新产品、新业态、新商业模式的投资机会大量涌现，对创新投融资方式提出了新要求，必须善于把握投资方向，消除投资障碍，使投资继续对经济发展发挥关键作用。

从出口和国际收支看，国际金融危机发生前国际市场空间扩张很快，出口成为拉动中国经济快速发展的重要动能，现在全球总需求不振，中国低成本比较优势也发生了转化，同时中国出口竞争优势依然存在，高水平"引进来"、大规模"走出去"正在同步发生，必须加紧培育新的比较优势，使出口继续对经济发展发挥支撑作用。

从生产能力和产业组织方式看，过去供给不足是长期困扰我们的一个主要矛盾，现在传统产业供给能力大幅超出需求，产业结构必须优化升级，企业兼并重组、生产相对集中不可避免，新兴产业、服务业、小微企业的作用更加凸显，生产小型化、智能化、专业化将成为产业组织的新特征。

从生产要素相对优势看，过去劳动力成本低是最大优势，引进技术和管理就能迅速变成生产力，现在人口老龄化日趋发展，农业富余劳动力减少，要素的规模驱动力减弱，经济增长将更多地依靠人力资本质量和技术进步，必须让创新成为驱动发展的新引擎。

从市场竞争的特点看，过去主要是数量扩张和价格竞争，现在正逐步转向质量型、以差异化为主的竞争，统一全国市场、提高资源配置效率是经济发展的内生性要求，必须深化改革开放，加快形成统一透明、有序规范的市场环境。

从资源环境约束看，过去能源资源和生态环境的空间相对较大，现在环境承载能力已经达到或接近上限，必须顺应人民群众对良好生态环境的期待，推动形成绿色低碳循环发展新方式。

从经济风险积累和化解看，伴随着经济增速的下调，各类隐性风险逐步显性化，风险总体可控，但化解以高杠杆和泡沫化为主要特征的各类风险将持续一段时间，必须标本兼治、对症下药，建立健全化解各类风险的体制机制。

从资源配置模式和宏观调控方式看，全面刺激政策的边际效果明显递减，既要全面化解产能过剩，也要通过发挥市场机制的作用来探索未来产业发展方向，必须全面把握总供求关系的新变化，科学地进行宏观调控。

3. 新常态给中国经济发展带来的机遇

习主席在亚太经合组织（APEC）工商领导人峰会上提出了新常态将给中国带来四个方面的发展新机遇。

第一，在新常态下，中国经济增速虽然放缓，实际增量依然可观。经过30多年的高速增长，中国的经济体量已经今非昔比。2013年一年的中国经济增量就相当于1994年全年的经济总量，可以在全世界排到第17位。即使是7%左右的增长，无论是速度还是体量，在全球也是名列前茅的。

第二，在新常态下，中国经济增长更趋平稳，增长动力更为多元。有人担心，中国经济增速会不会进一步回落，能不能爬坡过坎？风险确实有，但没有那么可怕。中国经济的强韧性是防范风险的最有力支撑。只要创新宏观调控的思路和方式，以目前确定的战略和所拥有的政策储备，我们有信心、有能力应对各种可能出现的风险。我们正在协同推进新型工业化、城镇化、信息化、农业现代化，这有利于化解各种成长的烦恼。中国经济更多地依赖国内消费需求的拉动，以避免出现依赖出口的外部风险。

第三，在新常态下，中国经济结构优化升级，发展前景更加稳定。在2014年前三个季度，中国最终消费对经济增长的贡献率为48.5%，超过了投资。服务业增加值占比为46.7%，继续超过第二产业。高新技术产业和装备制造业增速分别为12.3%和11.1%，明显高于工业平均增速。单位国内生产总值能耗下降4.6%。这些数据显示，中国经济结构正在发生深刻的变化，正向着质量更好、结构更优方面推进。

第四，在新常态下，中国政府大力简政放权，市场活力进一步释放。

简言之，就是要放开市场这只"看不见的手"，用好政府这只"看得见的手"①。

上述经济新常态发展特点与变化趋势说明，中国经济正在向形态更高级、分工更复杂、结构更合理的阶段演化，经济发展进入新常态，正从高速增长转向中高速增长，经济发展方式正从规模速度型粗放增长转向质量效率型集约增长，经济结构正从以增量扩能为主转向调整存量、做优增量并存的深度调整，经济发展动力正从传统增长点转向新的增长点。

（二）中国正积极探索改革创新的新路径

2013 年 9 月，中国上海自由贸易试验区正式成立，这是中国在改革开放新的历史条件下，立足国家战略的需要，适应经济全球化新形势，从更高层次推进改革开放的一项新举措。中国上海自由贸易试验区是一个改革的高地，而不是政策的洼地，试验区重在制度创新、重在改革开放。②建立中国（上海）自由贸易试验区就是要建设新一轮改革开放的突破口，形成全国开放新格局中的先行试点，在接轨国际的制度规则、法律规范、政府服务、运作模式等方面率先实践，为中国深化改革开放提供可供借鉴的"制度试验池"和适合推广的新模式。③ 中国（上海）自由贸易试验区发展规划中列明的重点任务集中于九点，即深化行政管理体制改革、扩大服务业开放、探索建立负面清单管理模式、构筑对外投资服务促进体系、推动贸易转型升级、提升国际航运服务能级、加快金融制度创新、增强金融服务功能、完善法制保障。最为引人瞩目的是金融制度创新与深化行政管理体制改革。

党的十八届三中全会对全面深化改革做出了战略部署，特别是明确提出要"扩大金融业对内对外开放""使市场在资源配置中起决定性作用""完善金融市场体系""健全多层次资本市场体系""稳步推进利率和汇率市场化改革，逐步实现人民币资本项目可兑换"，为今后一段时期中国深化金融改革开放，推动金融更好地服务于实体经济指明了方向，提出了更

---

① 《习近平提出中国经济新常态的 3 个特点及带来的 4 个机遇》，http：//www. mofcom. gov. cn/article/difang/henan/201411/20141100793304. shtml。

② 《高虎城在上海自由贸易试验区挂牌仪式上致辞》，http：//fta. mofcom. gov. cn/article/fta-news/201309/13895_ 1. html。

③ 《上海自贸区先行先试　引领开放新格局》，《人民日报》2013 年 8 月 23 日。

高的要求。

中国（上海）自由贸易试验区总体方案明确提出："在风险可控前提下，可在试验区内对人民币资本项目可兑换、金融市场利率市场化、人民币跨境使用等方面创造条件进行先行先试。在试验区内实现金融机构资产方价格实行市场化定价。探索面向国际的外汇管理改革试点，建立与自由贸易试验区相适应的外汇管理体制，全面实现贸易投资便利化"。

《中国人民银行关于金融支持中国（上海）自由贸易试验区建设的意见》提出了关于上海自由贸易试验区金融制度创新的三项总体原则，即"坚持金融服务实体经济，进一步促进贸易投资便利化，扩大金融对外开放，推动试验区在更高平台参与国际竞争；坚持改革创新、先行先试，着力推进人民币跨境使用、人民币资本项目可兑换、利率市场化和外汇管理等领域改革试点。坚持风险可控、稳步推进，'成熟一项、推动一项'，适时有序组织试点"①。目前，自贸区在利率市场化、汇率市场化、人民币资本项目可兑换、人民币离岸金融业务、金融市场产品创新、金融业对外开放以及内资外投和外资内投等方面的部分改革成果已经开始在全国范围内推广，尤其是各地的海关特殊监管区域积极探索对接上海自贸区的改革经验。

中国行政管理体制改革的核心任务就是政府职能转变，行政审批制度改革是转变政府职能的突破口，其实质是政府权力的调整、转移和下放，涉及深层次的结构调整。政府转变职能，就是要明确政府的定位，处理好政府与市场、社会的关系，把该放的权坚决放开，把该管的事管住管好。党的十八届二中全会和十二届全国人大一次会议审议通过的《国务院机构改革和职能转变方案》提出："深化行政审批制度改革，减少微观管理事务，该取消的取消、该下放的下放、该整合的整合，以充分发挥市场在资源配置中的基础性作用、更好发挥社会力量在管理社会事务中的作用、充分发挥中央和地方两个积极性。"在仅仅几个月里，中央与上海地方政府连续出台了多项文件，并有相应的配套措施出台，其基本思想都是"优化与创新"，其措施表现为简政放权，目的在于为企业创造优化的环境，提高政府的监管效率。

---

① 《中国人民银行关于金融支持中国（上海）自由贸易试验区建设的意见》。

自贸试验区是为了对接国际新准则，由被动转为主动。积极进行制度改革，加深市场化进程，在贸易、投资以及金融等方面积极创新，起到改革的试验田作用。可以预期，中国的行政管理、贸易、投资以及金融等方面的全面改革将会日益深化。

（三）经济发展面临的环境与资源问题

从供给的角度看，中国经济增长体现为粗放型模式，更多的是靠要素投入，例如土地、资金、劳动力等的投入。这种发展模式不具有可持续性，因此，要进一步发挥改革、制度的红利，推动中国经济持续平稳发展。总之，中国经济必须改革。

改革开放以来，尽管中国经济得到了快速发展，但也累积了一系列结构性失衡的矛盾，比较突出的是产能过剩问题。长期以来，中国的产能过剩问题一直存在，只不过由于过去的高速增长，特别是对国外市场的高度依赖，使得产能过剩的矛盾被缓和、被掩盖起来。在这次世界金融危机过后，国际市场需求下降，发达国家"再工业化"发展趋势，使得出口受到限制，产能过剩的矛盾在各个方面开始显现，在新常态下，需要通过结构调整来化解这种矛盾。

中国经济发展所面临的能源与环境约束日益突出。中国经济要能够保持真正的、可持续的、均衡的、有效的高速增长，就必须在结构上保持需求与资源条件、环境约束条件的吻合。根据国务院发布的《中国能源政策白皮书（2012）》的内容[1]，2012 年，中国 GDP 总量占世界 GDP 的比重为10%，但能源消耗总量却占到了18%，中国人均能源资源拥有量在世界上处于较低水平，煤炭、石油和天然气的人均占有量仅为世界平均水平的67%、5.4% 和7.5%。近年来，能源对外依存度上升较快，特别是石油对外依存度从 21 世纪初的32%上升至 2014 年的59.5%。2014 年，中国石油进口继续增长，全年石油净进口约为 3.08 亿吨，同比增长5.7%。近年来，受全球经济增速放缓、供给增加、欧美制裁俄罗斯以及投机资金推波助澜的多方面影响，国际原油市场一度从 100 多美元降到2015 年年中的 55 美元。尽管石油下行对于遏制通货膨胀有利，但石油作

---

① 中华人民共和国国务院新闻办公室：《中国的能源政策（2012）》白皮书．http：// news. xinhuanet. com/politics/2012－10/24/c_ 113484453. htm，2012－10－24。

为基础性能源，其价格的下降会引起煤炭、天然气价格的下降，最终有可能引发全球通货紧缩。石油作为经济最基础的原材料，它的价格下跌，对于中国的制造业来说，意味着原材料价格的下降，其利润将会提高，当然是好事，但中国也面临着通货紧缩的危险。而且，未来的石油价格趋势不甚明朗，一旦沙特同意限产，欧佩克的石油限产有可能引起石油价格的反弹，对于整体经济来说是不利的。因此，未来的能源市场风险仍然存在。

在未来相当长时期内，石化能源在中国能源结构中仍占主体地位，石化能源特别是煤炭的大规模开发利用，对生态环境造成了严重影响。造成大量耕地被占用、破坏，水资源遭到污染，二氧化碳、二氧化硫、氮氧化物和有害重金属排放量大，臭氧及 PM2.5 细颗粒物等污染加剧，北方的雾霾、沙尘暴依然严重，中国应对生态环境、应对气候变化的压力日益增大，迫切需要能源的绿色转型，用清洁能源代替石化能源。

在新常态下，中国经济发展进入了一个重要的转变时期，那就是要推动创新，提高国际竞争力。用降低成本的办法促进投资需求的扩大，拉动经济增长，是 2008 年世界金融危机发生的主要原因之一，这必须得到中国政府的高度重视。中国应该从努力降低成本扩大投资、刺激经济发展这一模式彻底转向通过推动创新来带动经济增长，进而带动国际竞争力提升这种新型发展模式。创新不仅可以降低成本，而且还可以提高收益。应推动技术创新，包括产品创新、市场创新、要素创新、组织创新等一系列的创新。

三　国际环境

目前发展中国家正面临着对外贸易发展的新环境、新形势，机遇与困难并存。一方面，伴随着科技进步和经济全球化的迅猛发展，世界经济开始了新一轮范围更广、程度更深、速度更快的产业结构调整，国际产业转移出现结构高度化、规模扩大化、周期缩短化、方式多样化趋势[①]；另一方面，受金融危机的影响，欧美国家经济发展乏力，外需整体下降，中国产品所面临的各种各样的技术性贸易壁垒以及反倾销、反补贴调查也越来

---

① 方雯、郭文豪：《国际产业转移新趋势下我国产业结构调整的战略思考》，《技术经济与管理研究》2009 年第 5 期。

越多。

（一）国际产业转移促进了移入国产业结构的升级

国际产业转移主要是在产品创新生命周期内因推动下，凭借垄断权，借助区位要素资源优势，通过转移某一产业或产业链上的某个环节来进行移出国产业结构调整的。进而，从外部通过产出的溢出效应、产业结构的协调、供需结构的动态提升等方式，影响移入国产业结构的优化升级与产业的国际竞争力。[①]

国际产业转移的区域溢出效应提升了移入国的产业结构。产业移出国借助其垄断优势，利用移入国区域资源禀赋优势，对区域进行产业转移。移入区域的转移产业通过其溢出效应，催生了新型产业的产生，实现了产业的融合与发展。同时，通过产业经济技术关联性，改善了区域关联产业内企业的生产工艺或对区域内传统产业进行技术改造，促进区域内产业结构升级。并且，通过区域间产业层级梯度产生"中心—外围"的产业波及效应，推动移入国产业结构的升级。[②]

国际产业转移使移入国产业结构与国际产业结构实现衔接，并通过"中心—外围"国际产业升级模式，驱使移入国产业结构与国际产业结构互动升级。并且，随着移入国产业结构的不断优化，将承接层级越来越高的国际产业转移，并转出国内层级较低的产业，形成产业结构的良性升级机制。

改革开放30多年以来，中国的产业结构不断优化，逐步从农业占主要地位变为工业占主要地位，再到第三产业成为最主要的产业，中国从农业大国逐渐向工业再向服务业大国过渡。中国从渴望资本输入以解决经济发展的资金问题，正在向对外投资稳步推进，对外直接投资、对外间接投资、对外工程承包、劳务合作的全面发展，中国有比较优势的企业正在更大范围、更广领域和更高层次上参与国际合作与竞争，充分利用两个市场、两种资源，优化资源配置，拓宽发展空间，提升国际竞争力。

（二）对外贸易摩擦日益增加，外贸风险加大

中国已经加入世贸组织，这意味着中国经济正式融入了世界经济，更

---

① 范文祥：《国际产业转移对我国产业结构升级的阶段性影响分析》，《经济地理》2010年第4期。

② 王岳平：《促进我国产业结构优化升级的着力点》，《宏观经济研究》2008年第11期。

多的外国高技术含量产品（主要指基础设施方面）的进入提升了中国服务产业的投资结构和规模。国内经济持续快速发展，是中国对外贸易发展的根本保证，持续的经济高增长将普遍提升全民的收入水平，加快城市化进程和消费结构的升级，这在客观上将促进国内产业与对外贸易的全面发展。

中国的对外贸易对于少数国家过分依赖，这增加了中国对外贸易的外部风险。一方面，中国的出口市场集中于美国、欧盟和日本三大经济体，对三大经济体的依赖程度接近 50%。同时，中国的一些重要资源进口、原材料进口的来源地相对集中，特别是进口方式以现货交易为主，存在着巨大的市场风险。另一方面，中国出口商品中以加工贸易形式完成的贴牌生产所占比例较大，在生产要素，如资金、技术、市场营销等的配置过程中，中国企业还缺乏主导权。①

在 WTO 协议框架的要求下，各成员必须加快对外贸易的自由化进程，由于征收关税的保护措施受到限制，各国纷纷采取隐蔽的非关税壁垒措施以保护本国市场。而且，贸易保护主义的新花样不断出现，已经从传统的反倾销向反补贴、保障措施和歧视性制度方面发展。商务部统计数据显示，1995—2013 年底，中国连续 18 年成为遭遇反倾销调查最多的国家，连续 8 年遭遇反补贴调查最多的国家。仅 2013 年就有 19 个国家和地区对中国发起了贸易救济调查，总共有 92 起，包括反倾销调查 71 起，反补贴调查 14 起，保障措施调查 7 起。除此之外，美国还对中国发起"337"调查 19 起，比 2012 年的 18 起增加了 1 起。②

从对中国发起贸易救济调查的国家和地区来看，由于发达国家提出"再工业化"，同时在高端制造领域与中国的竞争日渐激烈，摩擦也必然会越来越多，美国和欧盟等发达经济体仍然是对中国发起贸易救济调查最积极的国家和地区。2014 年，澳大利亚针对中国的热轧钢板、光伏组件；美国针对中国的中概光伏、纯镁、盘条、三氯异氰尿酸；欧盟针对中国紧固件、光伏玻璃产品发起了反倾销或反补贴调查。印度、巴西和墨西哥等

---

① 中国外贸发展五大挑战，http：//www. ssofair. com/news/zycj/t18575. html。
② 商务部：《中国连续 18 年成遭遇反倾销调查最多国家》，http：//money. 163. com/14/0116/11/9IN5K6KE00255009. html。

新兴工业国家和发展中国家的立案也呈增长趋势，这些新兴市场出现了严重的货币贬值，为了保护本国产业和企业也紧随发达国家之后，进一步出台和采取贸易限制措施。2014年，韩国针对中国的瓷砖；墨西哥针对中国的冷轧钢板、榨汁机、钢缆、搅拌机、不锈钢洗涤槽；印度针对中国的柠檬酸钠、硝酸钠、亚麻织物、阿苯达唑、PS版；巴西针对中国的脚印版、铝基印版；阿根廷针对中国的螺旋钻头、玻璃杯等发起了反倾销或反补贴调查。

（三）对外贸易发展面临的国际环境越来越复杂.

中国外贸发展面临的主要风险来自于日趋复杂的外部环境。尽管美国经济出现良好的复苏势头，但日本、欧盟等经济体的经济增长乏力，就业状况不佳，私人投资乏力，个人消费低迷，市场需求继续萎缩，复苏缓慢，甚至停滞不前。金融危机之后，欧美等发达经济体意识到完全去工业化、过度依赖虚拟经济会带来严重的后果，因此开始了再工业化进程，强化制造业生产，再加上意识形态方面担心中国的崛起以及受中国威胁论的负面影响，日美等国家正力图减轻对中国进口的依赖，中国大进大出的发展模式被迫转变。

由于中国人口红利的下降，国际资本向劳动力资源优势更为明显的南美、东南亚等国家转移速度加快。新型经济市场国家拥有的要素如环境、资源、人口等优势更明显，从而对国际资本的吸引力下降，传统的制造业、加工贸易等密集型产业越来越难以为继。新兴市场和发展中国家经济虽保持着稳定增长，但仍面临诸多压力，包括大宗商品价格上涨、通胀压力增大以及随着货币政策收紧和利率上调可能诱发的热钱涌入等。中国外贸面临的经济环境将更加恶劣，面临着更加严峻的挑战，出口增速将继续放缓。

（四）合作与发展成为当今世界的主流

随着国际分工的深入，各国之间的贸易、经济依存度逐步加强，迫使全球经济一体化进程不断向前推进。当前，在经济全球化发展的同时，区域经济一体化潮流也日益深化，合作与发展成为当今世界发展的主流。一体化最为突出的优势在于它凸显了区域市场的区位优势，拓宽了市场的范围，加大了经济的总体规模，提高了经济的抗震性，能使经济周期的波动幅度减少，周期拉长，降低了国际贸易中的诸多不确定性。各国也日益意识到，必须共同努力，才能实现经济社会的可持续发展，共享地球上有限的资源。

中国在多年的改革开放实践中逐渐认识到国际合作的重要性，并正在寻求与周边国家开展跨国区域合作的可能性，以谋求本国利益的最大化和国际地位的提升。比如，中国正积极推进"一带一路"的建设，致力于亚欧非大陆及附近海洋的互联互通，这将推动沿线各国发展战略的对接与耦合，实现沿线各国多元、自主、平衡、可持续的发展；中国推动与柬埔寨、老挝、缅甸、泰国、越南五国建设大湄公河次区域（GMS），除了贸易机遇外，南北经济走廊还将为农业、工业、资源型产业和新技术产业创造投资机会，旅游业和物流业也将从中受益；建设加强与东南亚国家的经济文化交流与合作，中国与东北亚地区，包括日本、韩国、朝鲜、蒙古以及俄罗斯远东在内的广阔地区的交往日益频繁，各方在能源、环境等方面已经展开了多层次的沟通与合作，东北亚经济圈正在由构想变为现实；由于中、日、韩三国发展水平各异，互补关系多于竞争关系，合作潜力巨大，出于优势互补、互利双赢的目的，中韩自由贸易区于 2015 年 6 月正式成立，更大范围内的中日韩自由贸易区建设的谈判也在进行中。为实现中国与合作国的经济连接，搭起一个能够连接国内和国外两个市场，且符合国际规则的桥梁，中国积极建立上海自由贸易（试验）区，探索进一步深化改革的措施，推动中国在更高层次、更广范围内参与国际竞争。

第六章

山东省对外贸易与区域经济
国际竞争力综合评价

前面重点分析了影响对外贸易国际竞争力的相关因素以及山东省区域经济的发展状况，为全面掌握山东省对外贸易国际竞争力的水平以及变化情况，本章对山东省对外贸易国际竞争力以及山东地区区域经济国际竞争力进行客观的定量综合评价。

第一节　因子分析方法简介

对于经济现象的评价通常基于两类指标：一是单一指标；二是综合评价指标。由于影响经济现象的因素往往是多样而且错综复杂的，如果仅从单一指标上对经济现象进行综合评价，往往存在着片面性问题，因此需要将反映经济现象的多项指标的相关信息，通过一定的方法加以汇集，得到一个综合性的指标，并以该综合性的指标反映经济现象的总体情况，这就是多指标综合评价方法。其基本思想是将多个指标转化为单一的一个能够反映综合情况的指标，并用该指标来进行评价。

目前国内外提出的综合评价方法非常丰富，但总体上可归纳为两大类：一类是主观赋权评价法；另一类是客观赋权评价法。主观赋权评价法多是采取定性的方法，由专家根据经验进行主观判断并得到权数，再进行加权计算得到综合评价值，例如层次分析法、模糊综合评判法等；客观赋权评价法根据指标之间的相关关系或各项指标的变异系数来确定权数，如灰色关联度法、因子分析法、人工神经网络、聚类分析法、TOPSIS 法、主成分分析法等。

在多数情况下，不同指标之间具有一定的相关性，因子分析法正是根据评价指标中存在着一定相关性的特点，用较少的指标来代替原来较多的指标，并使这些较少的指标尽可能地反映原来指标的信息，从根本上解决了指标间的信息重叠问题，同时又简化了原指标体系的指标结构，因而在社会经济统计中，是应用最多、效果最好的方法。在因子分析法中，各综合因子的权重不是人为确定的，而是根据综合因子贡献率的大小确定的，这就克服了某些评价方法中人为确定权数的缺陷，使得综合评价结果唯一，而且客观合理。因此，本章在对山东省对外贸易国际竞争力以及区域经济国际竞争力进行评价时，采用的是因子分析方法。本节简单介绍一下因子分析法的基本原理与基本分析步骤。

一　因子分析法的基本原理

因子分析法是指从研究指标相关矩阵内部的依赖关系出发，把一些信息重叠、具有错综复杂关系的变量归结为少数几个不相关的综合因子的一种多元统计分析方法。因子分析的概念起源于 20 世纪初 Karl Pearson 和 Charles Spearman 等人关于智力测验的统计分析。因子分析的目的是寻求变量的基本结构，简化观测系统，减少变量维度，用少数变量解释所研究的复杂问题。

其基本思想是：根据相关性大小把变量分组，使得同组内的变量之间相关性较高，但不同组的变量不相关或相关性较低，每组变量代表一个基本结构，即公共因子。[①]

因子分析最常用的理论模式如下：

$Z_j = \alpha_{j1}F_1 + \alpha_{j2}F_2 + \alpha_{j3}F_3 + \cdots + \alpha_{jm}F_m + U_j$（$j = 1, 2, 3, \cdots, n, n$ 为原始变量总数）

可以用矩阵的形式表示为 $Z = AF + U$，其中 F 称为因子，由于它们出现在每个原始变量的线性表达式中（原始变量可以用 X_j 表示，在这里的模型中，实际上是以 F 线性表示各个原始变量的标准化分数 Z_j），因此又称为公共因子。因子可理解为高维空间中互相垂直的 m 个坐标轴，A 称为因子载荷矩阵，α_{ji}（$j = 1, 2.3, \ldots, n; i = 1, 2, 3, \cdots, m$）称为因子载荷，是第 j 个原始变量在第 i 个因子上的负荷。如果把变量 Z_j 看成 m 维

---

① 因子分析法，http://wiki.mbalib.com/wiki/因子分析法。

因子空间中的一个向量，则 α_{ji} 表示 Z_j 在坐标轴 F_i 上的投影，相当于多元线性回归模型中的标准化回归系数；U 称为特殊因子，表示了原有变量不能被因子解释的部分，其均值为 0，相当于多元线性回归模型中的残差。

其中，Z_j 为第 j 个变量的标准化分数；F_i（$i = 1, 2, \cdots, m$）为共同因素；m 为所有变量共同因素的数目；U_j 为变量 Z_j 的唯一因素；α_{ji} 为因素负荷量。

二　因子分析法的主要步骤

（一）对数据样本进行无量纲化处理

评估指标一般包括正向指标、逆向指标和区间指标。正向指标是指标值越大越好的指标，逆向指标是指标值越小越好的指标，适度指标是指标值处于某一标准值或某一适度范围内时最好。由于指标体系各要素具有不同的内涵，为排除由于指标内涵不同以及指标方向不同所造成的差异，保证因子分析的科学性与客观性，需要对各指标进行无量纲化处理。在此对各指标进行无量纲化处理所采用的是模糊隶属度函数方法。

模糊数学中把某事物隶属于某一标准的程度用 [0, 1] 区间内的一个实数来表示，"0" 表示完全不隶属，"1" 表示完全隶属，模糊隶属度函数是描述从隶属到不隶属这一渐变过程的。其中指标分为三种类型，即正向指标、逆向指标和适度指标。

对于正向指标，我们采用半升梯形模糊隶属度函数进行量化，即

$$F(X_i) = \frac{X_i - \min(X_i)}{\max(X_i) - \min(X_i)}$$

对于逆向指标，采用半降梯形模糊隶属度函数进行量化，即

$$F(X_i) = \frac{max(X_i) - X_i}{max(X_i) - min(X_i)}$$

对于适度指标，采用半升半降梯形模糊隶属度函数进行量化，即

$$F(X_i) = \frac{2[X_i - \min(X_i)]}{\max(X_i) - \min(X_i)} \qquad \min(X_i) \leqslant X_i < X_{io}$$

$$F(X_i) = \frac{2[\max(X_i) - X_i]}{\max(X_i) - \min(X_i)} \qquad X_{io} \leqslant X_i \leqslant max(X_i)$$

其中，X_i 表示 M_i 指标的实际值，$F(X_i)$ 表示指标实际数值的隶属度

值，$\max(X_i)$ 表示 X 指标的最大值，$\min(X_i)$ 表示 X 指标的最小值，X_{io} 表示 X 指标的适度值。

（二）判断样本的相关性

由于因子分析的主要任务之一是对原有变量进行浓缩，即将原有变量中的信息重叠部分提取并综合成因子，进而最终实现减少变量个数的目的。因此它要求原有变量之间存在着较强的相关关系。判断样本的相关性正是通过各种方法来分析原有变量是否存在相关关系，这是判断是否适合进行因子分析的重要一步。

SPSS 提供了四个统计量，可帮助判断观测数据是否适合做因子分析：计算相关系数矩阵、计算反映象相关矩阵、巴特利特球度检验和 KMO 检验，其中最常用的是后两个。

巴特利特检验（Bartlett test of sphericity Bartlett）。巴特利特检验的目的是检验相关矩阵是不是单位矩阵，如果是单位矩阵，则认为因子模型不合适。一般说来，显著水平值越小（小于 0.05），表明原始变量之间越可能存在有意义的关系；如果显著性水平很大（如 0.10 以上），可能表明数据不适宜于因子分析。

KMO 测度的值越高（接近 1.0 时），表明变量间的共同因子越多，研究数据适合用作因子分析。Kaiser 给出了常用的 KMO 度量标准：0.9 以上表示非常好，适合做因子分析；0.8—0.9 表示比较好，适合做因子分析；0.7—0.8 表示一般适合做因子分析；0.6—0.7 则表示不太适合做因子分析；小于 0.5 表示不适合做因子分析。如果 KMO 测度的值低于 0.5，表明样本偏小，需要扩大样本。

（三）抽取共同因子

本步骤是研究如何在样本数据的基础上提取和综合因子。决定因素抽取的方法，有"主成分分析法"、主轴法、一般化最小平方法、未加权最小平方法、最大概率法等。其中，最常使用的是主成分分析法。

所谓主成分分析法，就是以较少的成分解释原始变量方差的较大部分。进行主成分分析时，先要将每个变量的数值转换成标准值。主成分分析就是用多个变量组成一个多维空间，然后在空间内投射直线以解释最大的方差，所得的直线就是共同因子，该直线最能代表各个变量的性质，而在此直线上的数值所构成的一个变量就是第一个共同因子，或称第一因子。但是在空间内还有剩余的方差，所以需要投射第二条直线来解释方差。这时，还要依据第二条准则，即投射的第二条直线与第一条直线成直交关系（即不相关），意为代表不同的方面。第二条直线上的数值所构成的一个变量，称为第二因子。依据该原理可以求出第三、第四或更多的因子。原则上，因子的数目与原始变量的数目相同，但抽取了主要的因子之后，如果剩余的方差很小，就可以放弃其余的因子，以达到简化数据的目的。

（四）确定因子的数目

对因子数目的确定没有精确的定量方法，但常用的方法是借助两个准则来确定因子的个数。一是根据因子的累积方差贡献率来确定，一般取累积贡献率达 85%—95% 的特征值所对应的 m 个主成分。也有学者认为，累积方差的贡献率应在 80% 以上。二是碎石图检验准则，根据因子被提取的顺序绘出特征值随因子个数变化的散点图，根据图的形状来判断因子的个数。散点曲线的特点是由高到低，先陡后平，最后几乎成一条直线。曲线开始变平的前一个点被认为是提取的最大因子数。

（五）进行因子旋转得到旋转后的因子载荷矩阵

通常，最初因子被抽取后，对因子无法作有效的解释。这时往往需要进行因子旋转，旋转的目的在于改变题项中各因子负荷量的大小，在转轴时根据题项与因素结构关系的密切程度，调整各因素负荷量的大小；在转轴后，使得变量在每个因素的负荷量不是变大（接近 1）就是变得更小（接近 0）；而在非转轴前每个因素的负荷量大小均差不多，这就使对共同因子的命名和解释变量变得更容易。在转轴后，每个共同因素的特征值会发生改变，但每个变量的共同性不会发生改变。在实际研究中，直交旋转（尤其是 Varimax 旋转法）得到较广泛的运用。在转轴后，要决定因素的数目，选取较少因素层面，获得较大的解释量。

（六）计算各样本的因子得分

因子分析的最终目标是减少变量个数，以便在进一步的分析中用较少的因子代替原有变量参与数据建模。本步骤正是通过各种方法计算各样本在各因子上的得分，为进一步的分析奠定基础。

第二节　山东省对外贸易国际竞争力综合评价

一　以往相关指标体系的简单回顾

与对外贸易相关的评价体系研究主要集中在三个方面，即对外贸易可持续发展评价指标体系、对外贸易增长方式转变评价指标体系以及对外贸易国际竞争力评价指标体系。对外贸易增长方式转变的最终目标是要实现对外贸易的可持续发展，一个可持续发展的对外贸易也一定是具有国际竞争力的，因此，关于这三方面的已有研究成果对于本课题的研究具有重要的启发。

（一）关于对外贸易可持续发展评价指标体系的研究

此方面的研究比较早，不同专家建立的指标体系也不尽相同，在此仅对个别成果做简要回顾。

袁永友、刘建明详细阐述了中国对外贸易可持续发展评价指标体系的设计取向、基本原则，选取对外贸易规模总量、服务货物贸易总量比例、贸易收益增长率比例、对外贸易经济效益、对外贸易技术效益、对外贸易生态效益和对外贸易资源效益七个方面的评价指标构成对外贸易的可持续发展性指标体系。

谷志红等从经济效益、生态效益和社会效益出发，建立了对外贸易可持续发展的评价指标体系。该体系共包含 27 个指标，并应用多层次模糊综合评判法对中国对外贸易的可持续发展能力做出评价，认为中国外贸的可持续发展能力为上等的良好水平。

李明生等的研究涉及区域对外贸易可持续发展的综合评价。他们从可持续发展概念入手界定区域对外贸易可持续发展的概念及特征，提出从贸易规模、贸易结构、贸易效益、产业结构、经济效益、生态效益和资源效益七个方面进行区域对外贸易可持续发展的系统评价。

（二）关于对外贸易增长方式转变的评价指标体系研究

关于建立对外贸易增长方式评价指标体系的研究，近几年来在国内开展得相对较多，不少专家学者指出了对中国对外贸易发展情况进行综合评价的必要性并构建了相应的指标体系，用于分析中国对外贸易增长方式发展的现状。

张松涛认为，转变外贸增长方式，必须改变传统的对外贸易指标体系，评估和考核方式要有利于调整贸易结构，有利于从以量取胜向以质取胜转变，有利于从粗放型增长向集约型增长转变，从以创汇为目标向以质量效益为目标转变。傅自应认为，推进外贸增长方式的转变，要改变传统的对外贸易指标体系，改变考核方式，摒弃把规模和速度作为首要追求目标的做法，更加注重结构的调整与质量效益的提高。

李桂子认为，由数量扩张型向质量效益型的转变必须有一套科学合理的考核评价指标体系；不仅要有企业微观层次的指标，还要有宏观经济指标；不仅要有经济指标，还要有社会指标、环境资源指标，要把经济总量、增长速度、经济效益、社会效益、环境资源效益、技术效益等结合起来考察。金柏松等也提到，转变外贸增长方式，调整发展战略，实现外贸适度发展，应该制定科学合理的考核指标体系，对考核内容应该有所调整，应以经济效益为中心，兼顾发展性、安全性，引进外贸竞争力指标。

范爱军等人认为，在建立评价指标体系的过程中，必须遵循一般性原则和最优性原则，他们根据一般性原则建立了一个基本指标体系，然后根据最优化原则对各指标进行了筛选，从而形成了由 18 个具体指标构成的外贸增长方式评价指标体系。该体系包括外贸结构指标、外贸综合效益指标和外贸可持续发展指标。他们应用这一对外贸易评价体系对山东省对外贸易增长方式转变的结果进行了实证分析，得出结论：该外贸增长方式评价指标体系有着较好的合理性和可操作性。

（三）关于对外贸易国际竞争力评价指标体系的研究

国内对外贸竞争力的研究始于 20 世纪 90 年代后期，并随着中国对外贸易在国民经济中地位的日益上升而日渐增多。

狄昂照、吴明录等（1992）认为，主要可以通过出口能力、进口能力和成交能力三方面指标来体现。其中出口能力的衡量涉及商品出口总额、商品出口增长速度、出口产品结构和非商品出口增长速度四项指标，进口能力包括商品进口总额、商品进口增长速度和进口商品结构三方面，成交能力则由汇率变动和外贸平衡状况来衡量。

程春梅（2005）就如何评价一国（地区）的外贸竞争力提供了科学的指标体系及评价方法，她将外贸竞争力评价指标体系设计为产品外贸竞争力、企业外贸竞争力、产业外贸竞争力三大项，并设定五个评价等级，即很强、较强、一般、较差、很差，从而对三大项因素分别评级，最后通过加权平均法计算总体等级，得到外贸竞争力的综合评价。

蒋和平、吴玉鸣（2010）从外贸增长数量、外贸增长质量、外贸增长效益、外贸增长潜力四个方面构建了中国的外贸竞争力因子分析评价指标体系。

陈海波、王婷（2014）等从外贸规模、外贸质量、外贸进度和外贸潜力四个方面构建金砖国家外贸竞争力评价指标体系，以 2005—2010 年的数据，采用 AHP 方法，对金砖国家的外贸竞争力进行了实证分析。

有关专家、学者的研究成果由于研究问题的侧重点不同，所形成的指标体系有着一定的差异，而且他们的指标体系是针对全国外贸发展情况所提出来的，并非针对山东一个省，但是，通过对更多研究成果的回顾与分析，为下一步评价指标体系的建立提供了很好的借鉴与指导。前人在界定、构造相应指标体系时，大多利用系统论方法，涉及对外贸易发展的量与质多个方面。我们在设计山东省对外贸易国际竞争力评价指标体系时，也采用系统的方法，构建的评价指标体系既要体现对外贸易的质量与结构变化，更要重视对外贸易发展的效益与竞争指数的变化；既要体现山东省对外贸易增长方式发展的水平，又要反映山东省对外贸易的可持续发展状况；既重视对外贸易国际竞争力的现实表现水平，更重视对外贸易国际竞争力的要素支撑能力；既考虑基础要素对于对外贸易的支撑作用，更重视关键要素的支撑作用。

二　山东省对外贸易国际竞争力综合评价体系设计的原则

（一）整体性原则

设计对外贸易增长方式指标体系要求从不同侧面、不同角度对对外贸易国际竞争力做出全面反映，指标应涵盖权衡对外贸易国际竞争力的基本内容，既要考虑总量指标，也要考虑结构与效益指标，同时兼顾环境指标。具体包括对外贸易总量、对外贸易商品与市场结构、对外贸易国际竞争力指数、对外贸易效益等以及国际环境变化指标。

（二）科学性原则

设计对外贸易国际竞争力评价指标体系必须以对外贸易发展的相关理论、经济学理论以及相关数学理论为依据，这样做出的评价才更有客观性与可信性。对外贸易增长方式评价指标体系的设置，必须符合对外贸易增长方式的本质要求，能够直接对对外贸易增长质量状况进行表征，能够满足用来描述、评价、监测对外贸易增长的目的。根据修正了的波特模型理论设置评价指标体系符合上述原则。

（三）目标性原则

对山东省对外贸易国际竞争力进行评价，目的在于改变对外贸易粗放型增长方式，促进对外贸易效益的提高，促进贸易与环境的融合，培育对外贸易可持续发展的能力，最终提高国际竞争能力，这是设计对外贸易增长方式评价指标体系的目的所在。研究对外贸易国际竞争力评价指标体系需要达到的目标是对山东省对外贸易国际竞争力进行趋势评价，并提出具体的优化方案。

（四）可行性原则

指标体系所需要的数据原则上从现有统计指标中产生，所需资料要容易取得，真实可靠，少数不易直接搜集到的数据，应该能够通过合理的方法计算或重新统计得到。指标既要注意全面性，又要注意实用性，应避免重复现象。

（五）可比性原则

对外贸易国际竞争力水平的高低是相对而言的，因此指标应尽量采用相对数或平均数，并在较长一段时期内保持它们的相对稳定性，以便于对对外贸易国际竞争力做出纵向或横向比较，这样才有利于进行排列并据此提出改进意见。因此要注意指标的选择，在计算范围、口径、方法等方面要按国内统一、国际可比的要求设置。

（六）客观性原则

对外贸易国际竞争力测量要求每一个指标的确定具有客观依据，尽可能采用理论界公认的指标，再适当结合评价主体的特殊情况。既不能完全创新，脱离现有的研究成果，也不能完全照搬针对全国或者其他省份所设计的指标体系。针对山东省对外贸易在全国范围内起步早，对外贸易中的加工贸易发展较快以及省内特有的资源变化情况，力求构造出能够客观反映山东省对外贸易国际竞争力状况的指标体系。

（七）独立性原则

对外贸易国际竞争力测量指标体系中的各项指标体系应当互不相关，

彼此独立，避免重复，这样才能保证指标体系结构比较清晰，层次比较明确，并且能够保证对各项指标进行有针对性的单独分析。

（八）政策性原则

对山东省对外贸易国际竞争力进行综合评价，不仅要考虑省内的具体情况，更应该考虑省外特别是全国的形势；不仅要考虑理论的准确性，更要考虑实践的可行性。所以，设计对外贸易国际竞争力评价指标体系时，应该以国家、省内的相关政策为指导，对外贸易国际竞争力评价指标体系应该能够跟踪对外贸易发展的政策，反映政策的效应性。

三　山东省对外贸易国际竞争力综合评价指标体系的构成

根据对外贸易国际竞争力的内涵与指标体系设计的基本原则，参考有关文献，结合山东省对外贸易发展的现状，设计了山东省对外贸易国际竞争力的综合评价指标体系，由15个指标构成：

1. 反映外贸发展规模的指标，包括对外贸易出口总额、对外贸易差额。

2. 反映贸易结构的指标，包括高新技术产品出口比重、机电产品出口比重、工业制成品出口比重、外资企业出口占比、加工贸易出口占比、出口市场分布度。其中，加工贸易出口占比、外资企业出口占比与出口市场分布度为负向指标。

3. 反映外贸效益的指标，即外贸贡献度、加工贸易增值率、进口技术效益率。

（1）外贸贡献度指标反映了对外贸易出口对于经济增长的贡献程度，是正向指标。其计算公式为：

外贸贡献度 = 外贸出口增长率/GDP 增长率 × 100%

（2）加工贸易增值率可以直观地反映产品由进口到出口的过程中，产品附加值变化的程度，能够较为准确地反映加工贸易产业升级、增值与效益状况。其计算公式为：

加工贸易增值率 =（加工贸易出口额 – 加工贸易进口额）/加工贸易进口额

（3）进口技术效益率反映技术对于山东省生产的带动作用，其指标值越大，表明带动作用越大，出口的后劲就越大。其计算公式为：

进口技术效益率＝高新技术产品进口额/总进口额

4. 反映出口商品竞争力的指标，这里选择高新技术产品 TC 指数、机电产品 TC 指数与工业制成品显示性比较优势指数。

显示性比较优势指数，简称 RCA 指数，是衡量一国产品或产业在国际市场上竞争力最具说服力的指标。它旨在定量地描述一个国家内各个产业（产品组）相对于出口的表现。通过 RCA 指数可以判定一国的哪些产业更具出口竞争力，从而揭示一国在国际贸易中的比较优势。所谓显示性比较优势指数是指一个国家某种商品出口额占其出口总值的份额与世界出口总额中该类商品出口额所占份额的比率，用公式表示：

$$RCA_{ij} = (X_{ij}/X_{tj}) \div (X_iW/X_tW)$$

公式中的具体指标含义详见前述第二章第五节"山东省出口商品国际竞争力分析与比较"部分。

5. 反映对外贸易国际环境的指标。用于反映外部环境的变化影响，选择了外汇汇率。

表 6.1　　　　　　　山东省对外贸易国际竞争力综合评价指标体系

	指标名称	指标代号
1	对外贸易出口总额	CKE
2	对外贸易差额	MYCE
3	高新技术产品出口比重	GXZB
4	机电产品出口比重	JDZB
5	工业制成品出口比重	GYPZB
6	外资企业出口占比	WZZB
7	加工贸易出口占比	JGZB
8	出口市场分布度	SCFBD
9	外贸贡献度	WMGXD
10	加工贸易增值率	JGZZL
11	进口技术效益率	JKXYL
12	高新技术产品 TC 指数	GXTC
13	机电产品 TC 指数	JDTC
14	工业制成品显示性比较优势指数	GYRCA
15	外汇汇率	WHHL

四　山东省对外贸易国际竞争力的评价分析

（一）原始数据的搜集与预处理

依据前面所构建的指标体系（15 项指标）收集相应数据。数据来源于历年《山东统计年鉴》、山东统计信息网、山东国际商务信息网、商务部网站数据、青岛海关、WTO 官方网站、世界银行数据库，有些数据是经过计算得到的，原始数据见附表一与附表二"山东省对外贸易国际竞争力综合评价指标原始指标值"。

在全部 15 项指标中，逆向指标有三项，即加工贸易占比、外资企业出口占比与出口市场分布度，其余 12 项全部为正向指标。采用模糊隶属度函数对对外贸易国际竞争力综合评价指标数据进行无量纲化处理。为了计算的简便性，避免过多的小数带来的计算麻烦，将无量纲化后的指标值乘以 100，得到无量纲化指标值的区间为 [0, 100]，这并不影响问题的分析结果。无量纲化处理后的数据见附录三与四"山东省对外贸易国际竞争力综合评价无量纲化指标值"。

在对有关评价指标数据进行无量纲化处理后，接下来就可以进行下一步的适用性检验了。

（二）因子分析法的适用性检验

采用相关系数、KMO 和 Bartlett 检验以及共同度指标来确定各项原始数据是否适合做因子分析。利用 SPSS 分析软件分别得到相关系数矩阵、KMO 和 Bartlett 检验值以及变量共同度。

相关系数是衡量变量之间相关程度的指标，其值介于 −1 和 1 之间。一般来说，若大部分变量之间的相关系数绝对值大于 0.3，则表明适合做因子分析。从表 6.2 可以看出，15 个指标变量中大部分变量之间存在着高度相关，但其中的五个指标与其他指标的相关度较低，即对外贸易差额、机电产品出口比重、外资企业出口占比、外贸贡献度、进口技术效益率五项指标，故需要将上述五项指标删除重新做相关系数分析，结果如表 6.3所示。

表 6. 2　　　　　　　　　　　　　15 个指标的相关矩阵表

	CKE	GXZB	GYPZB	SCFBD	JGZZL	GXTC	JDTC	GXRCA	WHHL	JGZB	WMCE	JDZB	WZZB	WMGXD	LKXYL
CKE	1.000	.831	.913	.914	.923	.710	.926	.974	-.974	.804	.190	.867	.495	-.477	.161
GXZB	.831	1.000	.918	.894	.808	.854	.861	.876	-.813	.454	.488	.947	.063	-.471	.584
GYPZB	.913	.918	1.000	.986	.867	.915	.968	.955	-.855	.621	.445	.931	.249	-.457	.351
SCFBD	.914	.894	.986	1.000	.860	.870	.943	.946	-.859	.654	.411	.929	.261	-.510	.327
JGZZL	.923	.808	.867	.860	1.000	.690	.918	.929	-.922	.632	.181	.864	.326	-.642	.207
GXTC	.710	.854	.915	.870	.690	1.000	.889	.808	-.618	.383	.687	.847	-.018	-.258	.505
JDTC	.926	.861	.968	.943	.918	.889	1.000	.970	-.879	.619	.452	.923	.249	-.461	.323
GXRCA	.974	.876	.955	.946	.929	.808	.970	1.000	-.947	.703	.330	.923	.350	-.518	.284
WHHL	-.974	-.813	-.855	-.859	-.922	-.618	-.879	-.947	1.000	-.741	-.132	-.865	-.447	.601	-.220
JGZB	.804	.454	.621	.654	.632	.383	.619	.703	-.741	1.000	-.188	.463	.832	-.214	-.247
WMCE	.190	.488	.445	.411	.181	.687	.452	.330	-.132	-.188	1.000	.556	-.606	.057	.767
JDZB	.867	.947	.931	.929	.864	.847	.923	.923	-.865	.463	.556	1.000	.016	-.576	.584
WZZB	.495	.063	.249	.261	.326	-.018	.249	.350	-.447	.832	-.606	.016	1.000	.013	-.650
WMGXD	-.477	-.471	-.457	-.510	-.642	-.258	-.461	-.518	.601	-.214	.057	-.576	.013	1.000	-.286
LKXYL	.161	.584	.351	.327	.207	.505	.323	.284	-.220	-.247	.767	.584	-.650	-.286	1.000

表 6. 3　　　　　　　　　　　　　10 个指标的相关矩阵表

	CKE	GXZB	GYPZB	SCFBD	JGZZL	GXTC	JDTC	GXRCA	WHHL	JGZB
CKE	1.000	.831	.913	.914	.923	.710	.926	.974	-.974	.804
GXZB	.831	1.000	.918	.894	.808	.854	.861	.876	-.813	.454
GYPZB	.913	.918	1.000	.986	.867	.915	.968	.955	-.855	.621
SCFBD	.914	.894	.986	1.000	.860	.870	.943	.946	-.859	.654
JGZZL	.923	.808	.867	.860	1.000	.690	.918	.929	-.922	.632
GXTC	.710	.854	.915	.870	.690	1.000	.889	.808	-.618	.383
JDTC	.926	.861	.968	.943	.918	.889	1.000	.970	-.879	.619
GXRCA	.974	.876	.955	.946	.929	.808	.970	1.000	-.947	.703
WHHL	-.974	-.813	-.855	-.859	-.922	-.618	-.879	-.947	1.000	-.741
JGZB	.804	.454	.621	.654	.632	.383	.619	.703	-.741	1.000

　　从表 6.3 可以看出，所有的 10 个变量之间的相关系数均在 0.3 以上，满足做因子分析的相关系数要求，说明这些变量适合做因子分析。

　　KMO 和 Bartlett 检验的结果如表 6.4。本次分析的 KMO 值为 0.775，根据 Kaiser 给出的常用 KMO 度量标准，可以判断适合进行因子分析。巴特利特检验显示，近似卡方值为 274.984，伴随概率为 0.0000，表明这 10 项指标数据适宜做因子分析。

表 6.4   KMO 和 Bartlett 的检验

取样足够的 Kaiser-Meyer-Olkin 度量		.775
Bartlett 检验	近似卡方	274.984
	df	45
	Sig.	.000

变量共同度是衡量因子分析效果的常用指标之一。变量共同度也就是变量方差，就是指每个原始变量在每个共同因子下负荷量的平方和，也就是指原始变量方差中由共同因子所决定的比率。变量的方差由共同因子和唯一因子组成。共同性表明了原始变量方差中能被共同因子解释的部分，共同性越大，变量能被因子说明的程度越高，即因子可解释该变量的方差越多，取值在 0—1 之间，取值越大，说明该变量能被因子说明的程度越高。一般来说，每一项指标变量的共同度值基本上都达到 0.7 以上，则表明这些指标数据适合做因子分析。由表 6.5 可以看出，10 项指标的变量共同度都在 0.8 以上，说明该 10 项指标数据适合做因子分析。

表 6.5   公因子方差

	初始	提取
CKE	1.000	.990
GXZB	1.000	.898
GYPZB	1.000	.982
JGZB	1.000	.890
SCFBD	1.000	.950
JGZZL	1.000	.873
GXTC	1.000	.928
JDTC	1.000	.963
GYRCA	1.000	.981
WHHL	1.000	.933

通过上述分析，将 15 个指标缩减为 10 个指标后，相关系数分析、KMO 和 Bartlett 检验以及变量共同度检验的结果均显示，该 10 项指标数据适合做因子分析。

（三）公共因子的确定

选用常用的主成分分析法进行公因子提取，结果见表 6.6 所示。依据表 6.6 中的"初始特征值"，提取了前两个特征值大于 0.8 的成分作为公共因子。经过旋转，依据表 6.6 中"旋转平方和载入"中的"方差贡献率"和"累积贡献率"，两个公共因子分别解释了总方差的 55.132% 和 38.759%，共同解释了总方差的 93.891%，即前两个公共因子解释了原指标 93.891% 的信息量。

公共因子特征值的直观表现可以参考特征值碎石图。碎石检验准则是根据因子被提取的顺序绘出特征值随因子个数变化的散点图，根据图的形状可以判断因子的个数。本例中散点曲线的特点是由高到低，先陡后平，在第三个指标以后几乎成一条直线，类似于山脚下的碎石，表明第二个指标后面的散点可舍弃而不会丢失很多信息（见图 6.1）。

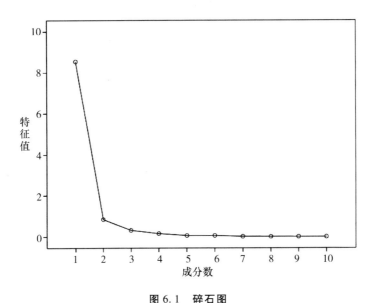

图 6.1　碎石图

上述分析说明，对外贸易国际竞争力的全体变量能较好地被两个公共因子所解释，选择的两个公共因子的信息已能比较充分地反映和代表各个样本年份对外贸易国际竞争力的综合水平，可以根据因素载荷进行因素分析，并根据综合得分进行综合评价和排序研究。

表 6.6　　　　　　　　　　　　　　解释的总方差

成分	初始特征值			提取平方和载入			旋转平方和载入		
	合计	方差的%	累积%	合计	方差的%	累积%	合计	方差的%	累积%
1	8.545	85.449	85.449	8.545	85.449	85.449	5.513	55.132	55.132
2	.844	8.442	93.891	.844	8.442	93.891	3.876	38.759	93.891
3	.315	3.149	97.040						
4	.156	1.562	98.602						
5	.059	.585	99.188						
6	.056	.561	99.749						
7	.012	.120	99.869						
8	.007	.072	99.940						
9	.004	.043	99.983						
10	.002	.017	100.000						

提取方法：主成分分析。

（四）旋转因子载荷矩阵，确定公共因子

确定两个公共因子后，利用 SPSS 分析软件可以进一步得到因子载荷矩阵，即成分矩阵（见表 6.7）。因子载荷矩阵是因子分析的核心内容，表 6.7 数据表明每个公共因子所负载的各个原始指标的信息量大小。由于在因子分析中得出的初始载荷矩阵通常结构不够简单，各个因子的典型代表变量比较模糊，不便于进行因子解释和命名，因此需要进行旋转。表 6.7 输出的是初始因子载荷矩阵，表 6.8 输出的是旋转后的载荷矩阵，即旋转成分矩阵。

根据斜交因子载荷矩阵可知，第一个公共因子承载系数较高的指标包括 GXTC（高新技术产品 TC 指数）、GXZB（高新技术产品出口比重）、GXPZB（工业制成品出口比重）、JDTC（机电产品 TC 指数）、SCFBD（出口市场分布度）、GXRCA（工业制成品显示性比较优势指数）、JGZZL（加工贸易增值率），可以将该类指标命名为质量指标。第二个公共因子承载系数较高的指标包括 JGZB（加工贸易出口占比）、WHHL（外汇汇率）、CKE（对外贸易出口总额），可以将该类指标命名为规模指标。

表 6.7 成分矩阵[a]

	成分	
	1	2
GXRCA	.990	− .038
GYPZB	.978	.159
JDTC	.976	.104
CKE	.972	− .211
SCFBD	.970	.097
WHHL	− .934	.244
JGZZL	.930	− .091
GXZB	.906	.279
GXTC	.843	.467
JGZB	.707	− .624

提取方法：主成分。

a. 已提取了 2 个成分。

表 6.8 旋转成分矩阵[a]

	成分	
	1	2
GXTC	.949	.166
GXZB	.880	.351
GYPZB	.862	.490
JDTC	.825	.532
SCFBD	.816	.533
GXRCA	.747	.650
JGZZL	.667	.654
JGZB	.159	.930
WHHL	− .575	− .776
CKE	.625	.775

提取方法：主成分。

旋转法：具有 Kaiser 标准化的正交旋转法。

a. 旋转在三次迭代后收敛。

为了对 2000 年以来山东省对外贸易国际竞争力进行综合评价，需要对两个公共因子计算其因子得分。采用回归法计算因子得分，得到的因子得分如表 6.9 所示。

表 6.9　　　　　　　　　　　成分得分系数矩阵

	成分	
	1	2
CKE	− .068	.266
GXZB	.290	− .191
GYPZB	.207	− .075
SCFBD	.160	− .018
JGZZL	.017	.152
GXTC	.424	− .368
JDTC	.166	− .024
GXRCA	.062	.108
WHHL	.096	− .294
JGZB	− .399	.628

提取方法：主成分。

旋转法：具有 Kaiser 标准化的正交旋转法。

根据表 6.9 的因子得分系数，可以写出以下因子得分函数：

$F_1 = -0.068$ CKE $+ 0.290$ GXZB $+ 0.207$ GYPZB $+ 0.160$ SCFBD $+ 0.017$ JGZZL $+ 0.424$ GXTC $+ 0.166$ JDTC $+ 0.062$ GXRCA $+ 0.096$ WHHL $- 0.399$ JGZB

$F_2 = 0.266$ CKE $- 0.191$ GXZB $- 0.075$ GYPZB $- 0.018$ SCFBD $+ 0.152$ JGZZL $- 0.368$ GXTC $- 0.024$ JDTC $+ 0.108$ GXRCA $- 0.294$ WHHL $+ 0.628$ JGZB

因子分析法遵照因子得分函数模型，通过各因子得分系数和原始变量的标准化值计算各个时期的公共因子得分数（结果见表 6.10）。

在上述公式求出的各因子得分的基础上，计算对外贸易国际竞争力的综合评价得分，其计算方法是对所提取的共同因子得分按照相对应的解释方差权重进行加权平均求和。

具体计算公式为：$F = (F_1 \times 55.132\% + F_2 \times 38.759\%) / 93.891\%$

　　根据国际竞争力的综合得分高低，可以得出各年的国际竞争力综合评价值的排名（结果见表6.10）。为了直观，根据表6.10中的数据绘制出图6.2。同时，为了解国际竞争力变动幅度的高低，计算出各期国际竞争力综合评价值的变动情况，即相邻年度的国际竞争力综合评价值差额（结果见图6.3）。

表 6.10　　　　　　　　　　各个时期公共因子得分数

	F₁	F₂	F	排名
2000	24.9539	− 37.4909	− 0.8238	14
2001	2.2620	− 16.1975	− 5.3583	15
2002	17.9202	− 18.7448	2.7846	13
2003	22.7056	− 16.4823	6.5285	12
2004	51.1452	− 31.7198	16.9378	11
2005	71.0214	− 40.3735	25.0366	10
2006	88.7543	− 35.9715	37.2664	9
2007	97.5943	− 31.7275	44.2092	8
2008	82.6767	− 3.5177	47.0949	7
2009	103.5005	− 28.3677	49.0642	6
2010	101.9400	− 11.9906	54.9085	5
2011	82.3210	24.8070	58.5787	4
2012	71.5170	43.8695	60.1039	3
2013	68.7960	54.0729	62.7182	1
2014	66.9068	53.6786	61.4461	2

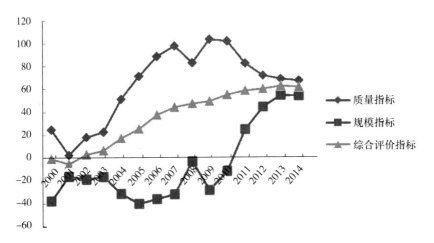

图 6.2　山东省外贸国际竞争力综合评价趋势变化图

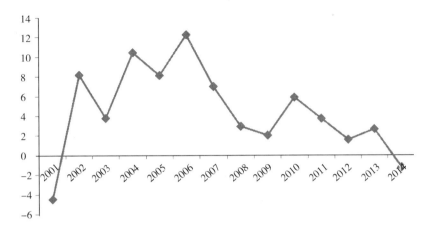

图 6.3　山东省外贸国际竞争力综合评价指标变动幅度

从图 6.2 山东省外贸国际竞争力综合评价趋势变化图以及图 6.3 山东省外贸国际竞争力综合评价指标变动幅度中可以看出，2000—2014 年，山东省对外贸易国际竞争力具有以下几个特征：

1. 山东省对外贸易国际竞争力除 2000 年和 2014 年有较小的下降外，2000—2014 年，总体上一直处于不断提高的状态。

2. 从对外贸易国际竞争力综合评价得分的大小来看，2001—2014 年山东省对外贸易增长方式的发展经历了两个阶段，即 2000—2007 年表现为稳步增长、略有波动阶段，2008—2014 年表现为小幅度的稳定增长阶段，反映出自 2000 年以来山东省对外贸易国际竞争力越来越强的总体变化趋势。

3. 从图 6.3 对外贸易国际竞争力综合评价指标变动情况可以看出，2001—2014 年，山东省对外贸易国际竞争力的发展经历了两个阶段，即 2001—2007 年表现为稳步增长、略有波动阶段，2008 年以后增长幅度进入波动下行空间，2014 年甚至出现了负增长，说明自 2008 年以来，尽管山东省对外贸易的国际竞争力总体上在提高，但提高的幅度不断减小。

4. 从各分项指标值的变化来看，规模指标评价值在 2008 年以前呈波动发展，2009 年之后出现快速上升；但质量指标则呈现倒 U 形趋势。在 2008 年以前，质量指标综合评价值不断上升，但在 2008 年以后，则逐步下降。总起来讲，山东省对外贸易国际竞争力处于上升的状态中，在 2008 年以前，质量综合评价指标对国际竞争力的正向影响较大。自 2009

年以来，规模指标对国际竞争力的提升贡献扩大。近年来，质量评价值的下降说明山东省对外贸易增长方式转变尚需做出更大努力。

第三节 山东省区域经济国际竞争力综合评价

一 以往相关指标体系的简单回顾

区域国际竞争力是一区域在经济全球化的发展过程中，依据该区域的区位特点和经济国际化程度，使该地区的综合实力在世界范围内可持续发展和不断提高的动态合力。目前，国内外没有统一的关于区域竞争力的评价指标体系，对区域竞争力的评价一般沿用国家竞争力评价指标体系进行。中国国内对区域竞争力评价指标体系的研究起步较晚，但发展很快，在建立的多个评价指标体系中，虽然还没有一个统一的标准，但大体包含的影响因素相似。随着人们对竞争力概念认识的深入，对区域经济国际竞争力概念的认识也从单纯的竞争能力转变为从区域经济发展的管理体制、区域经济持续发展的竞争能力和对一个国家或地区经济的促进作用等多个角度来获得。

洛桑国际管理学院（IMD）早期的评价模型由八大要素组成，分别是：经济实力、企业管理、科技水平、国民素质、政府管理、国际化程度、基础设施和金融体系。并且还从四个角度对一个国家竞争力的特征进行分析：扩展型还是吸引型，全球型还是区域型，存量型还是增量型，和睦型还是风险型，相应的评价指标体系就由 8 个要素、47 个子要素、290 个指标所构成。从2002 年开始，IMD 改变了评价体系，将八大要素简化、归并为四大要素，分别是：经济表现、政府效率、商务效率和基础设施，每个要素又各自包括五个子要素，相应的评价指标体系也进行了调整，如 2005 年 IMD 采用的指标共314 项，其中硬指标 128 个，在总排序中占 2/3 的权重；软指标 113 个。[①]

世界经济论坛（WEF）创立了一套评价国家（地区）经济增长与竞争力的理论和方法，发表《全球竞争力报告》已有 20 多年的历史。1985—1990 年，WEF 采用的指标共分为 381 项，其中 249 项为硬指标，132 项为软指标。自 1996 年以来，对指标体系进行了调整，主要设计了三个国际竞争

---

① 叶琪：《区域竞争力评价指标体系的国内外研究综述》，《福建师范大学学报》（哲学社会科学版）2008 年第 1 期。

力指数：一是综合反映当前经济发展水平的国际竞争力综合指数；二是经济增长指数；三是反映在全球经济增长中份额的市场增长指数。1998 年，根据波特竞争力理论，又增加了微观经济竞争力指数。2000 年，国家竞争力指数再次调整，分为四个方面指数，即增长竞争力指数、当前竞争力指数、创造力指数、环境管制体制指数。根据这些指数，WEF 也按八大要素分类来定量分析国家或地区竞争力，其中 1/4 来自统计数据，3/4 来自调查数据，然后对不同要素和不同指标赋予不同的权重。

天津财经大学竞争力研究室采用 WEF 和 IMD 的理论和方法作为分析的理论依据，结合中国国情建立的中国省级区域竞争力评价指标体系由 9 大要素模块，31 要素支撑点，共计 119 项指标组成，其中硬指标 93 项，通过专家调查得到的软指标 26 项。

徐宏、李明（2005）在总结前人对区域竞争力评价指标模型的基础上将影响因素分为直接影响因素和间接影响因素。直接因素分为产业竞争力、企业竞争力和涉外竞争力；间接因素分为经济综合实力竞争力、区域管理竞争力、环境竞争力、国民素质竞争力和科技竞争力，共 8 大要素，79 个指标。

李仁安、徐丰（2005）分析了区域核心竞争力概念的内涵，探讨了区域核心竞争力的构成要素，从区域区位优势、区域创新能力、区域文化理念、区域资源聚集能力四个层面构建了 12 个区域核心竞争力测度指标体系。

朱冬辉、杨柯玲等（2013）从区域经济国际竞争力的基本理论入手，构建了区域经济国际竞争力的指标体系，包括 10 个二级指标，即经济国际化竞争力、环境竞争力、国民素质竞争力、经济实力竞争力、科技竞争力、产业竞争力、金融竞争力、政府管理竞争力、国民生活水平竞争力、基础设施竞争力，81 个三级指标。

二　指标体系建立的原则

指标体系是由一系列指标组成的，这些指标相互联系、相互制约，它们共同组成了科学的、系统的整体。任何指标体系的设计都需要满足于特定目的，并以一定的科学理论作为指导，同时要符合客观实际和符合已被证明的科学理论，所有的指标最终形成具有一定层次性和相互联系的指标体系。

（一）目的性原则

设计评价指标首先要明确评价的目的。只有明确了设计目的，才能充分反映所研究事物的性质、客观规律及发展趋势。同时，在建立指标体系的过程中需要认真考虑每一个单项指标在指标体系中的地位和作用。此处建立评价指标体系的目的是要得到一个能够评价山东省地区经济国际综合竞争力的评价指标体系。

（二）系统性原则

指标体系需要尽可能反映影响一个区域经济发展的各个方面，尽可能从不同角度反映被评价系统的主要特征。因此，国际竞争力评价指标体系需要尽可能系统地反映各个相关因素。但是，评价体系的系统性并非指指标越多越好，还要结合经济、资金、人力资源及科技水平、基础设施及发展环境等实际情况，考虑其可行性。

（三）科学性原则

科学性原则要求选取的指标应该以科学的理论为基石，以研究目的为指引，结合所研究对象的特点设计评价指标体系。指标体系的建立要理论与实践相结合，既要在理论上站得住脚，又要能反映评价对象的实际情况。

（四）可比性原则

区域竞争力是相对的，孤立的测度数值或评价是没有实际意义的。可比性原则要求评价指标采用的统计口径与计算方法保持一致，即在一定时期内具有相对稳定性，从而在时间的跨度上、在一个合理的评价周期内对评价对象进行纵向对比，以把握区域发展的规模和趋势。

（五）可操作性原则

可操作性原则要求综合评价指标体系的指标不能过于复杂，在保证评价结果的客观性、全面性的基础上，应尽可能简化指标体系，减少或去掉对评价的最终结果影响小的指标。评价指标所需的数据易于采集，信息来源渠道可靠，容易取得。尽量避免使用易受主观因素影响的指标，以免影响可操作性和准确性。

三 山东省地区经济国际竞争力评价指标体系的确定

本书根据地区经济国际竞争力的内涵与指标体系设计的基本原则，借鉴有关专家的研究成果，基于修正的波特模型，结合山东省区域经济发展的现状，设计了山东省地区经济国际竞争力的综合评价指标体系，包括了反映地区经济国际竞争力基础支持要素的指标与关键要素的指标。

其中,反映地区经济国际竞争力基础支持要素素质的指标包括需求因素、竞争因素、辅助产业和跨国公司。

需求因素包含了居民消费水平、恩格尔系数、人均 GDP;竞争因素包括外资依存度、规模以上企业数。辅助产业指标是从产业结构的角度反映不同产业发展的指标。产业结构直接影响进出口商品和服务业的比较优势,大体决定了对外贸易结构,是对外贸易开展的依托与基础,选择了第三产业产值占比、工业总产值指标。跨国公司包括外商直接投资额、外资企业数。有关指标的计算以及含义见第五章第二节与第三节。

根据修正的波特模型,关键要素包括人力资本与科技资本。人力资本选择教育支出占 GDP 比重指标,从经费角度全面考察山东省人力资本的总体水平。科技资本又包括每万人拥有专利量、R&D 经费占 GDP 的比重,从经费以及实际科技成果的视角评价科技资本的水平。有关指标的计算以及含义见第五章第四节。

表 6.11　　　　山东省地区经济国际竞争力综合评价指标体系

序号	指标名称	指标代号	指标解释
1	居民消费水平	JMXF	反映基础支撑要素素质的需求因素指标
2	恩格尔系数	ENGLE	
3	人均 GDP	RJGDP	
4	全社会固定资产投资	GDZC	
5	银行贷款余额	DKYE	
6	外资依存度	WZYCD	反映基础支撑要素素质的竞争因素指标
7	规模以上企业数	GMQYS	
8	外资企业数	WZQY	
9	外商直接投资额	FDI	
10	第三产业产值占比	DSCZB	从产业结构角度反映不同产业发展的指标
11	工业总产值	GYZCJ	
12	教育支出占 GDP 比重	JYZC	从人力资本与科技资本角度分析关键要素
13	每万人拥有专利量	ZLL	
14	R&D 经费占 GDP 比重	RDZB	

四　山东省地区经济国际竞争力评价分析

（一）原始数据的搜集与预处理

山东省地区经济国际竞争力综合指标体系中的各项指标收集相应数据。数据来源于历年《山东统计年鉴》、山东统计信息网、山东商务信息网。有些数据是经过计算得到的。为了消除价格因素的影响，对绝对指标值——人均 GDP、工业总产值、外商直接投资额、居民消费水平、银行贷款余额和全社会固定资产投资的原始数据，按照 1995 年的不变价格进行了处理，得到的原始数据见附表五与附表六：山东省地区经济国际竞争力综合评价指标原始指标值。

在全部 14 项指标中，逆向指标有两项，即外资依存度、恩格尔系数，其余 12 项全部为正向指标。参考前文的论述，采用模糊隶属度函数对山东省地区经济国际竞争力综合评价指标原始指标值进行无量纲化处理。为了计算的简便性，避免过多的小数带来的计算麻烦，将无量纲化后的指标值乘以 100，得到了无量纲化指标值的区间为［0，100］。经无量纲化处理后的数据见附表七与八：山东省地区经济国际竞争力综合评价无量纲化指标值。

（二）因子分析法的适用性检验

采用相关系数、KMO 和 Bartlett 检验以及共同度指标来确定各项原始数据是否适合做因子分析。利用 SPSS 分析软件分别得到相关系数矩阵、KMO 和 Bartlett 检验值以及变量共同度。

从表 6.12 可以看出，所有 14 个变量指标之间的相关系数均大于 0.3，满足进一步做因子分析的相关系数要求，说明适合做因子分析。

KMO 和 Bartlett 检验的结果如表 6.13 所示。本次分析的 KMO 值为0.735，根据 Kaiser 给出的常用 KMO 度量标准可以判断，适合进行因子分析。巴特利特检验显示，近似卡方值为 513.356，伴随概率为 0.000，表明这 14 项指标数据适宜做因子分析。

由表 6.14 可以看出，14 项指标的变量共同度除了恩格尔系数是 0.75以外，其余变量的共同度都在 0.9 以上，说明该 14 项指标数据适合做因子分析。

表 6.12　　　山东省地区经济国际竞争力综合评价指标相关系数矩阵

	RJGDP	ENGLE	JMXF	WZYCD	GMQYS	DSCY	GYZCZ	FDI	WZQY	ZLL	JYZC	RDZB	DKYE	GDZC
RJGDP	1	0.751	0.998	0.828	0.876	0.745	0.996	0.756	0.587	0.962	0.909	0.993	0.99	0.993
ENGLE	0.751	1	0.757	0.518	0.68	0.608	0.768	0.71	0.466	0.651	0.585	0.724	0.718	0.727
JMXF	0.998	0.757	1	0.831	0.852	0.781	0.999	0.744	0.544	0.969	0.925	0.993	0.991	0.993
WZYCD	0.828	0.518	0.831	1	0.763	0.659	0.815	0.294	0.443	0.823	0.791	0.806	0.807	0.803
GMQYS	0.876	0.68	0.852	0.763	1	0.374	0.843	0.689	0.885	0.737	0.636	0.835	0.822	0.837
DSCY	0.745	0.608	0.781	0.659	0.374	1	0.787	0.414	-0.077	0.854	0.905	0.788	0.793	0.773
GYZCZ	0.996	0.768	0.999	0.815	0.843	0.787	1	0.761	0.533	0.969	0.924	0.993	0.991	0.994
FDI	0.756	0.71	0.744	0.294	0.689	0.414	0.761	1	0.622	0.657	0.584	0.741	0.735	0.758
WZQY	0.587	0.466	0.544	0.443	0.885	-0.077	0.533	0.622	1	0.382	0.255	0.524	0.507	0.532
ZLL	0.962	0.651	0.969	0.823	0.737	0.854	0.969	0.657	0.382	1	0.972	0.976	0.983	0.974
JYZC	0.909	0.585	0.925	0.791	0.636	0.905	0.924	0.584	0.255	0.972	1	0.935	0.933	0.917
RDZB	0.993	0.724	0.993	0.806	0.835	0.788	0.993	0.741	0.524	0.976	0.935	1	0.995	0.994
DKYE	0.99	0.718	0.991	0.807	0.822	0.793	0.991	0.735	0.507	0.983	0.933	0.995	1	0.996
GDZC	0.993	0.727	0.993	0.803	0.837	0.773	0.994	0.758	0.532	0.974	0.917	0.994	0.996	1

表 6.13　　　　　　　　　　　　KMO 和 Bartlett 检验

取样足够度的 Kaiser-Meyer-Olkin 度量		.735
Bartlett 检验	近似卡方	513.356
	df	91
	Sig.	.000

表 6.14　　　　　　　　　　　　　公因子方差

	初始	提取
RJGDP	1.000	.998
JMXF	1.000	.998
WZYCD	1.000	.955
GMQYS	1.000	.990
DSCY	1.000	.983
GYZCZ	1.000	.998
FDI	1.000	.946
WZQY	1.000	.994
ZLL	1.000	.980
JYZC	1.000	.962
RDZB	1.000	.989
DKYE	1.000	.986
GDZC	1.000	.986
ENGLE	1.000	.750

提取方法：主成分分析。

相关系数分析、KMO 和 Bartlett 检验以及变量共同度检验的结果均显示，上述 14 项指标数据适合做因子分析。

（三）公共因子的确定

选用常用的主成分法进行公因子提取，结果见表 6.15 所示。依据表 6.15 中的"初始特征值"，提取了前两个特征值大于 0.7 的成分作为公共因子。经过旋转，依据表 6.15"旋转平方和载入"中的"方差贡献率"和"累积贡献率"，三个公共因子分别解释了总方差的 54.436%、21.381% 和 20.728%，共同解释了总方差的 96.545%，即前三个公共因子解释了原指标 96.545% 的信息量。碎石图先陡后平，从第四个指标以后几乎成为一条直线，类似于山脚下的碎石，表明第三个指标后面的散点可舍弃而不会丢失很多信息。

上述分析说明，山东省地区经济国际竞争力的全体变量能较好地被三个公共因子所解释，所选择的三个公共因子的信息已能比较充分地反映和代表各个样本年份山东省地区经济国际竞争力的综合水平，可以根据因素载荷进行因素分析，并根据综合得分进行综合评价和排序研究。

表 6.15　　　　　　　　　　　　　　解释的总方差

成份	初始特征值			提取平方和载入			旋转平方和载入		
	合计	方差的%	累积%	合计	方差的%	累积%	合计	方差的%	累积%
1	11.219	80.138	80.138	11.219	80.138	80.138	7.621	54.436	54.436
2	1.552	11.084	91.221	1.552	11.084	91.221	2.993	21.381	75.816
3	.745	5.323	96.545	.745	5.323	96.545	2.902	20.728	96.545
4	.385	2.750	99.294						
5	.039	.280	99.574						
6	.033	.238	99.813						
7	.014	.101	99.914						
8	.006	.043	99.957						
9	.003	.019	99.976						
10	.002	.014	99.990						
11	.001	.006	99.997						
12	.000	.002	99.999						
13	.000	.001	100.000						
14	$6.965E-05$	.000	100.000						

提取方法：主成分分析。

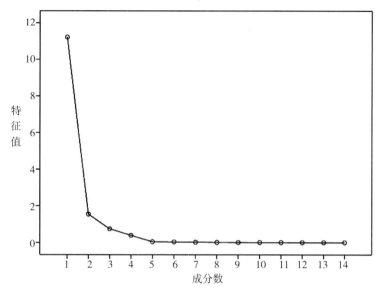

图 6.4　碎石图

（四）旋转因子载荷矩阵，确定公共因子

确定三个公共因子后，利用 SPSS 分析软件可以进一步得到因子载荷矩阵。由于在因子分析中得出的初始载荷矩阵通常结构不够简单，各个因子的典型代表变量比较模糊，因此需要进行旋转。表 6.16 输出的是旋转后的因子载荷矩阵。

根据旋转后的因子载荷矩阵可知，第一个公共因子承载系数较高的指标包括 JYZC（教育支出 GDP 占比）、DSCY（第三产业 GDP 占比）、ZLL（专利授权量）、WZYCD（外资依存度）、DKYE（银行贷款余额）、JMXF（居民消费水平）、GYZCZ（工业总产值）、GDZC（全社会固定资产投资）、RJGDP（人均 GDP），我们将第一个公共因子命名为基础要素因子；第二个公共因子承载系数较高的指标包括外商直接投资（FDI）、ENGLE（恩格尔系数），将第二个公共因子命名为外资与生活质量因子；第三个公共因子承载系数较高的指标包括 WZQY（外资企业数）、GMQYS（规模以上企业数），将第三个公共因子命名为竞争环境因子。

表 6.16　　　　　　　　　　　　旋转后的因子载荷矩阵^a

	成分		
	1	2	3
JYZC	.926	.306	.106
DSCY	.910	.312	−.238
ZLL	.893	.358	.234
WZYCD	−.859	.088	.458
DKYE	.822	.437	.346
RDZB	.814	.443	.361
JMXF	.808	.444	.385
GYZCZ	.801	.471	.366
GDZC	.800	.457	.371
RJGDP	.784	.444	.432
FDI	.274	.864	.353
ENGLE	.440	.704	.246
WZQY	.052	.313	.945
GMQYS	.491	.336	.797

提取方法：主成分。

旋转法：具有 Kaiser 标准化的正交旋转法。

a. 旋转在 6 次迭代后收敛。

　　为了对 2000 年以来山东省地区经济国际竞争力进行综合评价，需要对三个公共因子计算其因子得分。采用回归法，得到了因子得分系数矩阵（见表 6.17）。

　　根据表 6.17 的因子得分系数，可以写出以下因子得分函数：

　　$F_1 = 0.069$ RJGDP $+ 0.081$ JMXF $+ 0.284$ WZYCD $- 0.026$ GMQYS $+ 0.221$ DSCY $+ 0.071$ GYZCZ $- 0.251$ FDI $- 0.182$ WZQY $+ 0.155$ ZLL $+ 0.197$ JYZC $+ 0.086$ RDZB $+ 0.092$ DKYE $+ 0.075$ GDZC $- 0.127$ ENGLE

　　$F_2 = 0.017$ RJGDP $+ 0.025$ JMXF $- 0.570$ WZYCD $- 0.122$ GMQYS $+ 0.081$ DSCY $+ 0.063$ GYZCZ $+ 0.666$ FDI $- 0.041$ WZQY $- 0.039$ ZLL $- 0.057$ JYZC $+ 0.031$ RDZB $+ 0.028$ DKYE $+ 0.047$ GDZC $+ 0.479$ ENGLE

　　$F_3 = 0.067$ RJGDP $+ 0.032$ JMXF $+ 0.274$ WZYCD $+ 0.388$ GMQYS $- 0.363$ DSCY $+ 0.009$ GYZCZ $- 0.096$ FDI $+ 0.540$ WZQY $- 0.049$ ZLL $- 0.123$ JYZC $+ 0.015$ RDZB $+ 0.006$ DKYE $+ 0.018$ GDZC $- 0.127$ ENGLE

表 6.17　　　　　　　　　　　成分得分系数矩阵

	成分		
	1	2	3
RJGDP	.069	.017	.067
JMXF	.081	.025	.032
WZYCD	.284	-.570	.274
GMQYS	-.026	-.122	.388
DSCY	.221	.081	-.363
GYZCZ	.071	.063	.009
FDI	-.251	.666	-.096
WZQY	-.182	-.041	.540
ZLL	.155	-.039	-.049
JYZC	.197	-.057	-.123
RDZB	.086	.031	.015
DKYE	.092	.028	.006
GDZC	.075	.047	.018
ENGLE	-.127	.479	-.127

提取方法：主成分。

旋转法：具有 Kaiser 标准化的正交旋转法。

　　因子分析法遵照因子得分函数模型，通过各因子得分系数和原始变量的标准化值，可以计算各个时期的公共因子得分数（结果见表 6.18）。

　　在上述公式求出的各因子得分的基础上，计算山东省地区经济国际竞争力的综合评价得分，其计算方法是对所提取的共同因子得分按照相对应的解释方差权重进行加权平均求和。

　　具体计算公式为：$F = (F_1 \times 54.436\% + F_2 \times 21.380\% + F_3 \times 20.728) / 96.545\%$

　　根据地区经济国际竞争力的综合得分高低，可以得出各年的地区经济国际竞争力综合评价值排名（结果见表 6.18）。

　　从表 6.18 与图 6.5 可以看出，2000—2014 年，山东省地区经济国际竞争力呈现出以下几个特征：

　　1. 从竞争力综合评价指标值来看，山东省地区经济国际竞争力整体呈现稳步升高的态势。2000 年，综合评价值为 3.6811，2014 年，达到了 40.9228，上升幅度高达 10 倍。进一步分析可以看出，山东省地区经济国际竞争力在 2000—2002 年期间提高速度最快，接近 100%；2003—2006

表6.18   山东省地区经济国际竞争力各因子得分与综合得分排名

	F_1 基础要素因子	F_2 外资与生活质量因子	F_3 竞争环境因子	F 综合得分	综合得分排名
2000	1.4818	-3.2807	16.6378	3.6811	15
2001	2.7415	-1.6662	22.8882	6.0909	14
2002	0.6868	-1.9344	47.4703	10.1506	13
2003	-1.5952	3.8088	54.7122	11.6906	12
2004	0.5497	12.5266	48.2957	13.4530	11
2005	2.3412	32.6468	31.1812	15.2442	10
2006	5.8134	47.0541	23.2500	18.6897	9
2007	11.2955	60.6657	12.4611	22.4787	8
2008	21.2128	81.6197	-35.1271	22.4937	7
2009	25.5806	99.4045	-47.0488	26.3354	6
2010	26.2361	115.7220	-46.2439	30.4913	4
2011	13.8458	131.0679	-33.5376	29.6315	5
2012	16.9637	151.0637	-38.4653	34.7597	3
2013	11.8463	171.4868	-39.7322	36.1249	2
2014	13.0471	188.8306	-38.4279	40.9228	1

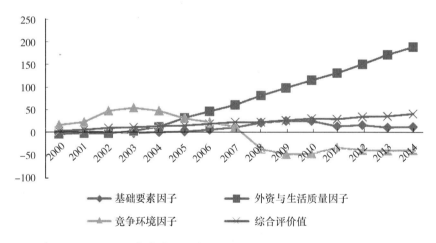

图6.5   山东省地区经济国际竞争力因子得分趋势变化

年，呈现稳步增长状态；2007—2008年，增长速度放缓；自2009年以来，又进入稳步快速上升的通道。期间，只有2011年出现了略微的环比倒退。

2. 从基础要素因子得分情况来看，山东省基础要素竞争力呈现先升后降的倒U形总体态势。2000—2005年，基础要素因子得分基本上处于

-1.5—3 之间，其中 2003 年最低，为 -1.5952；2001 年最高，为 2.7415。说明这期间的基础要素所表现出的竞争力非常低。自 2006 年起，基础要素因子得分不断提高，至 2010 年，达到了最高值 26.2361。但此后又进入了下行通道，2014 年，基础要素因子得分仅为 13.0471，仅为 2010 年的一半。综合上述分析，基础要素因子得分呈倒 U 形发展趋势说明，山东省的基础要素竞争力需要进一步提高。

3. 从外资与生活质量因子得分来看，山东省外资与生活质量因子所表现的国际竞争力整体上呈现出稳步快速升高的态势。2000—2002 年，外资与生活质量因子得分为负值，反映了这期间外资为地区经济所做的贡献相对较低，人们的生活水平相对较低，质量较差；自 2003 年起，外资与生活质量因子得分呈现出稳步快速上升的态势，上升的速度与幅度都远远超过了基础要素因子得分与企业数量因子得分，拉动了山东省地区经济国际竞争力整体评价指标值的上升。上述分析反映出这一阶段，外资对于山东省地区经济国际竞争力的贡献不断扩大，人们的生活水平快速上升，生活质量不断提高。

4. 从竞争环境因子得分来看，山东省竞争环境因子所表现的国际竞争力总体上呈现出先升后降的发展趋势。2000 年，企业数量因子为 16.6378，2003 年达到最高值 54.7122，但此后一段时间出现了不断下降的态势，2010 年以后，则处于低位徘徊状态。上述分析反映了内资与外资企业的数量变化趋势，进而反映了市场的竞争状况。从目前的竞争环境因子得分变化来看，明显表现出企业总体数量在减少，尤其是外资企业的数量，由于近几年来受国内要素成本变化、东南亚国家加快招商步伐以及发达国家再工业化的影响，下降较快，国内私有企业的发展速度偏慢，市场竞争活力不足，这不利于培育企业与产业的国际竞争力。

第四节　山东省对外贸易与区域经济国际竞争力相关性分析

通过上两节的分析，我们不仅得到了山东省对外贸易与区域经济国际竞争力综合评价指标值，而且也能看出各个评价指标值的变动趋势。但二者之间是否存在相关关系，以及这种相关性的变动趋势如何，是本节研究的主要内容。

根据前述的经济学理论以及相关分析可知，对外贸易国际竞争力与地区经济国际竞争力的形成不是短期的，尤其是技术的进步、人力资源的提高、基础设施的完善等，都是一项长期积累的过程。因此，对外贸易与区域经济国际竞争力不仅受当期的变量值影响，而且滞后期的指标值水平也会对当期指标值造成影响。基于此，确定研究对外贸易国际竞争力与区域经济国际竞争力的相关性基本思路为：首先对数据进行处理，消除异方差；其次进行平稳性检验，构建 VAR 模型；再次基于构建的 VAR 模型，进行格兰杰因果关系检验、脉冲响应分析与方差分解分析，以判断二者之间的影响关系以及影响程度；最后得出结论。

一　相关理论回顾

（一）向量自回归模型

1. VAR 模型

向量自回归模型简称 VAR 模型①，是一种常用的计量经济模型，1980 年，由克里斯托弗·西姆斯（Christopher Sims）提出。VAR 模型是用模型中所有当期变量对所有变量的若干滞后变量进行回归。VAR 模型用来估计联合内生变量的动态关系，而不带有任何事先的约束条件。它是 AR 模型的推广，此模型目前已得到广泛应用。

向量自回归（VAR）模型是基于数据的统计性质建立的模型，VAR 模型把系统中每一个内生变量作为系统中所有内生变量的滞后值的函数来构造模型，从而将单变量自回归模型推广到由多元时间序列变量组成的"向量"自回归模型。VAR 模型是处理多个相关经济指标的分析与预测最容易操作的模型之一，并且在一定的条件下，多元 MA 和 ARMA 模型也可转化成 VAR 模型。

2. VAR 模型的特点

（1）不以严格的经济理论为依据。在建模过程中只须明确两件事：一是哪些共有变量是相互有关系的，把有关系的变量包括在 VAR 模型中；二是确定滞后期 K，使模型能反映变量间相互影响的绝大部分。

（2）VAR 模型对参数不施加零约束。无论参数估计值有无显著性，都保留在模型中。

---

① 向量自回归模型，http://baike.haosou.com/doc/6591615—6805394.html。

（3）VAR 模型的解释变量不包括任何当期变量，所有与联立方程模型有关的问题在 VAR 模型中都不存在。

（4）VAR 模型的另一个特点是有相当多的参数需要估计。比如，一个 VAR 模型含有三个变量，最大滞后期 $k = 2$，则有 $k \times N \times = 3 \times 3 \times 2 = 18$，计有 18 个参数需要估计。当样本容量较小时，多数参数的估计量误差较大。

（5）无约束 VAR 模型的应用之一是预测。由于在 VAR 模型中每个方程的右侧都不含有当期变量，这种模型用于预测的优点是不必对解释变量在预测期内的取值做任何预测。

西姆斯（Sims）认为，VAR 模型中的全部变量都是内生变量。近年来，也有学者认为，具有单向因果关系的变量，也可以作为外生变量加入 VAR 模型。

（二）格兰杰因果关系分析①

计量经济模型的建立过程，本质上是用回归分析工具处理一个经济变量对其他经济变量的依存性问题的过程，但这并不暗示着这个经济变量与其他经济变量间必然存在着因果关系。

由于没有因果关系的变量之间常常有很好的回归拟合，把回归模型的解释变量与被解释变量倒过来也能够拟合得很好，因此回归分析本身不能检验因果关系的存在性，也无法识别因果关系的方向。经济学家开拓了一种试图分析变量之间的格兰杰因果关系的办法，即格兰杰因果关系检验。该检验方法为 2003 年诺贝尔经济学奖得主克莱夫·格兰杰（Clive W. J. Granger）所开创，用于分析经济变量之间的格兰杰因果关系。他为格兰杰因果关系所下的定义为"依赖于使用过去某些时点上所有信息的最佳最小二乘预测的方差。"格兰杰检验的特点决定了它只能适用于时间序列数据模型的检验，无法检验只有横截面数据时变量间的关系。

在时间序列情形下，两个经济变量 X、Y 之间的格兰杰因果关系定义为：若在包含了变量 X、Y 的过去信息的条件下，对变量 Y 的预测效果要优于只单独由 Y 的过去信息对 Y 进行的预测效果，即变量 X 有助于解释变量 Y 的将来变化，则认为变量 X 是引致变量 Y 的格兰杰原因。

进行格兰杰因果关系检验的一个前提条件是时间序列必须具有平稳性，否则可能会出现虚假回归问题。因此在进行格兰杰因果关系检验之前应对各

---

① 因果关系检验，http://wiki.mbalib.com/wiki/Granger。

指标时间序列的平稳性进行单位根检验（unit root test）。常用增广的迪基—富勒检验（ADF 检验）来分别对各指标序列的平稳性进行单位根检验。

　　格兰杰因果关系检验对于滞后期长度的选择有时很敏感。其原因可能是受到被检验变量的平稳性的影响，或是受到样本容量长度的影响。不同的滞后期可能会得到完全不同的检验结果。因此，一般而言，常进行不同滞后期长度的检验，以检验模型中随机干扰项不存在序列相关的滞后期长度来选取滞后期。

二　数据处理

　　在进行计量分析时，将山东省对外贸易国际竞争力记作 WMJZL，将山东省区域经济国际竞争力记作 JJJZL。为了消除异方差性所带来的虚假回归问题，我们对变量序列做对数处理，处理后的变量序列分别记为 LN-WMJZL，LNJJJZL。在进行对数处理时，由于贸易竞争力的头两期的数值是负数，无法直接取对数，因此，对该两期的数据采用 –LN(–X) 的方式进行了处理（结果如表6.19所示），分析软件采用 Eviews 6.0。

表6.19　　　　　　　　　对外贸易与地区经济国际竞争力指标值

时间	WMJZL	JJJZL	LNWMJZL	LNJJJZL
2000	– 0. 8238	3. 6811	0. 193827	1. 303212
2001	– 5. 3583	6. 0909	– 1. 678647	1. 806796
2002	2. 7846	10. 1506	1. 024104	2. 317533
2003	6. 5285	11. 6906	1. 876177	2. 458785
2004	16. 9378	13. 453	2. 829548	2. 599202
2005	25. 0366	15. 2442	3. 220339	2. 724199
2006	37. 2664	18. 6897	3. 618092	2. 927973
2007	44. 2092	22. 4787	3. 788933	3. 112568
2008	47. 0949	22. 4937	3. 852165	3. 113235
2009	49. 0642	26. 3354	3. 893130	3. 270914
2010	54. 9085	30. 4913	4. 005668	3. 417441
2011	58. 5787	29. 6315	4. 070371	3. 388838
2012	60. 1039	34. 7597	4. 096075	3. 548459
2013	62. 7182	36. 1249	4. 138652	3. 586982
2014	61. 4461	40. 9228	4. 118160	3. 711687

　　为正确判断变量之间的关系，以便建立合理的模型，首先通过绘图来判断取对数后的时间序列 LNWMJZL，LNJJJZL 之间的可能关系。LNJJJZL与 LNWMJZL 二者的变化关系如图 6.6 和图 6.7 所示。从图 6.6 中可以看出，LNJJJZL 随着 LNWMJZL 的增大而上升，可以大体判断二者基本上呈现直线相关关系。

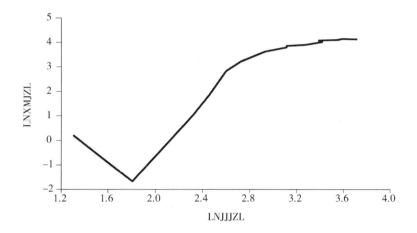

图 6.6　LNJJJZL 与 LNWMJZL 变化趋势图

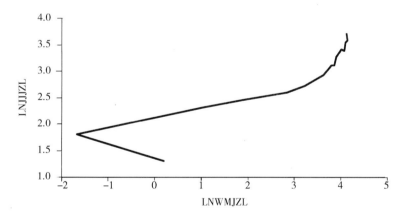

图 6.7　LNWMJZL 与 LNJJJZL 变化趋势图

三　平稳性检验

　　进行格兰杰因果关系检验的前提条件是各时间序列必须都是平稳的，因此，首先对各个变量序列进行平稳性检验，变量序列的平稳性检验常用

ADF 法。利用 Eviews 6.0 软件，采用 ADF 法对取过对数的变量序列 LN-WMJZL，LNJJJZL 进行平稳性检验（检验的结果见表 6.20 所示）。

表 6.20　　　　　　　　　　变量的单位根检验结果

变量	检验类型 （C，T，K）	ADF 检验值	5% 临界值	10% 临界值	P 值	结论
LNWMJZL	C，T，3	− 18.98631	− 3.828975	− 3.362984	0.0001	平稳
LNJJJZL	C，T，3	− 4.742515	− 3.791172	− 3.342253	0.0110	平稳

注：检验形式（C，T，K）中的 C，T 和 K 分别表示单位根检验方程包括常数项、时间趋势和滞后阶数，其中滞后期的确定是按 AIC 或 SC 最小原则由系统自动完成的。

检验结果表明，在 5% 的显著性水平下，序列 LNWMJZL、LNJJJZL 的 ADF 统计量均小于临界值，P 值都远小于 5%，因此序列 LNWMJZL，LN-JJJZL 是 0 阶单整的平稳序列。

四　VAR 模型估计

由于 LNWMJZL，LNJJJZL 均为平稳的时间序列，因此可以直接进行 VAR 模型估计。在 VAR 中，通常一个方程的被解释变量（及其滞后项）在另一个方程中是解释变量，这就涉及滞后阶数多少的问题。因为滞后的阶数越多，则需要估计的参数也就越多，这就影响到自由度的高低。增加滞后的阶数，会在一定程度上提高模型的解释能力，但滞后阶数并不是越高越好，而是存在着一个最优的阶数。通常采用的确定最优阶数的方法是赤池信息准则或施瓦茨信息准则，即 AIC 或 SIC 准则。在 Eviews 6.0 中，判定的最优滞后期为 4，因此共有 8 个特征根。VAR 滞后期选择标准见表 6.21 所示。

表 6.21　　　　　　　　　　VAR 滞后期选择标准

Lag	LogL	LR	FPE	AIC	SC	HQ
0	2.377698	NA	0.003204	− 0.06867	0.003672	− 0.11428
1	33.82822	45.74621	2.24E − 05	− 5.05968	− 4.84264	− 5.19649
2	40.14339	6.889284	1.65E − 05	− 5.48062	− 5.11889	− 5.70863
3	43.71671	2.598775	2.45E − 05	− 5.40304	− 4.89663	− 5.72226
4	70.1435	9.609742 *	9.92e − 07 *	− 9.480636 *	− 8.829535 *	− 9.891064 *

* 代表不同检验方法下，最优滞后期所对应的检测值。

表 6.22 VAR 模型估计结果

	LNWMJZL	LNJJJZL
LNWMJZL（-1）	0.779028 -0.3088 [2.52280]	0.667982 -0.94447 [0.70726]
LNWMJZL（-2）	-0.19939 -0.21544 [-0.92550]	-0.56271 -0.65894 [-0.85396]
LNWMJZL（-3）	-0.09218 -0.09215 [-1.00035]	-0.06899 -0.28184 [-0.24476]
LNWMJZL（-4）	0.087941 -0.0396 [2.22046]	0.13335 -0.12113 [1.10085]
LNJJJZL（-1）	-0.35097 -0.21436 [-1.63726]	-0.54846 -0.65564 [-0.83654]
LNJJJZL（-2）	-0.3754 -0.13692 [-2.74170]	0.114343 -0.41879 [0.27303]
LNJJJZL（-3）	0.31698 -0.1685 [1.88119]	0.61971 -0.51537 [1.20247]
LNJJJZL（-4）	0.33442 -0.12258 [2.72812]	0.311746 -0.37493 [0.83148]
C	2.12648 -0.57122 [3.72272]	1.33E+00 -1.7471 [0.76349]
R - squared	0.999276	0.990898
Adj. R - squared	0.99638	0.95449

表 6.22 所显示的 VAR 模型中参数部分的估计结果分别表示参数估计值、估计值的标准差和 T 值。VAR 模型的参数估计部分显著，值得注意的是 VAR 模型一般不会因为变量的滞后期不显著而去掉，因为这些变量代表了变量之间的动态影响关系。从 VAR 模型中各方程的 R 方值来看，LNWMJZL 和 LN-JJJZL 方程的拟合度都在 95% 以上，说明方程拟合非常好。

接下来，需要对估计出的模型进行稳定性检验，因为如果模型不稳定，某些结果将不是有效的（如脉冲响应函数的标准误差）。在此利用 AR 根进行检验，当 VAR 所有特征根倒数的模都小于 1 时，即位于单位圆内，则 VAR 模型是稳定的，否则 VAR 模型不平稳。

VAR 模型的稳定性检验结果见表 6.23 与图 6.8，从图 6.8 可以直观地看出，所有的单位根都落于单位根圆内，据此判断所设定的模型是稳定的，表明选取的两个变量之间存在着长期稳定关系，可以进一步进行分析。我们利用格兰杰因果检验、脉冲响应函数、方差分解对变量之间的相互作用关系进行进一步分析。

表 6.23　　　　　　　　　　VAR 模型的稳定性检验结果

Root	Modulus
0.882073	0.882073
−0.038785 − 0.847527i	0.848414
−0.038785 + 0.847527i	0.848414
−0.496634 − 0.276126i	0.568235
−0.496634 + 0.276126i	0.568235
0.480619	0.480619
−0.449331	0.449331
0.388041	0.388041

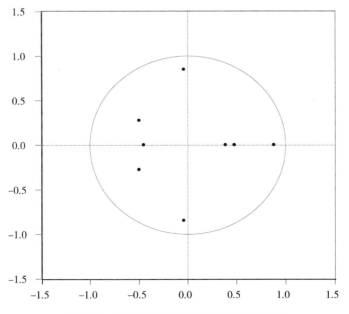

图 6.8　AR 特征根倒数模的单位圆示意图

五　格兰杰因果关系检验

对时间变量序列 LNWMJZL 与 LNJJJZL 进行格兰杰因果关系检验（检验结果如表 6.24 所示）。

表 6.24　　　　　　　LNWMJZL 与 LNJJJZL 格兰杰因果关系检验结果

假设	观测变量数	滞后期	F 统计量	P 值
LNWMJZL 不是 LNJJJZL 的格兰杰原因	14	1	1.05152	0.3272
LNJJJZL 不是 LNWMJZL 的格兰杰原因	14	1	13.5663	0.0036
LNWMJZL 不是 LNJJJZL 的格兰杰原因	13	2	4.84510	0.0418
LNJJJZL 不是 LNWMJZL 的格兰杰原因	13	2	0.48395	0.6333

从表 6.24 可以看出，在滞后 1 期的检验中，LNWMJZL 不是 LNJJJZL 的格兰杰原因得到肯定，LNJJJZL 不是 LNWMJZL 的格兰杰原因 P 值为 0.0036，被否定。因此，在滞后 1 期的情况下，LNJJJZL 是 LNWMJZL 的格兰杰原因。同理，在滞后 2 期的情况下，LNWMJZL 是 LNJJJZL 的格兰杰原因，但反过来则不成立。综合上述分析，可得出结论：在滞后 1 期的情况下，LNJJJZL 是 LNWMJZL 的格兰杰原因，在滞后 2 期的情况下，LN-WMJZL 是 LNJJJZL 的格兰杰原因，因此可以说，经济竞争力与外贸竞争力互为格兰杰因果关系。

六　LNWMJZL、LNJJJZL 时间序列的 VAR 模型脉冲响应分析

判断了序列 LNJJJZL 是 LNWMJZL 的格兰杰原因后，就可以进行脉冲响应分析了。脉冲响应函数是用来分析 VAR 模型变量之间的动态影响关系的，它表述了一个标准差大小的冲击对系统的动态影响，即对 VAR 模型中内生变量当期值和未来值的影响。LNWMJZL、LNJJJZL 时间序列的 VAR 模型脉冲响应分析结果如图 6.9 所示。

"Response of LNWMJZL to LNWMJZL" 图形显示的是 LNWMJZL 对自身的脉冲响应函数图；"Response of LNWMJZL to LNJJJZL" 图形显示的是 LNWMJZL 对 LNJJJZL 的脉冲响应函数图；"Response of LNJJJZL to LNJJJ-ZL" 图形显示的是 LNJJJZL 对自身的脉冲响应函数图；"Response of LN-

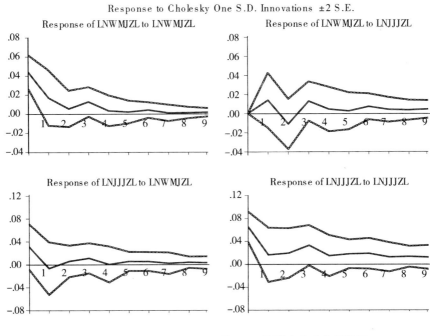

图 6.9　LNWMJZL、LNJJJZL 的 VAR 模型脉冲响应函数图

JJJZL to LNWMJZL" 图形显示的是 LNJJJZL 对 LNWMJZL 的脉冲响应函数图。

　　在图 6.9 中，对于来自 LNWMJZL 一个正的标准差的冲击，LNWMJZL 开始出现强烈正向反应，到第五期以后，逐渐收敛，说明目前的贸易竞争力可以对今后五年的贸易竞争力产生积极的正向影响，因此努力推动当前对外贸易竞争力，有助于建立长期外贸竞争优势。

　　对于来自 LNJJJZL 一个正的标准差的冲击，LNWMJZL 在第一期没有反应，到第二期开始出现正向反应，第三期则出现负向反应，之后持续出现正向反应。这种图形变化趋势说明经济竞争力总体上可以长时间地正向影响外贸竞争力，因此从提升经济竞争力入手，可以促进外贸竞争力的提高。

　　对于来自 LNWMJZL 的一个正的标准差的冲击，LNJJJZL 在短期内有一定的波动，在第二期达到最大的负效应，之后变正并一直维持正向反应到第五期，之后逐步收敛。说明外贸竞争力可以正向影响今后五年的经济竞争力，但这种影响力度很小。

对于来自自身的一个正的标准差的冲击，LNJJJZL 开始出现强烈的正向反应，第二期后有所下降，但这种较强的正向影响会一直持续下去。反映了当前的经济竞争力会在相当长的时间内对今后的经济竞争力水平产生积极的正向影响。

七　方差分解

脉冲响应函数描述了 VAR 模型中一个内生变量的冲击给其他内生变量所带来的影响，而要分析每一个结构冲击对内生变量变化的贡献程度，并评价不同结构冲击的重要性，则需通过建立预测方差分解模型来分析。方差分解实质上是一个信息计算过程，它将系统的预测均方差分解为系统中各变量冲击所做的贡献。方差分解可以描述冲击在 LNWMJZL 和 LNJJJ-ZL 之间的动态变化中的相对重要性。对于上面所得出 VAR 模型进行了方差分解（分解结果见表 6.25 所示）。

表 6.25 方差分解表

时期	LNWMJZL 的方差分解			LNJJJZL 的方差分解		
	S. E.	LNWMJZL	LNJJJZL	S. E.	LNWMJZL	LNJJJZL
1	0.043731	100	0	0.072278	18.34353	81.65647
2	0.048896	91.94242	8.057582	0.074411	18.07795	81.92205
3	0.050397	87.71562	12.28438	0.07714	17.4052	82.5948
4	0.053561	83.28533	16.71467	0.084661	16.20107	83.79893
5	0.053851	82.75889	17.24111	0.085942	15.72341	84.27659
6	0.053953	82.57738	17.42262	0.087986	15.40186	84.59814
7	0.054591	81.19136	18.80864	0.090133	15.01918	84.98082
8	0.054756	80.73587	19.26413	0.091032	14.7844	85.2156
9	0.054895	80.38015	19.61985	0.0921	14.62238	85.37762
10	0.055114	79.83021	20.16979	0.092957	14.4665	85.5335

表 6.25 列出了 LNWMJZL 和 LNJJJZL 的方差分解结果。其中，第一列是预测期，LNWMJZL 列和 LNJJJZL 列分别表示以 LNWMJZL 列和 LNJJJZL 列为因变量的方程信息对各期预测误差的贡献度，各行的贡献度相加的结

果是 100%。

表 6.25 显示，LNWMJZL 的波动在第一期只受自身波动的影响，经济竞争力水平对 LNWMJZL 波动的冲击（即对预测误差的贡献度）在第二期才显现出来，且这种冲击相对于 LNWMJZL 自身的影响非常微弱，此后影响逐步增强。这说明经济竞争力对于对外贸易竞争力的影响具有滞后性；对外贸易竞争力的发展水平对于自身今后的竞争力具有重要影响，究其原因是对外贸易业务自身的特点，即对外贸易从签订合同到执行合同具有一定的期限，同时，前期稳定的客户关系的建立对于后期业务的开展具有重要的影响。

LNJJJZL 的波动从第一期就受到自身波动和 LNWMJZL 波动冲击的影响，但 LNWMJZL 带来的冲击相对于 LNJJJZL 带来的对于自身的冲击 81.66% 较小，仅为 18.34%。此后，随着时间的延续，LNWMJZL 对以后各期 LNJJJZL 的影响逐步减弱，而 LNJJJZL 对自身以后各期的影响逐步增强。LNWMJZL 对 LNJJJZL 的冲击影响较弱的主要原因，可能在于对外贸易结构的不合理性，即出口的初级产品、加工贸易产品与工业制成品中低附加值产品占比过高。这种出口结构不会对推动山东省技术改进、创新发展做出太大的贡献。同时，进口产品中的高技术、能源型产品占比过低，而消费品过高，上述这种进出口结构是不利于山东省经济发展的。LNJJJ-ZL 对自身带来的强冲击力，主要原因在于一国或地区经济持续增长的动力来自于长期以来的技术创新、产业结构的调整、人力资本的提升以及制度变迁的品质，因此，前期经济的国际竞争力会对后期经济的国际竞争力带来重要影响。

七 结论

基于上述分析，可得出结论如下：

1. 在滞后一期的情况下，LNJJJZL 是 LNWMJZL 的格兰杰原因，在滞后 2 期的情况下，LNWMJZL 是 LNJJJZL 的格兰杰原因，因此可以说，经济竞争力与外贸竞争力互为格兰杰因果关系。因此采取合理措施，推动 LNWMJZL 与 LNJJJZL 的发展，会得到二者相互促进的良性循环结果。

2. 通过脉冲响应函数图分析可得出：前期对外贸易国际竞争力可以对其后五年的对外贸易国际竞争力产生积极的正向影响，因此努力推动当前对外贸易的国际竞争力，有助于推动山东省长期对外贸易国际竞争优势的建立。

经济的国际竞争力总体上可以长时间地正向影响对外贸易的国际竞争力，因此从提升经济的国际竞争力入手，可以有效促进对外贸易国际竞争力的提高。

对外贸易国际竞争力可以正向影响其后五年的区域经济国际竞争力发展水平，当前的区域经济国际竞争力会在相当长的时间内正向影响今后经济的国际竞争力水平，因此，推动对外贸易国际竞争力与区域经济国际竞争力的提高，有助于山东省长期区域经济国际竞争优势的建立。

3. 通过方差分解可知，LNJJJZL 对于自身的冲击作用非常明显，所以持续推动山东省的技术创新，推动产业结构的优化调整，提升人力资本以及完善各项制度，不仅会培育山东省经济持续发展的动力，而且会推动经济发展进入良性轨道，螺旋式向上攀升。

LNWMJZL 对 LNJJJZL 带来了一定的冲击，但这种冲击作用相对较弱，主要原因可能在于对外贸易结构的不合理性，因此，优化进出口商品结构，鼓励高技术高附加值的自有品牌产品出口，扩大资源型、基础性、高技术型产品的进口比例，将是山东省今后促进经济发展的重要路径。

经济的国际竞争力对于对外贸易国际竞争力具有正向影响，而且这种影响具有滞后性；对外贸易国际竞争力的发展水平对于自身今后竞争力水平的提高具有重要影响。要推动对外贸易的国际竞争力，不仅要重视提高对外贸易国际竞争力的影响因素品质，而且还要重视区域经济国际竞争能力的培育，为对外贸易国际竞争力的提升提供坚实的经济基础。

第七章

对外贸易与区域经济总量的关系

第一节　相关理论回顾

　　国内外许多学者就对外贸易对经济增长的促进作用做了大量的实证研究。Balassa（1978）从验证/出口带动经济增长的假设出发，指出出口对经济增长有单项直接的因果带动作用。Dollar（1992）采用最小二乘法对1976—1985 年间 92 个国家的经济增长、对外贸易总额等数据进行回归分析后，证明了出口能促进一国的经济增长。

　　Mazumdar（1996）在索洛模型和资本积累理论的基础上进行研究，指出只有当一国出口消费品而进口资本品时，贸易才能够带来经济的增长，而出口资本品和进口消费品却未必能够带来经济的增长，即贸易能否促进增长取决于贸易的结构和方向。

　　Marshall 和 Jung（1997）对 37 个发展中国家及地区 1950—1981 年的出口和经济增长关系进行了研究，结果表明，20 个国家的出口和经济增长不存在因果关系，16 个国家存在单向的因果关系，只有以色列出口和经济增长之间存在着双向的因果关系。Hawan 和 Biswal（1999）利用印度1961—1993 年 GDP 与出口数据，建立了向量自回归模型及进行 JJ 协整分析，结果显示，出口增长对经济增长的带动作用从长期看并不明显。

　　石传玉等（2003）通过对中国 1952 年以来的 GDP 与进出口数据进行协整分析，并根据格兰杰定理，运用 EG 两步法建立了三者之间的误差修正模型，揭示了短期内出口对经济增长具有促进作用，而长期内则不具有促进作用。

　　范柏乃和王益兵（2004）利用 1952—2001 年中国对外贸易数据，检验了中国进口贸易与经济增长之间的关系，认为进口贸易对经济增长产生了促进作用。张亚斌和易红星等（2002）采用中国有关的贸易、GDP 等经济总量指标进行回归分析，其结果表明，进口贸易与经济增长之间存在着一种显著的正相关关系。徐光耀（2007）通过分析进口贸易与中国国内生产总值增长的关系，肯定了进口贸易对中国国内生产总值增长的推动作用。

刘方、赵忠秀（2008）以东北老工业基地为研究对象，考察了进出口商品结构对区域经济增长的影响。结果表明，区域经济增长与初级产品进口、出口和工业制成品出口贸易额增长更为相关。王森（2010）分析认为，中国的出口、进口和 GDP 之间存在着长期均衡关系，出口和进口对GDP 都具有促进作用，而出口的促进作用大于进口。吕品和毛其淋（2009）基于浙江省 1986—2006 年 GDP 和进出口的相关数据对其外贸和经济运行进行研究，得出出口与经济增长之间存在着正的相关关系，出口增长对经济增长具有明显的促进作用，而进口与经济增长之间存在着负的相关关系。

刘晓鹏（2001）、邹正方和杨涛（2006）检验了进出口贸易与经济增长的关系，认为进口贸易会显著地促进经济增长，而出口贸易由于结构性原因对经济增长的影响不能确定。宋将（2006）基于 1978—2004 年全国对外贸易与经济增长数据，通过协整分析技术并建立误差修正模型，得出出口、进口与国内生产总值之间存在着长期稳定的均衡关系，但短期内，出口不能促进经济增长，进口则能够促进经济增长。

刘再起、徐艳飞（2013）的研究结果表明，对外贸易和市场分割有助于省域经济增长，不同区域均存在着对外贸易替代区际贸易的倾向。沿海地区对外贸易在促进地区经济增长的同时缺乏经济发展反哺对外贸易的循环机制，内陆部分省份的对外贸易是经济增长的自然外溢。

通过对上述文献的梳理，我们发现，由于研究方法、模型设计以及样本的不同，学者们得出的关于外贸进口与出口同经济增长之间关系的结论也不尽相同。部分学者认为，出口、进口都促进了经济增长，也有学者认为，出口对经济增长的促进作用不明显，出口阻碍了经济增长，也有学者认为，进口与经济增长之间存在着负的相关关系，等等。这种研究结论的差异，可能源于分析方法的差异，或者是源于所采用的样本不同造成的，也可能是贸易发展本身对于地区经济的贡献存在着差异。因此，我们无法用已有的研究成果来判断山东省对外贸易进出口对于山东地区经济总量的影响如何，以及这种影响有多大。在此，本章借鉴有关学者的研究方法，通过建立计量经济模型，实证研究山东省对外贸易与区域经济增长的关系。

第二节　基于 VAR 模型的对外贸易 与区域经济总量发展

一　数据选择

在研究山东省对外贸易与区域经济增长的关系时，我们关注了对外贸易出口、对外贸易进口与 GDP 之间的关系。选择山东省 1990—2014 年的标准时间序列，1995—2013 年的数据来源于《山东统计年鉴》，2014 年数据来源于《2014 年山东省国民经济和社会发展统计公报》。EX 表示出口额，IM 表示进口额，GDP 代表 GDP 指标。为了确保数据的一致性，我们首先对进、出口额分别按照历年的汇率折算成人民币，单位均为亿元。然后以1990 年的不变价格为基础，剔除价格影响因素对进出口与 GDP 的影响，最后得到的数据单位均为亿元。为避免异方差，对原始变量取自然对数，相应的对数形式分别为 LNEX、LNIM、LNGDP。分析软件为 EViews 6.0。

为初步判断各变量序列之间相关性的高低，首先计算相关系数，结果如表 7.1 所示。从表 7.1 的数据来看，变量序列 LNEX、LNIM 分别与LNGDP 的相关系数为 0.986668、0.979154，说明 LNEX、LNIM 与 LNGDP之间存在着高度相关关系。

表 7.1　　　　　　　　　LNEX、LNIM 与 LNGDP 的相关系数

	LNGDP	LNEX	LNIM
LNGDP	1.000000	0.986668	0.979154
LNEX	0.986668	1.000000	0.980459
LNIM	0.979154	0.980459	1.000000

在绘制变量序列 LNEX 与 LNGDP 以及 LNIM 与 LNGDP 之间的 XY 曲线图后发现，序列 LNEX、LNIM 同 LNGDP 之间分别呈现近似直线的相关关系（见图 7.1 和图 7.2）。

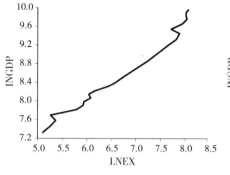

图 7.1 LNEX 与 LNGDP 的
XY 关系图

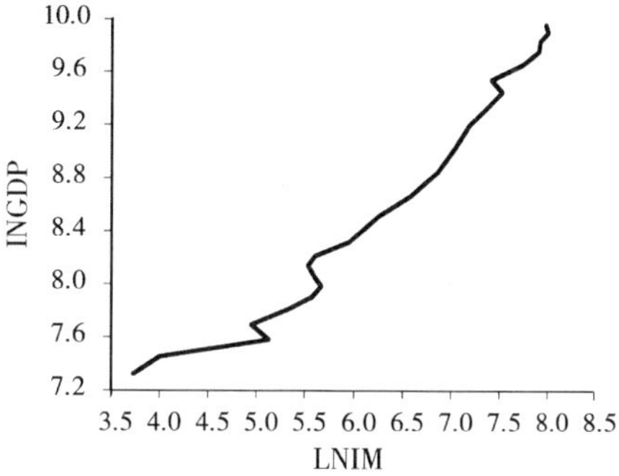

图 7.2 LNIM 与 LNGDP 的
XY 关系图

二 平稳性检验

为确保模型具有经济意义，在利用计量经济模型分析之前，需要判断变量是不是平稳的，这就需要对变量序列进行平稳性检验，以防止虚假回归。

如果变量的时间序列的统计特征随着时间的改变而发生不同的变化，则认为时间序列是不平稳的；随着时间的推移，时间序列的随机特征保持不变，则认为时间序列是平稳。如果变量序列是平稳的，可以对平稳变量序列直接进行回归分析或者进行格兰杰因果关系检验。如果变量序列不是平稳的，但是同阶单整的，则可以进行协整检验以考察变量之间是否存在着长期稳定的协整关系。Augented Dickey 和 Fuller Test 提出的 ADF 检验是平稳性检验常用的方法之一。利用 ADF 法进行变量序列的平稳性检验，检验的结果如表 7.2 所示。

表 7.2   变量的单位根检验结果

变量	检验类型 （C，T，K）	ADF 检验值	5% 临界值	10% 临界值	P 值	结论
LNEX	C，T，0	- 1.258489	- 3.6122	- 3.24308	0.8739	不平稳
LNIM	C，T，0	- 3.318496	- 3.612199	- 3.243079	0.0872	不平稳
LNGDP	C，T，2	- 3.930455	- 3.632896	- 3.254671	0.0281	平稳*
DLNEX	C，T，0	- 5.053727	- 3.622033	- 3.248592	0.0026	平稳*
DLNIM	C，T，0	- 5.812840	- 3.622033	- 3.248592	0.0005	平稳*

注：检验形式（C，T，K）中的 C，T 和 K 分别表示单位根检验方程包括常数项、时间趋势和滞后阶数，其中滞后期的确定是按 AIC 或 SC 最小原则由系统自动完成的。LNEX 是原序列，DLNEX 是一阶差分序列。* 表示在 5% 的显著性水平下序列平稳。

检验结果表明，在 5% 的显著性水平下，序列 LNEX 与 LNIM 的 ADF 统计量均大于各自的临界值，说明时间序列 LNEX、LNIM 均存在单位根，都是不平稳的，但一阶差分后均变成平稳序列，因此 LNEX、LNIM 都是 1 阶单整的非平稳时间序列。在 5% 的显著性水平下，序列 LNGDP 的 ADF 统计量小于临界值，说明 LNGDP 是平稳的时间序列。

根据前文论述，对于非平稳时间序列，不能直接利用计量经济模型进行回归分析，同时本例中的时间序列又不是同阶单整的，因此不符合协整检验的前提条件。本研究试图通过构建 VAR 模型，并基于 VAR 模型进行变量序列之间的格兰杰因果关系分析。

三　VAR 模型构建与检验

对变量 LNGDP、LNEX 和 LNIM 构建 VAR 模型。[①] 先确定模型最优滞后阶数，结果如表 7.3 所示。根据 LR 准则、SC 准则、AIC 准则、FPE 准则和 HQ 准则判断，模型最优滞后阶数为 2，因此，建立滞后 2 期的无约束 VAR 模型。

表 7.3　　　　　　　　　　VAR 模型最优滞后期的确定标准

Lag	LogL	LR	FPE	AIC	SC	HQ
0	6.879309	NA	0.000141	− 0.352664	− 0.203886	− 0.317617
1	98.25019	149.5160	7.99e − 08	− 7.840926	− 7.245812	− 7.700735
2	116.5594	4.96715 *	.63e − 08 *	8.687221 *	7.645771 *	− 8.441887 *
3	120.4322	4.224826	6.69e − 08	− 8.221108	− 6.733323	− 7.870631

*　代表不同检验方法下，最优滞后期所对应的检测值。

VAR 模型的稳定性检验结果见表 7.4 与图 7.3。表 7.4 中的 AR 特征根倒数的模均小于 1，从图 7.3 可以直观地看出，所有的单位根都落于单位根圆内，据此判断所设定的 VAR 模型是稳定的，表明选取的三个变量之间存在着长期稳定关系，可以进一步进行格兰杰因果分析。

---

①　本部分研究主要在于分析变量序列之间的因果关系，因此，VAR 模型的模型结果在此就不做表示了，而是直接在 VAR 模型分析结果页面，进行模型的有效性判断与格兰杰因果关系分析。

表 7.4　　　　　　　　　　　　VAR 模型的稳定性检验结果

Root	Modulus
0.962327　－ 0.086407i	0.966198
0.962327　＋ 0.086407i	0.966198
－ 0.304549　－ 0.505455i	0.590114
－ 0.304549　＋ 0.505455i	0.590114
0.441263　－ 0.380527i	0.582678
0.441263　＋ 0.380527i	0.582678

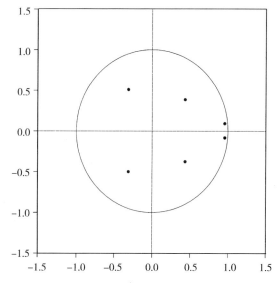

图 7.3　AR 特征根倒数的模的单位圆示意图

四　格兰杰因果关系检验

基于 VAR 模型，利用 Eviews 6.0 进行格兰杰因果关系检验，结果如表 7.5 所示。从检验结果来看，在 5% 的显著性水平下，LNEX 与 LNIM 都不是 LNGDP 的格兰杰原因；LNGDP、LNIM 均是 LNEX 的格兰杰原因；LNGDP 是 LNIM 的格兰杰原因；LNEX 不是 LNIM 的格兰杰原因。

表 7.5　　　　　　　　LNGDP，LNEX，LNIM 格兰杰检验结果

应变量：LNGDP

排除的变量	卡方统计量	滞后长度	检验 P 值
LNEX	1.681618	2	0.4314
LNIM	0.268213	2	0.8745

应变量：LNEX

排除的变量	卡方统计量	滞后长度	检验 P 值
LNGDP	6.982142	2	0.0305
LNIM	10.72577	2	0.0047

应变量：LNIM

排除的变量	卡方统计量	滞后长度	检验 P 值
LNGDP	15.60200	2	0.0004
LNEX	2.324526	2	0.3128

五　数据分析与结论

本章在对时间序列外贸出口额、进口额以及 GDP 进行平稳性检验后，构建了 VAR 模型，并进行了格兰杰因果关系检验，得出结论：对外贸易出口额、进口额均不是 GDP 变动的格兰杰原因；但 GDP 既是对外贸易出口额变动的格兰杰原因，也是进口额变动的格兰杰原因；对外贸易进口额是出口额变动的格兰杰原因，反之则不成立。

外贸进口并没有促进经济的增长这一结论与吕品和毛其淋（2009）的研究结论相一致，即"进口与经济增长之间存在负的相关关系"。对外贸易出口并没有对 GDP 的增长起到促进作用，这一结论与刘晓鹏（2001）、邹正方和杨涛（2006）的研究结论相似，即"出口贸易由于结构性原因对经济增长的影响不能确定"。

Mazumdar（1996）在索洛模型和资本积累理论的基础上进行研究，指出只有当一国出口消费品而进口资本品时，贸易才能够带来经济的增长，而出口资本品和进口消费品时却未必能够带来经济的增长，即贸易能否促进增长取决于贸易的结构和方向。

通过对高新技术、重要生产设备以及关键性短缺资源的进口，可以有效地提高生产率和技术进步，进而拉动经济增长。因此，努力扩大资本品进口，尤其是重视高新技术、重要生产设备以及关键性短缺

资源的进口，将会夯实山东省产业的发展基础，进而有力地促进地区经济的发展。要发挥外贸出口对地区经济发展的推动作用，不能仅仅依靠出口数量的扩大，必须采取措施，优化出口商品结构，扩大高新技术产品出口比例，提高出口商品附加值，全面提升山东省对外贸易的国际竞争力。

第八章

对外贸易与产业结构的变动关系

第一节　相关理论回顾

一　产业结构

产业结构是一个国家或地区经济结构的核心和基础，产业结构是否合理，不仅直接影响着一国和地区经济增长的速度和质量，而且直接影响着国际竞争力的高低。产业结构升级是指在特定的国际与国内环境下，按照一般的产业结构演变规律和产业发展的内在要求，产业结构从低级形态向高级形态转变的过程或趋势，产业结构升级的主要原因是技术进步和比较优势的变化；表现为国民经济重心由第一产业向第二产业，进而向第三产业的转变；优势由劳动密集型产业向资本密集型、技术密集型产业变动；由初级产品占优势比重逐渐向工业制成品占优势比重变动，等等。

在全球经济一体化发展的今天，国家之间通过贸易与投资互相联系，对外贸易成为拉动一国或区域经济发展和产业结构升级转型的重要动力，被誉为经济发展的三驾马车之一。促进对外贸易与地区产业结构互动发展，充分发挥对外贸易进出口对于地区经济的拉动与促进作用，对于推动地区产业结构的优化升级作用巨大。

改革开放以来，山东省对外贸易对产业结构升级做出了积极贡献，但仍然存在着一些问题。如前文所分析的，表现为出口商品产业层次低，产业链条短，加工贸易增值率低等。在全球经济竞争日趋激烈、国际贸易摩擦日益增多以及中国大力推动产业结构优化升级的新形势下，正确认识山东省对外贸易进出口对产业结构升级的作用和现状，从中发现问题，对于推动对外贸易增长方式转变以及促进地区产业结构优化升级有着重要的现实意义。

二　对外贸易与产业结构变动研究回顾

国外许多学者实证考察了国际贸易对经济增长的影响路径,采用的数据各不相同,但无论是对各国的截面数据、时间序列数据还是面板数据的分析,所得出的结论并不完全一致。

蓝庆新和田海峰(2002)通过对贸易结构变化和经济转型增长的实证分析,证明两者存在着显著的线性相关关系。由此得出结论,贸易结构变化和经济增长转型之间存在着相互促进、相互依赖的关系。

吴进红(2005)重点探讨了长江三角洲地区对外贸易与产业结构升级的关系,利用长江三角洲地区 1990—2001 年的数据进行回归,得到的结果是:外贸进出口与三次产业产值增长都呈正相关关系,即进出口的发展促进了长江三角洲地区三次产业的发展,但进出口对三次产业产值增长的贡献度不同。

陈学军、黄庆波(2006)分析了对外贸易与辽宁老工业基地产业结构优化升级的关系,实证分析得出对外贸易对不同的产业具有不同的影响。对外贸易额与第一产业产值的比重呈现出较强的负相关,即第一产业产值的比重随着对外贸易的发展不断下降;对第二、三产业的影响比较复杂;对处于工业化中后期的辽宁来说,对外贸易发展与第三产业发展呈现出极强的正相关本系。

郭盛蓝(2007)用北京市 1986—2005 年的相关统计数据,以三次产业增加值的相对变化反映产业结构,从出口和进口两方面考察对外贸易对北京市三次产业的影响。其实证结论为北京市对外贸易的发展对第三产业的发展贡献作用最大,其次是第二产业,最后是第一产业。

陈虹(2010)基于中国 1980—2008 年贸易结构与产业结构的变动指标数据,运用协整与因果关系检验法,分析了外贸结构与产业结构的互动关系,得出进口结构变动是产业结构变动的 Granger 原因,产业结构是出口结构变动的单向 Granger 原因。

侯学娟、江激宇(2012)选取安徽省 17 个市的面板数据,运用面板单位根检验、协整检验、截面加权估计,得出对外贸易发展与产业结构升级之间存在着长期稳定的均衡关系,对外贸易发展对安徽省三次产业的贡献度不同,与进口贸易相比,出口贸易对安徽省三次产业的拉动作用更大。

徐东、栾贵勤、吴哲（2013）通过选取的三个回归方程，研究了外商直接投资与对外贸易对上海产业结构的升级效应。格兰杰因果检验表明，对外贸易带动了第二产业的发展，对外贸易额度每增长一个百分点带动第二产业产值增长 0.59 个百分点。

第二节　基于 VEC 模型的对外贸易 与产业结构变动分析

一　指标回顾

本节拟采用对外贸易进口额与出口额两个变量来代表产业结构升级中的外部影响因素，通过对上述两个变量对产业结构变动影响的实证分析，来说明山东省对外贸易对于产业结构变动的作用。运算工具采用 Eviews 6.0 计量软件。

关于产业结构变动的衡量，不同学者采取了不同的指标。一是以第一产业从业人员数占社会就业总人数的比重或者以第一产业产值占国内生产总值比重的变动来表示产业结构的变动，该指标值越小，说明产业结构高级化的程度越快。反之，可以采用第二三产业的 GDP 或从业人员的占比变化来反映产业结构的变动。二是第二产业占比的变动，即用第二产业的产值占 GDP 的比重来反映中国产业结构的状况，并通过这一指标的变动来反映产业结构的变动情况。三是产业结构层次系数，即按三次产业的层次高低依次赋权，再对三次产值的比重进行加权求和，该指标值越高，表明产业结构高级化水平越高。四是产业结构升级系数，他们在对产业结构调整系数进行调整后，得到了新的公式：$S^2 = Sh \times Sz$，其中 S 代表产业结构升级系数；Sh 代表非农产业增加值占 GDP 的比重；Sz 代表第三产业增加值与第二产业增加值的比值。五是产业结构变化系数，即用各产业生产总值占总生产总值的比重乘以各产业生产总值的增长率，然后将其值加总起来。

由上述分析可以看出，不同的学者在研究问题时选用的指标不尽相同，各指标本身有其合理性，但都有一定的片面性，因此得出的结论也不尽相同。

二　指标选择

由于反映产业结构优化的指标在本研究中至关重要，为合理确定计算方法，首先利用上述五种方法分别计算有关指标值，然后从中优选。指标一，第二三产业 GDP 占比；指标二，第二产业 GDP 占比；指标三，产业结构层次系数，参照已有研究成果，按三次产业的层次，由低到高的赋权值分别为 1，2，3，再对三次产业产值的比重进行加权求和得到；指标四，产业结构升级系数；指标五，产业结构变化系数。1990—2013 年数据来源于《山东统计信息年鉴》，2014 年数据来源于 2014 年山东省国民经济和社会发展统计公报。根据各项指标的内涵，测算出产业结构变化各项衡量指标的数值（结果如表 8.1 所示）。

从图 8.1 可以看出，产业结构升级系数在 2003—2009 年期间低于2003 年之前的指标值，这与山东省整个经济稳步发展的大趋势不符，因此放弃该指标。第二产业 GDP 占比近几年来出现下降，但是第三产业却出现上升，在由"二三一"向"三二一"过渡的过程中，必然会出现第二产业 GDP 占比下降的状况，无法单纯通过考察第二产业 GDP占比来衡量产业升级状况，因此舍去第二产业 GDP 占比这一指标。产业结构变化系数指标值波动的幅度较大，并未表现出一定的趋势，因此也不宜选择。

二三产业 GDP 占比与产业结构层次系数表现出向上发展的趋势，符合当前的经济发展趋势。由于产业结构层次系数考虑了不同产业的权重，更符合克拉克的产业升级理论，因此最终确定采用产业结构层次系数作为衡量山东省产业结构变化的指标。计量分析时，记作CYJG。

外贸出口额与进口额分别根据当年的汇率折算成人民币，单位为亿元，并按照 1990 年的不变价格进行处理，得到了剔除价格影响因素的指标值[1]，分别记作 EX、IM。为了消除异方差性，我们对变量序列做对数处理，处理后的变量序列分别记为 LNCYJG，LNEX，LNIM。

---

[1]　外贸出口额与进口额的数据来源同上一章。

表8.1 产业结构变化各项衡量指标数值

	二、三产业 GDP 占比	第二产业 GDP 占比	产业结构 层次系数	产业结构 升级系数	产业结构 变化系数
1990	0.7190	0.4210	1.9960	0.7134	0.1722
1991	0.7120	0.4120	2.0170	0.7200	0.1985
1992	0.7570	0.4550	2.0120	0.7088	0.2272
1993	0.7850	0.4900	2.0590	0.6875	0.2689
1994	0.7980	0.4920	2.0800	0.7045	0.3895
1995	0.7960	0.4760	2.1040	0.7315	0.2899
1996	0.7960	0.4730	2.1160	0.7373	0.1879
1997	0.8170	0.4810	2.1190	0.7555	0.1142
1998	0.8270	0.4850	2.1530	0.7637	0.0748
1999	0.8370	0.4860	2.1690	0.7775	0.0682
2000	0.8480	0.5000	2.1880	0.7682	0.1138
2001	0.8520	0.4950	2.1960	0.7839	0.1033
2002	0.8650	0.5050	2.2090	0.7853	0.1190
2003	0.8770	0.5370	2.2250	0.7452	0.1805
2004	0.8820	0.5650	2.2170	0.7035	0.2477
2005	0.8930	0.5700	2.1990	0.7114	0.2242
2006	0.9020	0.5740	2.2160	0.7179	0.1934
2007	0.9030	0.5680	2.2300	0.7298	0.1772
2008	0.9030	0.5680	2.2380	0.7298	0.2000
2009	0.9050	0.5580	2.2380	0.7502	0.0965
2010	0.9080	0.5420	2.2520	0.7830	0.1574
2011	0.9120	0.5290	2.2740	0.8126	0.1595
2012	0.9140	0.5140	2.2950	0.8434	0.1039
2013	0.9130	0.5010	2.3140	0.8665	0.0942
2014	0.9140	0.4840	2.3250	0.9011	0.0885

为初步判断各变量序列之间相关性的高低，首先计算 LNCYJG，LNEX，LNIM 的相关系数（结果如表8.2所示）。从表8.2的数据来看，相关系数均在0.9以上，说明变量序列 LNCYJG，LNEX，LNIM 之间存在着高度相关关系。

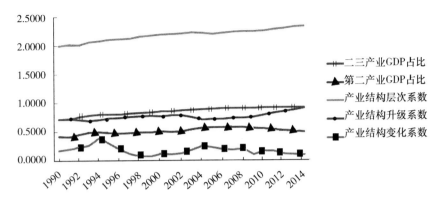

图 8.1 产业结构变化相关测量指标变化趋势图

表 8.2 LNEX，LNIM 与 LNGDP 的相关系数

	LNCYJG	LNEX	LNIM
LNCYJG	1	0.94454934	0.947484628
LNEX	0.94454934	1	0.980458555
LNIM	0.94748463	0.98045855	1

三 平稳性检验

进行协整检验的前提是各变量是同阶单整的非平稳时间序列，因此运用 ADF 法对各个变量序列进行平稳性检验。利用 ADF 方法对取过对数的变量序列 LNEX，LNIM 与 LNCYJG 进行平稳性检验的结果如表 8.3 所示。

表 8.3 变量的单位根检验结果

变量	检验类型 （C，T，K）	ADF 检验值	5% 临界值	10% 临界值	P 值	结论
LNCYJG	C，T，0	−1.945649	−3.612199	−3.243079	0.6000	不平稳
LNEX	C，T，0	−1.258327	−3.612199	−3.243079	0.8739	不平稳
LNIM	C，T，0	−3.318481	−3.612199	−3.243079	0.0872	不平稳
DLNCYJG	C，T，0	−4.686866	−3.622033	−3.248592	0.0056	平稳*
DLNEX	C，T，0	−5.053963	−3.622033	−3.248592	0.0026	平稳*
DLNIM	C，T，0	−5.812854	−3.622033	−3.248592	0.0005	平稳*

注：检验形式（C，T，K）中的 C，T 和 K 分别表示单位根检验方程包括常数项、时间趋势和滞后阶数，其中滞后期的确定是按 AIC 或 SC 最小原则由系统自动完成的。LNEX 是原序列，DLNEX 是一阶差分序列。* 表示在 5% 的显著性水平下序列平稳。

检验结果表明：在 5% 的显著性水平下，时间序列 LNEX，LNIM 与 LNCYJG 的 ADF 统计量大于临界值，说明时间序列 LNEX，LNIM 与 LNCYJG 均存在着单位根，是不平稳的，但一阶差分后，各个时间序列的 ADF 统计量值均小于临界值，序列全部变成平稳序列，因此得出结论：LNEX，LNIM 和 LNCYJG 都是非平稳的 1 阶单整序列。

四 协整检验

协整检验的方法主要有两种：一种是恩格尔（Engle）和格兰杰（Granger）在 1987 年提出来的 EG 两步法，在检验两个变量的协整关系时这种方法是优先的选择，但是本书中的主要变量有三个，如果这三个变量之间存在着较强的相关性，EG 两步法中的 OLS（Ordinary least squares）估计会遭遇多重共线性而使结果变得不准确。另一种是 Johansen 和 Juselius 在 1990 年提出的用于两个以上变量的检验方法，也叫做 JJ 检验，它先用向量自回归进行检验的，然后得到变量之间所存在的协整关系，它所运用的适用于多变量系统的极大似然估计法能够避免 EG 两步法中 OLS 估计所遇到的多重共线性问题。

协整检验对滞后期和检验形式非常敏感，不同滞后期的检验结果差别很大，因此在做协整检验前需要先做 VAR 模型估计，并确定 VAR 模型的最优滞后期。由于 VAR 是无约束的，而协整是有约束的，因此协整检验的最优滞后一般为 VAR 的最优滞后减去 1，确定了最优滞后，再诊断检验形式，最终才能做协整检验。

对变量序列 LNEX，LNIM 与 LNCYJG 构建 VAR 模型，并在 VAR 模型下确定模型的最优滞后期（结果见表 8.4 所示）。根据 LR 准则、SC 准则、FPE 准则和 HQ 准则判断，模型最优滞后阶数为 1，因此，建立滞后 1 期的无约束 VAR 模型。

表 8.4　　　　　　　　　　VAR 模型最优滞后期的确定标准

滞后期	LogL	LR	FPE	AIC	SC	HQ
0	52. 19267	NA	2. 29e – 06	– 4. 472061	– 4. 323283	– 4. 437013
1	128. 8540	125. 4458 *	4. 95e – 09 *	– 10. 62309	– 10. 02797 *	– 10. 48290 *
2	132. 6756	5. 211248	8. 38e – 09	– 10. 15232	– 9. 110873	– 9. 906989
3	147. 5893	16. 26957	5. 67e – 09	– 10. 68994 *	– 9. 202153	– 10. 33946

*　代表不同检验方法下，最优滞后期所对应的检测值。

在估计的滞后 1 期的 VAR 模型的基础上，对模型的稳定性进行检验（结果见表 8.5 与图 8.2）。表 8.5 中的 AR 特征根倒数的模均小于 1，从图 8.2 可以直观地看出，所有的单位根都落在单位根圆内，据此判断所设定的 VAR 模型是稳定的，可以进行协整分析。

表 8.5   VAR 模型的稳定性检验结果

Root	Modulus
0.952314	0.952314
0.582708 – 0.123103i	0.595569
0.582708 + 0.123103i	0.595569

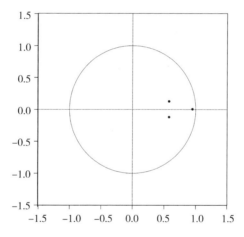

图 8.2   AR 特征根倒数的模的单位圆示意图

选用 JJ 检验法进行变量序列 LNCYJG，LNEX 与 LNIM 之间的协整关系分析。JJ 检验法的滞后期为 1（2 − 1 = 1）（结果如表 8.6 所示）。

表 8.6   无约束协整检验（迹检验法）

假设	特征值	迹检验统计量	5% 临界值	P 值
None	0.462663	28.38463	29.79707	0.0721
At most 1	0.291922	13.47752	15.49471	0.0984
At most 2 *	0.194557	5.192702	3.841466	0.0227

*   表示根据迹检验法确定的协整方程的个数。

迹检验结果表明（见表 8.6），在 5% 的显著性水平下，变量间至多存在两个协整方程的假设被拒绝，即变量间至少存在三个协整方程。因此，变量 LNCYJG，LNEX，LNIM 之间存在着协整关系，得到最大似然值下的协整方程如下：

LNWWCYJG = −3.0151LNEX + 2.8250LNIM

D（LNCYJG），D（LNEX）和 D（LNIM）三者的调整系数分别为 −0.001941，0.021240 和 0.217458，满足至少一个为负值的条件，说明偏离非均衡误差会得到修正，协整关系有效。[①] 通过协整关系式，可以得到 LNEX 与 LNCYJG 存在着负相关的长期均衡关系，LNIM 与 LNCYJG 存在着正的长期均衡关系。尽管在短期内由于随机干扰，这些变量可能会偏离均衡值，但这种偏离是暂时的，最终会回到均衡状态。

通过对变量序列 LNCYJG，LNEX，LNIM 进行格兰杰关系检验，发现在 5% 的显著性水平下，进口额是产业结构层次系数变动的格兰杰原因，出口额不是产业结构层次系数变动的格兰杰原因，但是，在 10% 的显著性水平下，产业结构层次系数是出口额变动的格兰杰原因，同时出口额是进口额的格兰杰原因。

表 8.7　　　　　　　　LNCYJG，LNEX，LNIM 格兰杰检验结果

应变量：LNCYJG

排除的变量	卡方统计量	滞后长度	检验 P 值
LNEX	2.305330	1	0.1289
LNIM	5.408198	1	0.0200

应变量：LNEX

排除的变量	卡方统计量	滞后长度	检验 P 值
LNCYJG	3.520425	1	0.0606
LNIM	0.462298	1	0.4966

应变量：LNIM

排除的变量	卡方统计量	滞后长度	检验 P 值
LNCYJG	0.648670	1	0.4206
LNEX	6.664350	1	0.0098

① 李嫣怡、刘荣、丁维岱等编著：《EViews 统计分析与应用》，电子工业出版社 2013 年版，第 186 页。

五　VEC 模型估计

运用 Eviews 6.0 估计 VEC 模型，选择没有确定性趋势且协整方程有截距的方程，并选择滞后期为 1，进行估计，得到 VEC 模型：

$$LNCYJG（-1）=0.6984LNEX（-1）-0.5954LNIM（-1）-0.1571$$
$$［-7.62145］　　　　［7.54091］$$

模型中，LNEX 与 LNIM 下括号内列出的是 T 统计量值，分别为 -7.62145 与 7.54091，在 5% 的显著性水平下，对各变量的系数进行 T 检验，结果表明，变量 LNEX 与 LNIM 的系数均是显著的。

从模型中可以看出，出口对山东省产业结构调整系数的短期弹性为 0.6984，通过弹性分析，在短期内，出口增加 1%，产业结构调整系数会相应优化 0.6984%，即出口对山东省的产业结构调整起到了优化作用，这与长期协整方程中的弹性系数方向相反。

进口对产业结构调整系数的短期弹性为 -0.5954，即在短期内，进口增加 1%，产业结构调整系数会相应降低 0.5954%，即进口对山东省的产业结构调整起到了遏制作用，这与长期协整方程中的弹性系数方向相反，短期内，进口的增加不利于山东省产业结构的调整。

出口与进口的短期调整系数绝对值均小于长期协整方程中的对应值，这说明进口与出口对产业结构调整系数的影响在长期内更加明显。

六　数据分析与结论

1. 在研究对外贸易与产业结构变动关系中，对产业结构变动程度的衡量至关重要，通过梳理文献与有关理论，在计算并比较有关系数后，最终确定选择产业结构层次系数做代表，因为该系数考虑了不同产业的权重，更符合克拉克的产业升级理论。从产业结构层次系数发展来看，山东省产业结构处于不断优化之中，并有不断加快的趋势。

2. 通过协整分析发现，LNEX 与 LNCYJG 之间存在着负相关的长期均衡关系，因此从长期来看，外贸出口额的增加不利于产业结构的优化。其中的原因主要有二：一是山东省农业发展水平一直位于全国前列，农产品的贸易额也高居全国各省市之首，而我们在测量产业结构优化系数时，所采用的指标主要反映了第二三产业的产值占比，同时农产品的加工程度较浅，产业链短，对第二三产业的促进作用较小。二是山东省出口产品结构不合理，出口产品仍然以产业链短、附加值低的产品为主，外贸出口对地方经济的带动作用还未体现出来，高附加值、对地区经济发展带动大的产业的出口效应有待提高。因此需要警惕出口贸易额增加所带来的贫困化增长现象。

3. 协整分析表明，LNIM 与 LNCYJG 存在着正的长期均衡关系，格兰杰因果关系检验表明，LNIM 是 LNCYJG 的格兰杰原因，这说明从长期来看，外贸进口规模的扩大促进了产业结构的优化，即山东省的外贸进口对于产业结构的优化发挥了积极作用。进一步分析可知，山东省进口产品主要用于第二产业的再加工与生产，尤其是以资本品为主的进口结构会对第二产业的发展起到积极的推动作用。另外，加工贸易产品属于工业制成品范畴，加工贸易自身的"以进养出"的特点也决定了进口的扩大会促进第二产业产值上升。今后在进口中仍要继续扩大资本品的进口比率，充分发挥国外先进技术与设备对山东经济的推动作用，不断促进产业结构的升级。同时，大力推进加工贸易的转型升级，推动出口产品的附加值不断提升。

4. 从短期来看，LNEX 与 LNCYJG 之间存在着正相关关系，说明出口在短期内会对产业结构升级起到促进作用，结合长期的负向作用，可以得出这一启示：山东省制成品的出口占比很高，但由于出口商品的附加值低、技术含量低，出口对于第二三产业的长期带动作用不理想。

5. 从短期来看，LNIM 与 LNCYJG 存在着负的相关关系，主要原因可以解释为进口技术、设备发挥作用需要一个滞后期，因此短期内无法形成对产业结构优化的促进作用。这符合实际情况。

第九章

外贸技术进步与外贸国际
竞争力的关系

20 世纪 80 年代确立的新贸易理论认为，技术进步是推动一国经济和贸易持续稳定增长的重要动力，对外贸易是推动技术进步的一条很重要的途径。美国哈佛商学院教授波特在《国家竞争优势》中，把贸易比较优势与贸易竞争优势区别开来，指出不论一国技术水平如何，它总可以相对于外国取得贸易比较优势，但是贸易的竞争优势只能靠技术的不断进步来取得，一国要想在国际竞争中谋取竞争优势，关键在于技术创新，从而指明了技术进步对于贸易竞争的重要影响。

本章将运用协整理论和 OLS 分析法，利用 1984—2014 年的经济数据，对山东省对外贸易技术进步率进行测量并对其与对外贸易国际竞争力的关系进行实证研究。

第一节　相关理论回顾

一　相关研究综述

国内有关技术创新、技术扩散与国际贸易的研究大致始于 20 世纪 90 年代后期。李平（1999）对技术扩散中的溢出效应研究进行了总结，认为发展中国家的技术创新水平与吸收溢出的能力会影响其国际贸易的模式、规模和收益，所以技术创新既是国际贸易的前提，也是国际贸易的结果，两者之间存在着互动效应。

李智勇（2003）认为，外贸竞争优势与国际贸易的技术创新互为因果关系，国际贸易促进了技术的扩散和发展，而技术创新推动了国际贸易的展开，提高了外贸竞争力，并对技术创新对外贸竞争力的推动方式进行了分析。

李小平、朱钟棣（2004）的研究表明，在中国国际贸易对技术进步的促进作用中，存在着两种"门槛效应"：一是出口的"正门槛效应"，即出口对技术进步的促进作用只有在经济发展到一定水平时才会显著为正。二是进口的"负门槛效应"，即地区经济发展到一定水平，其进口对技术进步的促进作用反而会减弱。

黄先海（2006）运用贸易竞争力指数对中国36个产业部门在1993—2003年的外贸竞争力进行了实证测度，在实证结果的基础上分析得出：要提高外贸竞争力必须以汲取国际技术要素和介入国际分工体系为主要路径，实现技术密集型产业比较优势的动态转化；以产业内升级为主导，不断提高劳动密集型产品的技术含量和附加值。

朱启文（2008）对山东省技术进步和加工贸易技术进步之间关系所做的实证分析发现，山东省的技术进步率与其加工贸易技术进步率之间呈现出显著的正相关性，山东省加工贸易具有明显的技术溢出效应。

徐金记等（2013）采用计量经济学加权回归模型和面板数据模型，分别对中国技术进步与对外商品贸易额的关系、中国与发达国家技术进步与对外贸易额的对比以及中国31个省市技术进步与对外贸易额的对比进行研究，结果表明，技术进步是提高中国商品竞争力，促进对外贸易额增加的重要推动力。中国与欧美日等发达国家相比，技术进步与外贸产出偏低，同时中国31个省市技术进步与外贸产出也不平衡，经济发达地区明显高于经济欠发达地区。

从上述实证研究的简要回顾中不难看出，研究虽多但结论却不尽一致，这可能是由于所选取的变量、样本期间以及模型与方法的不同造成的。山东省对外贸易技术进步率到底是正还是负？其对对外贸易国际竞争力的作用如何？对这些问题需要进一步做出研究。

二　技术进步率测算的基本理论

众多学者在实证研究中对技术进步的表示有很多方式，有用研发投入来表示技术进步的，有用高新技术产品出口占比来表示技术进步的，有用申请的专利数来表示技术进步的，也有用生产率的提高来表示技术进步的，不过，最常见的是用全要素生产率（TFP）来表示技术进步。从 TFP

的测算实践来看，最基本和使用最为广泛的方法是索洛余值法。索洛把"增长余值"归结为因技术进步而产生的，通过建立一般生产函数推导出增长方程而得到"增长余值"，然后赋予"增长余值"以技术进步率或技术进步速度的含义。

（一）柯布—道格拉斯生产函数

利用柯布—道格拉斯生产函数（C－D 生产函数），选择残差法来对山东省加工贸易的技术进步率进行测算。当投入的生产要素只考虑劳动力和资本时，C－D 生产函数可以表示为：

$$Y = AL^\alpha K^\beta \tag{9.1}$$

A 代表全要素生产率（TFP），即指除了劳动与资本这两大物质生产要素之外的所有其他生产要素所带来的产出增长率，也被称为"技术进步率"；Y、K、L 分别代表总产出、资本投入和劳动投入，α、β 分别代表劳动力和资本的产出弹性系数。

对 C－D 生产函数两边取对数得到如下模型：

$$LnY = \beta_0 + \alpha LnL_i + \beta LnK_i + \mu_i \tag{9.2}$$

μ_i 表示随机扰动项，β_0 为常数项，i 表示时间，其他同上。

（二）广义的 C－D 生产函数

在（9.1）中引入时间因素，则可以得到广义的 C－D 生产函数，其表现形式为：

$$Y = e^{mt} L^\alpha K^\beta$$

e 为自然对数的底，t 表示时间，其他变量的含义不变。引入时间因素后，将经济管理水平提高、劳动力素质提高、技术进步作用等因素全归于时间系数 m，即广义的技术进步率。假定经济发展满足"规模收益不变"，即 $\alpha + \beta = 1$ 时，便可以把技术影响的因素完全分离出来。下面是计算技术进步率的索洛模型，其表现形式为：

$$m = \triangle Y/Y - \alpha\triangle L/L - \beta\triangle K/K \tag{9.3}$$

$\triangle Y/Y$ 表示产出增长率；$\triangle L/L$ 表示劳动力增长率；$\triangle K/K$ 表示资本增长率。

（三）技术进步率的测算

由于 m 的测算是在 $\alpha + \beta = 1$ 的假设前提下进行的，运用（9.2）式计算出 α 与 β，如果二者之和等于1，则可以直接带入（9.3）式，得到 m

值；如果 α 与 β 的和不等于 1，则需要进行调整。将 C – D 生产函数式（9.1）两边同除以 L 得到：

$$Y/L = AL^{\alpha-1}K^{\beta}$$

因为，$\alpha+\beta=1$，所以 $-\beta=\alpha-1$，得到：

$$Y/L = A\ (K/L)^{\beta}$$

令 $Y/L=y$，$K/L=x$，r 为常数项，两边取对数得到模型：

$$\ln y = r + \beta\ln x + \mu_i \tag{9.4}$$

根据模型（9.4），可以求出系数 β，因为 $\alpha+\beta=1$，所以可以得到 α 的值，将 α 与 β 带入索洛模型（9.3），便可以得到技术进步率 m。

第二节　外贸技术进步与外贸国际竞争力关系的实证分析

一　技术进步率测算的变量选取与模型设定

（一）变量的选取

由于本节主要计算对外贸易技术进步率的大小，借鉴有关研究成果，运用模型（9.2）与（9.3）来求对外贸易技术进步率，为此，总产出以对外贸易出口贸易额来表示，并根据当年的汇率折算成人民币以使被解释变量与解释变量的单位一致。

解释变量——劳动投入与资本投入——应该选取从事对外贸易的劳动力人数与外贸出口企业用于生产出口品而进行的资本投入量，但由于难以获得完整的相关数据，本节运用比例法，在全社会就业总人数以及固定资产投资总额的基础上，对这两个解释变量进行测算。首先按照同期汇率将对外贸易出口额折算成人民币，并以 1987 年价格为不变价格，对历年对外贸易出口额、GDP、固定资产投资额进行调整以消除价格因素的影响。

对外贸易资本投入量，从理论上讲，最理想的是应该采用每年的资本流量指标，但由于资本流量指标资料不全也难以计算，所以目前的研究主要以资本存量指标来代替。而目前的统计中没有全社会固定资本存量指标，部分学者直接以当年固定资产投资额来代替（崔玮，2011）。由于当年固定资产投资额这一指标仅仅反映了当期的流量，无法将存量综合反映出来，因此需要将基期资本存量与当期资本形成总额进行修正。在对资本存量进行估计的过程中，重要的是如何得到准确的固定资产折旧率这一指标。

单豪杰（2008）对中国资本存量估计中采用 10.96% 作为折旧率，借鉴该成果，本研究采用 10% 作为折旧率，即按照 10 年折旧期计算全社会固定资产存量 FCL。然后计算第二产业 GDP 占比，用 EZB 表示；对外贸易出口额占第二产业 GDP 的比重，用 RT 表示，用 EZB 乘以 RT 再乘以全社会固定资产存量 FCL，即可得到对外贸易资本量 FK（见附表九）。

由于对外贸易出口统计的是货物贸易，不包括服务贸易，又因为山东省第一产业人口较多，但农产品的出口占比却较少，考虑到这些因素，这里以第二产业就业人数 ER 为基础来计算对外贸易从业人数。接下来是计算对外贸易出口额占第二产业 GDP 的比重 BZ，用 BZ 乘以 ER 便可得到对外贸易劳动力资本 FL（见附表十）。尽管这一计算方法并不十分完美，但在没有更可靠的途径得到相关指标值的情况下，这也是一个可行的选择，毕竟山东省外贸出口中工业制成品的比重较高。

（二）模型的设定

根据前面的理论，建立对外贸易劳动力和资本的产出弹性系数测量模型：

$$LNEX_i = \beta_0 + \alpha LNFL_i + \beta LNFK_i + \mu_i \qquad (9.5)$$

EX 表示对外贸易出口额，FL 表示对外贸易劳动力人数，FK 表示对外贸易资本投入量，t 表示时间，β_0 为常数项，μ_i 为随机扰动项。

对外贸易技术进步率的方程可以表示为：

$$WMJS = \triangle EX/EX - \alpha \triangle FL/FL - \beta \triangle FK/FK \qquad (9.6)$$

其中，$WMJS$ 表示对外贸易技术进步率，$\triangle EX/EX$ 表示对外贸易出口增长率，$\triangle FL/FL$ 表示对外贸易劳动力增长率、$\triangle FK/FK$ 表示对外贸易资本增长率。

采用山东省 1987—2014 年标准时间序列模型进行研究，研究数据全部来自山东省统计信息网，运用协整理论和 VAR 模型进行实证分析，应用的计量经济分析工具为 Eviews 6.0。

二　对外贸易技术进步率的测量

（一）单位根检验

为了避免对非平稳时间序列进行回归分析时所产生的虚假回归等问

题，首先要对原始数据运用 ADF 检验法进行单位根检验，结果表明，
LNEX，LNFL，LNFK 均为一阶单整时间序列（见表 9.1）。

表 9.1 单位根检验（ADF 检验法）

变量	检验类型（C，T，K）	ADF 检验统计量	5% 临界值	10% 临界值	P 值	结论
LNEX	C，T，0	− 1.811704	− 3.587527	− 3.229230	0.6709	不平稳
LNFL	C，T，0	− 2.873577	− 3.587527	− 3.229230	0.1859	不平稳
LNFK	C，T，0	− 2.518451	− 3.587527	− 3.229230	0.3174	不平稳
DLNEX	C，T，0	− 5.039493	− 3.595026	− 3.233456	0.0021	平稳 *
DLNFL	C，T，0	− 5.622026	− 3.603202	− 3.238054	0.0006	平稳 *
DLNFK	C，T，0	− 4.558986	− 3.595026	− 3.233456	0.0064	平稳 *

注：检验形式（C，T，K）中的 C，T 和 K 分别表示单位根检验方程，包括常数项、时间趋势和滞后阶数，其中滞后期的确定是按 AIC 或 SC 最小原则由系统自动完成的。LNEX 是原序列，DLNEX 是一阶差分序列，以此类推。* 表示在 5% 的显著性水平下序列平稳。

（二）无约束 VAR 模型的最优滞后期判断

对于具有同阶单整的变量序列进行 Johansen 检验，可以判断变量之间是否存在长期稳定关系。进行协整检验需要借助 VAR 模型来判断协整检验的最优滞后期。对变量序列 LNEX，LNFK 与 LNFL 构建 VAR 模型，并在 VAR 模型下确定模型的最优滞后期（结果见表 9.2）。根据 LR 准则、FPE 准则、SC 准则和 HQ 准则判断，模型最优滞后阶数为 2，因此，建立滞后 2 期的无约束 VAR 模型。

表 9.2 VAR 模型最优滞后期判断

Lag	LogL	LR	FPE	AIC	SC	HQ
0	0.990576	NA	0.000234	0.154571	0.299736	0.196373
1	120.3279	201.9554	4.86E − 08	− 8.332914	− 7.752254 *	− 8.165705
2	133.0265	18.55950 *	3.78e − 08 *	− 8.617422 *	− 7.60127	− 8.324806 *

* 代表在不同检验方法下，最优滞后期所对应的检测值。

对滞后 2 期的 VAR 模型进行稳定性检验，结果如表 9.3 与图 9.1 所示。表 9.3 中的 AR 特征根倒数的模均小于 1，从图 9.1 可以直观地看出，

所有的单位根都落于单位根圆内，据此判断所设定的 VAR 模型是稳定的，可以进行下一步的协整分析。

表 9.3　　　　　　　　　　　VAR 模型的稳定性检验结果

Root	Modulus
0.958163 － 0.107094i	0.96413
0.958163 ＋ 0.107094i	0.96413
0.231110 － 0.731675i	0.767307
0.231110 ＋ 0.731675i	0.767307
0.499538	0.499538
－ 0.204802	0.204802

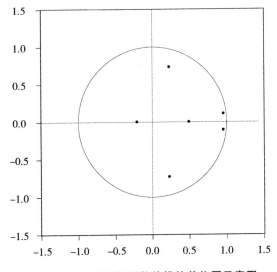

图 9.1　AR 特征根倒数的模的单位圆示意图

（三）协整检验

协整检验结果表明：在 5% 的显著性水平下，变量之间存在着至少 2 个协整方程的假设没有被拒绝。因此，LNCK 与 LNJL，LNJK 之间存在着长期的协整关系（见表 9.4）。

表 9.4　　　　　　　　　　LNEX，LNFL 和 LNFK 的协整检验结果

特征值	似然比	5% 临界值	1% 临界值	假设协整 方程个数
None *	0.579174	46.98236	29.79707	0.0002
At most 1 *	0.473225	24.47840	15.49471	0.0017
At most 2 *	0.259549	7.812894	3.841466	0.0052

说明：检验的滞后期为 1，* 表示在 5% 的显著性水平下拒绝原假设。

（四）因果关系检验

协整检验揭示了变量之间的长期稳定关系，但无法揭示变量之间的因果关系，因此要进行 Granger 因果关系检验（检验结果见表 9.5）。通过检验得出结论：在 10% 的置信度下，LNFK 是 LNEX 的格兰杰原因，在 1% 的置信度下，LNFL 是 LNEX 的格兰杰原因。因此，在 10% 的置信度下，资本投入与劳动力投入均对对外贸易的发展构成了格兰杰原因，但具体的影响关系如何，需要进一步运用计量经济模型进行分析。

表 9.5　　　　　　　　　　　格兰杰因果关系检验结果

应变量：LNEX

排除的变量	卡方统计量	滞后长度	检验 P 值
LNFK	5.346638	2	0.069
LNFL	9.994339	2	0.0068

（五）方程估计

运用最小二乘法进行方程估计，结果如下：

$$LNEX = -2.461222 + 0.5720 \times LNFK + 0.8261 \times LNFL$$

$$T = (-3.7637) \quad (11.1744) \quad (5.0651)$$

$$R^2 = 0.994443 \quad F \text{ 统计量} = 2236.896 \quad DW = 0.498171$$

从回归结果看，R^2 等于 0.994443，说明方程拟合良好，DW 值为 0.498171，由查德宾—沃森 d 统计量表得知，在变量数为 2，样本数为 28 的条件下，$d_l = 1.255$，$d_u = 1.560$，0.498171 < 1.255，说明方程存在自相关现象。通过对残差进行 LM 检验发现，LM 值的概率 P 值为 0.0004，显著拒绝原假设，

认为模型残差序列存在自相关。下面通过在方程中引入 AR（1）、AR（2）、AR（3）来消除自相关。在引入 AR（1）与 AR（2）后仍然存在自相关，在引入 AR（3）后，方程中的 AR（2）项不再显著，因此去掉 AR（2）项，由于常数项一直不显著，因此将常数项也去除，最终得到方程如下：

$LNEX = 0.6243 \times LNFK + 0.3734 \times LNFL + [AR(1) = 1.0083, AR(3) = -0.1734]$

$\quad T = (14.3912) \quad (6.8528) \quad\quad (10.3132) \quad (-1.9841)$

$\quad R^2 = 0.999576 \quad F$ 统计量 $= 6603.96 \quad DW = 1.961459$

从估计结果来看，消除了自相关，消除了一阶自回归，方程 t 检验全部通过，说明自变量对应变量影响显著，$R^2 = 0.999567$ 表明，方程的自变量对于因变量的解释程度高，方程拟合良好。

由于变量 $LNFK$ 与 $LNFL$ 的系数和不等于 1，需要进行系数调整。根据上述理论，设定模型如下：

$LNY = r + \beta LNZ + \mu_i$

$Y = EX/FL$，$Z = FK/FL$，r 为常数项

对 LNY 与 LNZ 进行单位根检验，结果表明 LNY 与 LNZ 均为一阶单整序列，协整检验表明变量间存在协整关系。运用最小二乘法进行方程估计，结果如下：

$\quad LNY = -0.1824 + 0.7528 \times LNZ$

$\quad\quad t = (-7.2444) \quad (35.6074)$

$\quad R^2 = 0.9807 \quad DW = 0.1324 \quad F$ 统计量 $= 1267.886$

从回归结果来看，$DW = 0.1324$，表明回归方程存在自回归现象，为消除自回归，引入变量 AR（1），重新回归的结果为：

$\quad LNY = 0.0683 + 0.6170 \times LNZ + [AR(1) = 0.9200]$

$\quad\quad t = (0.1857) \quad (5.7014) \quad\quad (12.3094)$

$\quad R^2 = 0.9977 \quad DW = 1.2003 \quad F$ 统计量 $= 4978.358$

由于常数项 t 检验没有通过，去掉常数项重新回归，并引入 AR（3），结果如下：

$\quad LNY = 0.6265 \times LNX + [AR(1) = 0.9633, AR(3) = -0.1327]$

$\quad\quad t = (34.6317) \quad\quad (9.7120, \quad\quad -1.6579)$

$\quad R^2 = 0.998957 \quad DW = 2.064983$

可决系数等于 0.998957，说明方程拟合度高，回归方程 t 检验通过，

LNZ 对 LNY 影响显著，$DW=2.064983$，表明方程不存在自回归。因此得到 $\beta=0.63$，$\alpha=1-\beta=0.37$

将 α 与 β 带入方程（9.6）得到 1988—2014 年的对外贸易技术进步率 WMJS 的值（结果见附表十一）。从 WMJS 值的变化趋势来看，山东省对外贸易技术进步率呈现出总体下降的变化趋势（图 9.2）。

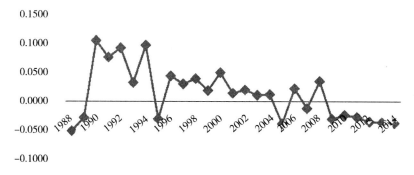

图 9.2 山东省对外贸易技术进步率趋势变化

三 加工贸易技术进步率的测量

加工贸易技术进步率的测量方法与对外贸易技术进步率的测量方法一致，首先对原始变量取对数以避免异方差，其次运用 ADF 检验法进行单位根检验（结果见表 9.6）。LNJGEX，LNJGFK，LNJGFL 均为一阶单整时间序列。

表 9.6 　　　　　　　　　　单位根检验（ADF 检验法）

变量	检验类型 （C，T，K）	ADF 检验 统计量	5% 临界值	10% 临界值	P 值	结论
LNJGEX	C，T，0	− 0.390424	− 3.587527	− 3.229230	0.9827	不平稳
LNJGFL	C，T，0	− 0.673490	− 3.587527	− 3.229230	0.9651	不平稳
LNJGFK	C，T，0	− 0.910030	− 3.587527	− 3.229230	0.9402	不平稳
DLNJGEX	C，T，0	− 5.178690	− 3.595026	− 3.233456	0.0015	平稳*
DLNJGFL	C，T，0	− 4.259926	− 3.595026	− 3.233456	0.0124	平稳*
DLNJGFK	C，T，0	− 4.974392	− 3.595026	− 3.233456	0.0025	平稳*

注：检验形式（C，T，K）中的 C，T 和 K 分别表示单位根检验方程包括常数项、时间趋势和滞后阶数，其中滞后期的确定是按 AIC 或 SC 最小原则由系统自动完成的。LNJGEX 是原序列，DLNJGEX 是一阶差分序列，以此类推。* 表示在 5% 的显著性水平下序列平稳。

对变量序列 LNJGEX，LNJGFK 与 LNJGFL 构建 VAR 模型，并在 VAR 模型下确定最优滞后期（结果见表 9.7）。根据 LR 准则、SC 准则和 HQ 准则判断，模型最优滞后期为 1，因此，建立滞后 1 期的无约束 VAR 模型。

表 9.7 　　　　　　　　　VAR 模型最优滞后期判断

Lag	LogL	LR	FPE	AIC	SC	HQ
0	- 6.103765	NA	0.000416	0.7283	0.874566	0.768869
1	122.5786	216.1864*	2.91E - 08	- 8.8463	- 8.261228*	- 8.684017*
2	132.1128	13.72918	2.90e - 08*	8.889020*	- 7.865165	- 8.605046
3	139.0509	8.32581	3.76E - 08	- 8.7241	- 7.261423	- 8.318397

　* 代表在不同检验方法下，最优滞后期所对应的检测值。

对滞后 2 期的 VAR 模型进行稳定性检验（结果见表 9.8）。表 9.8 中的 AR 特征根倒数的模均小于 1，据此判断所设定的 VAR 模型是稳定的，可以进行下一步的协整分析。

表 9.8 　　　　　　　　　VAR 模型的稳定性检验结果

Root	Modulus
0.986413 - 0.094304i	0.990910
0.986413 + 0.094304i	0.990910
0.440834	0.440834

协整检验结果表明：在 5% 的显著性水平下，变量之间存在至多 2 个协整方程的假设被拒绝。因此，LNJGEX 与 LNJGFL，LNJGFK 之间存在着至少 3 个协整方程（见表 9.9）。

表 9.9 　　　　　　LNJGEX，LNJGFL 和 LNJGFK 的协整检验结果

特征值	似然比	5% 临界值	1% 临界值	假设协整方程个数
None*	0.607556	52.80293	29.79707	0.0000
At most 1*	0.530141	27.54816	15.49471	0.0005
At most 2*	0.232779	7.154477	3.841466	0.0075

　说明：检验的滞后期为 1，滞后期的确定是在 Pautula 原则的基础上确定的。* 表示在 5% 的显著性水平下拒绝原假设。

进行 Granger 因果关系检验的结果如表 9.10 所示。通过检验得出结论：在 5% 的置信度下，LNJGFK 与 LNJGFL 均是 LNJGEX 的格兰杰原因，加工贸易资本与劳动力投入对加工贸易的发展均构成了格兰杰原因。

表 9.10　　　　　　　　　　　**格兰杰因果关系检验结果**

应变量：LNJGEX

排除的变量	卡方统计量	滞后长度	检验 P 值
LNJGFK	10.25225	1	0.0014
LNJGFL	8.622374	1	0.0033

运用最小二乘法进行方程估计，结果如下：

$$LNEX = -2.461222 + 0.5720 \times LNFK + 0.8261 \times LNFL$$
$$T = -3.763740) \quad (11.17440) \quad (5.065109)$$
$$R^2 = 0.994443 \quad F 统计量 = 2236.896 \quad DW = 0.498171$$

从回归结果看，R^2 等于 0.994443，说明方程拟合良好，DW 值为 0.498171，由查德宾—沃森 d 统计量表得知，在变量数为 2，样本数为 28 的条件下，$d_L = 1.255$，$d_U = 1.560$，0.498171 < 1.255，说明方程存在自相关现象。通过对残差进行 LM 检验发现，LM 值的概率 P 值为 0.0004，显著拒绝原假设，认为模型残差序列存在自相关。下面通过在方程中引入 AR（1）、AR（2）、AR（3）来消除自相关。在引入 AR（1）与 AR（2）后仍然存在自相关，在引入 AR（3）后，方程中的 AR（2）项不再显著，因此去掉 AR（2）项，由于常数项一直不显著，因此将常数项也去除，最终得到如下方程：

$$LNJGEX = 0.6294 \times LNJGFK + 0.3660 \times LNJGFL + [AR(1) = 1.02, AR(3) = -0.18]$$
$$T = (15.1813) \quad (6.8637) \quad (10.2856) \quad (-2.0229)$$
$$R^2 = 0.999692 \quad DW = 1.943555$$

从估计结果来看，消除了自相关，方程 t 检验全部通过，说明自变量对应变量影响显著，$R^2 = 0.999692$ 表明，方程拟合良好。

由于变量 LNJGFK 与 LNJGFL 的系数和不等于 1，需要进行系数调整（调整过程略）。最后得到：$\beta = 0.63$，$\alpha = 1 - \beta = 0.37$。

由此可看出，加工贸易的资本与劳动力对技术进步的贡献率与货物贸易是一致的。将 α 与 β 带入方程（9.6）得到 1988—2014 年加工贸易技术进步率 JGJS 的值（结果见附表十一）。从 JGJS 值的变化趋势来看，山东省加工贸易技术进步率总体上也呈现出下降的趋势。

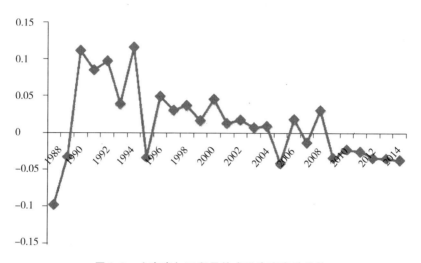

图 9.3　山东省加工贸易技术进步率变动趋势

四　山东省对外贸易国际竞争力与对外贸易技术进步率关系分析

对外贸易国际竞争力的测量采用贸易竞争力指数 TI，即用净出口比进出口总额得到（具体数值见附表十一）。首先，运用 ADF 检验法对变量序列 TI 与 WMJS 进行单位根检验，检验结果（见表 9.11）显示，TI 与 WMJS 均为平稳数列。

表 9.11　　　　　　　　　　　　单位根检验（ADF 检验法）

变量	检验类型 （C，T，K）	ADF 检验 统计量	5% 临界值	10% 临界值	P 值	结论
TI	C，0，0	− 3.0858	− 2.9810	− 2.6299	0.0402	平稳 *
WMJS	C，T，0	− 4.2364	− 3.6329	− 3.2547	0.0152	平稳 *

注：检验形式（C，T，K）中的 C，T 和 K 分别表示单位根检验方程包括常数项、时间趋势和滞后阶数，其中滞后期的确定是按 AIC 或 SC 最小原则由系统自动完成的。* 表示在 5% 的显著性水平下序列平稳。

为了验证 TI 和 WMJS 的影响关系，利用格兰杰因果关系检验法对变量序列 TI 和 WMJS 进行检验（结果见表9.12）。在滞后 3 期的状态下，TI 不是 WMJS 的格兰杰原因的假设被拒绝，即 TI 是 WMJS 的格兰杰原因，但 WMJS 不是 TI 的格兰杰原因。但在滞后 4 期的状态下，WMJS 是 TI 的格兰杰因果关系原因。

表 9. 12　　　　　　　　　WMJS 与 TI 的格兰杰因果关系检验结果

假设	滞后期数	F 统计量	检验 P 值
WMJS 不是 TI 的格兰杰原因	3	1. 86476	0. 1739
TI 不是 WMJS 的格兰杰原因	3	4. 21336	0. 0212
WMJS 不是 TI 的格兰杰原因	4	3. 44732	0. 0368
TI 不是 WMJS 的格兰杰原因	4	2. 86566	0. 0631

对于平稳的时间序列 TI 和 WMJS，可以直接建立计量经济模型。以 WMJS 为自变量，以 TI 为应变量，用 OLS 回归法估计回归方程，结果如下：

$$TI = 0.1708 + 2.0170 \times WMJS$$

$$T = (8.6169) \quad (4.5746)$$

$$R^2 = 0.455654 \quad DW = 1.958952 \quad F 统计量 = 20.92668$$

可决系数等于 0.455654，说明影响 TI 的因素除了 WMJS 之外还有其他变量，但这不影响二者关系的判断。T 统计量全部显著，说明自变量对于因变量具有显著的影响。当自变量为 1 个，观测变量为 27 时，查表得：$d_U = 1.469$，$d_L = 1.316$，$DW = 1.958952$，$1.469 < 1.958952 < 4 - 1.469$，由此判断方程不存在自回归。

回归方程表明，TI 与 WMJS 之间存在正的相关关系，对外贸易技术进步率每增加 1 个百分点，对外贸易国际竞争力将会增加 2.016982 个百分点，因此，山东省对外贸易的技术进步促进了对外贸易国际竞争力的提高。

五　数据分析与结论

本节以柯布—道格拉斯生产函数与索罗增长模型为基础，利用

1988—2014 年的数据，测算了山东省对外贸易技术进步率，并在此基础上分析了山东省对外贸易技术进步率对对外贸易国际竞争力的影响。首先计算出 1988—2014 年山东省对外贸易技术率与加工贸易技术进步率，接着利用格兰杰因果关系检验法检验了对外贸易技术进步率与对外贸易国际竞争力之间的关系，在判断出二者之间的因果关系后，利用最小二乘法构建计量模型。

从对外贸易技术进步率来看，WMJS 值在 1990—2004 年基本为正（除 1995 年外），这说明这期间山东省对外贸易存在着正的技术溢出效应，但 2005 年以后，波动较大，2006 年和 2008 年的 WMJS 值为正，其余年份的 WMJS 值为负，说明这期间对外贸易技术溢出效应不稳定。通过 H－P 滤波分析，可以发现 WMJS 值具有下降的发展趋势，这说明山东省对外贸易技术溢出的效果总体趋于下降（见图 9.4）。加工贸易技术进步率呈现出与对外贸易技术进步率相似的变动趋势，这主要是因为山东省加工贸易在对外贸易出口额中的占比较高，多年来一直高于 50%，所以二者具有了相似的走势。

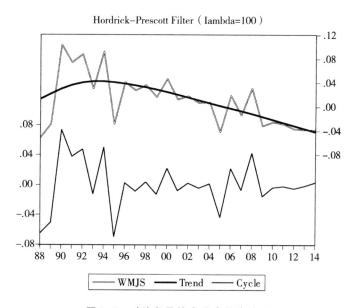

Hordrick−Prescott Filter（Iambda=100）

图 9.4　对外贸易技术进步值滤波图

从对外贸易技术进步率与对外贸易国际竞争力的 Granger 因果关系看，山东省对外贸易技术进步率是提高出口产品国际竞争力的重要因素，同时对外贸易国际竞争力也是外贸技术进步的格兰杰原因，但是对外贸易国际竞争力对于对外贸易技术进步率的影响滞后 3 期就可以显现，而对外贸易技术进步率对于对外贸易国际竞争力的作用需要滞后 4 期才能显现。因此，促进对外贸易技术进步率的提高有助于对外贸易国际竞争力的提升，而保持净出口将有助于资本积累，进而达到促进对外贸易技术进步的效果。

从回归方程的结果来看，对外贸易技术进步率与对外贸易国际竞争力之间存在正相关关系，山东省对外贸易的技术进步促进了对外贸易国际竞争力的提高，对外贸易技术进步率每增加 1 个百分点，对外贸易国际竞争力将会增加 2.016982 个百分点。

如何提高对外贸易技术进步率一直以来是山东省政府面临的一项重要课题，加大对外贸易企业的资本与劳动力投入，尤其是注意吸引国际资本进入对外贸易生产企业，并采取措施促进对外贸易向技术含量高的产业以及传统产品的高技术环节发展，会不断促进对外贸易国际竞争力的提升。

第十章

对外贸易与居民收入的关系

第一节 相关理论回顾

一 倒 U 形曲线与收入差距

"倒 U 形曲线"是美国经济学家库兹涅茨在 1955 年提出的收入分配随着经济发展状况而变化的曲线，又被称为"库兹涅茨曲线"。库兹涅茨是根据传统农业产业发展向现代工业产业转变的过程来分析经济增长与收入不平等关系的。他提出，经济发展会带来社会的改变、产业结构的变动，从而影响收入分配。一般遵循这样的规律：在经济未充分发展的阶段，收入分配会随着经济发展而更加不平衡，随后到达暂时无大变化的时期；当经济达到充分发展的阶段，收入分配将趋于平等。若建立一个坐标轴，以纵轴表示收入分配不平等程度，以横轴表示经济发展指标，那么两者之间的关系最终会以倒 U 形曲线来呈现。

实际上，"倒 U 假说"是在阐述这样一个事实：发展中国家在向发达国家过渡的过程中，收入差距将会随着经济增长先恶化，随后稳定，最后再得到改善。收入差距扩大的主要原因在于初次分配中资源过于集中；而且由于体制的不完善，无法有效抑制初次分配的不公。随着社会的进步，经济发展会促使资源的收入分配更为平等，再分配也会变得更加公平，因而缓解了收入差距。

"倒 U 假说"提出以来，其普遍性还是一直存有争议的，有经济学家赞同这种观点，如诺贝尔经济学奖获得者刘易斯在他的二元经济结构理论中，得出了与库兹涅茨一致的看法。但也有经济学家在分析中发现了许多"倒 U 假说"的反例。国内外学者基于不同的研究视角，采用不同的样本，运用不同的方法，实证研究了经济与收入的关系，并将这一研究拓展到贸易领域，形成了不同的研究结论。

二 研究成果回顾

国内外学者对于贸易与居民收入差距之间的关系进行了大量的研究。Pernia 等（2003）通过对菲律宾的研究发现：对外贸易扩大了菲律宾地区经济间的增长差距。Dollar（2004）的研究表明：全球化使得低收入国家的经济增长率高于高收入国家，经济全球化是减少国家间收入不均等的积极因素。O'Rourke（2001）认为，由于各国具体情况和全球化的内容不同，全球化对国家间收入差距的影响是不确定的。Wei 和 Wu（2001）采用 1988—1993 年 100 多个城市的面板数据，研究表明：贸易开放减轻了城乡收入不平等程度。Green，Dickerson and Arbache（2001）研究了巴西贸易自由化对该国平均真实工资和就业分布的影响，发现巴西的工资差距与贸易自由化等因素无关。Silva 等（2003）根据收入和产业特征对美国各地区进行了更加细致的分析，结果表明，贸易对地区收入不平等的效应不确定。

由此可以看出，国际上关于贸易开放对国家间收入差距、国内收入差距以及城乡收入不平等的影响，目前并没有统一的研究结论，同样国内的研究也未有一致的结论。

就贸易与城乡居民收入差距方面的研究来看，主要有三种观点：国际贸易有利于缩小中国的城乡收入差距；国际贸易会扩大中国的城乡收入差距；贸易对城乡收入差距的影响呈现非线性的"U 形"或者"倒 U 形"关系。

赵晓霞（2009）通过对对外贸易、外商直接投资与中国城乡收入变化的考察，认为对外贸易、外商直接投资不仅能大幅提高中国城乡居民的收入水平，而且有利于城乡居民收入差距的缩小，对收入结构的变动也具有一定的影响。袁冬梅、魏后凯和杨焕（2011）分析了 1995 年以来中国各地区贸易开放度、贸易商品结构与城乡收入差距的变化趋势，并进行了实证检验，结果表明：从全国范围以及分地区来看，贸易开放度的扩大有利于城乡居民收入差距的缩小。

纪明、赵菊花（2010）考察了出口对经济增长和城乡收入差距影响的演化特征，认为出口导致中国城乡收入差距不同程度的持续上升。张习宁、关艳丽（2011）将二元经济结构加入模型进行实证检验，认为对外贸易的发展扩大了中国的城乡收入差距。周娟、张广胜（2008）利用1988—2005 年的省级面板数据进行计量分析，发现对外贸易对全国及三大地区城乡收入差距的影响呈现出非线性的"倒 U 形"关系，在不同程度上扩大了全国及三大地区的城乡收入差距。

孙永强、万玉林（2010）选取 1978—2008 年的面板数据，对中国的进出口贸易与城乡收入差距之间的关系进行了分析，得出结论：中国的对外贸易总体上扩大了城乡收入差距，但这一影响在不同地区、不同时期的影响方向、影响程度和显著性均不尽相同。林江、黄亮雄、孙辉（2011）的研究结果表明，贸易与城乡收入差距之间并不是简单的"倒 U 形"关系，在经历"倒 U 形"关系之后，两者仍有一个弱的正相关关系，最终城乡收入差距趋于稳定，不随贸易开放度的上升而变化。

通过文献回顾发现，近年来，关于对外贸易对中国收入影响的研究主要集中在对外贸易对于收入分配与收入差距的影响上。无论是国际还是国内的研究成果，对这一命题的结论不完全一致，甚至出现相互背离情形，这可能是由于研究数据、分析方法的差异导致的。尽管结论不一，已有的研究成果也为本研究提供了研究思路，接下来将实证研究山东省对外贸易与居民收入以及收入差距的关系。

第二节　山东省对外贸易收入效应的实证分析

一　变量的选择

从已有的文献来看，学者们所使用的测量居民收入差距的指标有很多，例如泰尔指数、洛伦兹曲线、基尼系数以及城乡收入差距比等。本节主要研究对外贸易对居民收入以及对城乡收入差距的影响，因此选用的自变量指标包括对外贸易额（FT）、对外贸易出口额（EX）、对外贸易进口额（IM），考察的应变量主要有城镇居民年家庭人均总收入（CI）、农民人均纯收入（NI）以及城乡居民人均收入差距比（CJB）。其中，城乡居民人均收入差距比采用城镇居民年家庭人均总收入与农民人均纯收入之比。

选择山东省 1984—2014 年作为标准时间序列，所有数据均来自《山东统计年鉴》。为避免汇率以及物价带来的影响，将对外贸易进口额与出口额分别按照当期汇率折算成人民币后，连同城镇居民年家庭人均总收入

（CI）、农民人均纯收入（NI）一起，以 1990 年价格为不变价格，计算出各期剔除价格影响因素后的出口额、进口额、城镇居民年家庭人均总收入和农民人均纯收入（数据见附表十二）。

由于对原始变量取自然对数可以减少可能存在的异方差现象而不影响变量之间的关系，在此对原始变量取对数，相应的对数形式分别为 LNEX、LNIM 和 LNCI、LNNI、LNCJB（具体数据见附表十三）。

二　相关性分析

为初步判断各变量序列之间相关性的高低，首先计算相关系数，结果如表 10.1 所示。从表 10.1 的数据看，变量序列 LNEX、LNIM 与 LNCI、LNNI、LNCJB 的相关系数都在 0.7 以上，说明变量序列 LNEX、LNIM 分别与 LNCI、LNNI、LNCJB 之间存在相关关系。

表 10.1　　　　　　　　　LNEX，LNIM 与 LNGDP 的相关系数

	LNCI	LNNI	LNCJB	LNEX	LNIM
LNCI	1	0.969999	0.968059	0.987993	0.856385
LNNI	0.969999	1	0.959465	0.974669	0.827579
LNCJB	0.968059	0.959465	1	0.989499	0.739923
LNEX	0.987993	0.974669	0.989499	1	0.829385
LNIM	0.856385	0.827579	0.739923	0.829385	1

三　平稳性检验

为确保模型具有经济意义，在利用计量经济模型分析之前，需要判断变量是不是平稳的，这就需要对变量序列进行平稳性检验，以防止虚假回归。

如果变量时间序列的统计特征随着时间的改变而改变，则认为时间序列是不平稳的；如果随着时间的推移，时间序列的随机特征保持不变，则认为时间序列是平稳的，进行协整检验的时间序列应该都是非平稳的同阶单整序列。运用 ADF 法对取过对数的变量序列进行平稳性检验（检验结果见表10.2）。

表 10.2　　　　　　　　　　　变量的单位根检验结果

变量	检验类型 （C，T，K）	ADF 检验值	5% 临界值	10% 临界值	P 值	结论
LNEX	C，T，5	− 2.117872	− 3.568379	− 3.218382	0.5156	不平稳
LNIM	C，T，0	− 4.275393	− 3.568379	− 3.218382	0.0105	平稳 *
LNCI	C，T，1	− 3.162039	− 3.574244	− 3.221728	0.1117	不平稳
LNNI	C，0，0	− 0.439459	− 3.690814	− 3.286909	0.9766	不平稳
LNCJB	C，T，3	− 2.954037	− 3.587527	− 3.229230	0.1626	不平稳
DLNCI	0，0，0	− 3.804453	− 3.580623	− 3.225334	0.0314	平稳 *
DLNNI	C，T，0	− 3.720761	− 3.574244	− 3.221728	0.0369	平稳 *
DLNCJB	C，T，1	− 3.777787	− 3.580623	− 3.225334	0.0332	平稳 *
DLNEX	C，T，0	− 6.537728	− 3.574244	− 3.221728	0.0000	平稳 *

注：检验形式（C，T，K）中的 C，T 和 K 分别表示单位根检验方程包括常数项、时间趋势和滞后阶数，其中滞后期的确定是按 AIC 或 SC 最小原则由系统自动完成的。LNEX 是原序列，DLNEX 是一阶差分序列，以此类推。* 表示序列在 5% 的显著性水平下平稳。

　　检验结果表明：在 5% 的显著性水平下，序列 LNIM 的 ADF 统计量均小于临界值，拒绝原假设，因此序列 LNIM 是平稳的时间序列。LNEX、LNCI、LNNI、LNCJB 的 ADF 统计量均大于临界值，接受原假设，即序列 LNEX、LNCI、LNNI、LNCJB 均存在单位根，都是不平稳的，但在一阶差分后均变成平稳序列，因此 LNEX、LNCI、LNNI、LNCJB 均为一阶单整非平稳序列。由于研究的变量序列不满足全部同阶单整的协整关系检验要求，在此考虑构建 VAR 模型，通过稳定性检验的 VAR 模型可以进行因果关系检验、脉冲响应分析与方差分解。

四　VAR 模型构建

（一）对变量 LNCI、LNEX 和 LNIM 构建 VAR 模型[①]

　　首先确定模型最优滞后阶数。外贸出口对收入影响的最大滞后期数设定为 4 期，在初步设定的 VAR 模型下进行最优滞后期检验，结果如表 10.3 所示。

---

　　①　由于本部分研究主要在于分析变量序列之间的因果关系，因此，VAR 模型的结果在此就不做表示了，而是直接在 VAR 模型分析结果页面进行模型的有效性判断与格兰杰因果关系分析。

表 10.3   VAR 模型最优滞后期的确定标准

Lag	LogL	LR	FPE	AIC	SC	HQ
0	− 20. 0763	NA	0. 001109	1. 709358	1. 85334	1. 752172
1	73. 42977	159. 3067	2. 13E − 06	− 4. 55035	− 3. 97443	− 4. 3791
2	97. 11055	35. 08263	7. 41E − 07	− 5. 63782	− 4. 62995	− 5. 33813
3	115. 8397	23. 58479 *	3. 88e − 07 *	− 6. 35849	− 4. 918674 *	− 5. 93036
4	126. 7382	11. 30225	3. 92E − 07	− 6. 499130 *	− 4. 62737	− 5. 942556 *

*   代表不同检验方法下，最优滞后期所对应的检测值。

根据 LR 准则、FPE 准则、SC 准则综合判断，模型最优滞后阶数为 3，因此，建立滞后 3 期的无约束 VAR 模型：

$LNCI$ = 0. 052 × LNEX（−1）＋0. 049 × LNEX（−2）−0. 0106 × LNEX（−3）− 0. 0109 × LNIM（−1）− 0. 0145 LNIM（−2）−0. 0375 LNIM（−3）＋1. 8669 × LNCI（−1）− 1. 7581 × LNCI（−2）＋0. 8247LNCI（−3）−0. 1954

LNEX = 0. 6640 × LNEX（−1）＋0. 1340 × LNEX（−2）− 0. 0522 × LNEX（−3）− 0. 1886 × LNIM（−1）＋0. 1660 × LNIM（−2）＋0. 0208 × LNIM（−3）＋3. 8505 × LNCI（−1）− 6. 7357 × LNEX（−2）＋2. 5284 × LNEX（−3）＋1. 1777

LNIM =0. 8849 × LNEX（−1）＋ 0. 1984 × LNEX（−2）−0. 0950 × LNEX（−3）− 0. 2901 × LNIM（−1）− 0. 3416 × LNIM（−2）− 0. 0811 × LNIM（−3）＋1. 3952 LNCI（−1）＋ 3. 4826LNIM（−2）− 3. 2933 LNIM（−3）−2. 4075

上述无约束 VAR 模型的部分参数估计结果不显著，值得注意的是，VAR 模型一般不会因为变量的滞后期不显著而去掉，因为这些变量代表了变量之间的动态影响关系。从 VAR 模型中各方程的 R 方值来看，LNCI、LNEX 和 LNIM 方程的拟合度分别为 0. 999464、0. 992052 和 0. 978409，说明三个方程拟合的都非常好。

VAR 模型的稳定性检验结果见表 10. 4 与图 10. 1。表 10. 4 中的 AR 特征根倒数的模均小于 1，从图 10. 1 可以直观地看出，所有的单位根都落于单位根圆内，据此判断所设定的 VAR 模型是稳定的，表明选取的变量之间存在着长期稳定关系，VAR 模型有效，可以进一步进行格兰杰因果关系分析。

表 10.4　　　　　　　　　　　VAR 模型的稳定性检验结果

Root	Modulus
0.987102 − 0.065277i	0.989258
0.987102 + 0.065277i	0.989258
0.590821 − 0.630630i	0.864155
0.590821 + 0.630630i	0.864155
−0.193118 − 0.835304i	0.857338
−0.193118 + 0.835304i	0.857338
−0.379859 − 0.099898i	0.392775
−0.379859 + 0.099898i	0.392775
0.230925	0.230925

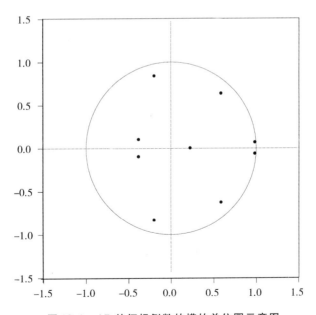

图 10.1　AR 特征根倒数的模的单位圆示意图

（二）　对变量 LNNI、LNEX 和 LNIM 构建 VAR 模型

首先确定模型最优滞后阶数。考虑到进口影响农民人均纯收入的主要原因在于为开展加工贸易而需要的进口，在通常情况下，加工贸易的加工时间都比较短，再结合进口设备、物资转化为生产力的时间，进行综合考虑后，确定最大滞后期数为 2 期（检验结果见表 10.5）。

表 10.5　　　　　　　　　　　　VAR 模型最优滞后期的确定标准

Lag	LogL	LR	FPE	AIC	SC	HQ
0	– 36. 94496	NA	0. 003155	2. 754825	2. 896269	2. 799124
1	68. 33963	181. 5252	4. 14e – 06	– 3. 885492	– 3. 319714	– 3. 708297
2	85. 50904	6. 05015 *	. 42e – 06 *	4. 448900 *	3. 458789 *	– 4. 138809 *

* 代表不同检验方法下，最优滞后期所对应的检测值。

根据 LR 准则、FPE 准则、AIC 准则、SC 准则和 HQ 准则判断，模型最优滞后阶数为 2，因此，建立滞后 2 期的无约束 VAR 模型：

$LNEX = 0.6671 \times LNEX(-1) + 0.2835 \times LNEX(-2) + 0.0473 \times LNIM(-1) + 0.1820 \times LNIM(-2) + 0.3374 \times LNNI(-1) - 0.8519 \times LNNI(-2) + 1.1012$

$LNIM = 1.2171 \times LNEX(-1) - 0.1292 \times LNEX(-2) + 0.0925 \times LNIM(-1) - 0.3867 \times LNIM(-2) + 2.1811 \times LNNI(-1) - 1.5155 \times LNNI(-2) - 2.1468$

$LNNI = -0.0062 \times LNEX(-1) - 0.0345 \times LNEX(-2) + 0.06235 \times LNIM(-1) + 0.06795 \times LNIM(-2) + 1.12925 \times LNNI(-1) - 0.3240 \times LNNI(-2) + 0.1008$

VAR 模型的稳定性检验结果见表 10.6。从表 10.6 可以直观地看出，所有的单位根都小于 1，据此判断所设定的 VAR 模型是稳定的，VAR 模型有效，符合做格兰杰因果关系分析的前提条件。

表 10.6   VAR 模型的稳定性检验结果

Root	Modulus
0.994086 − 0.099144i	0.999017
0.994086 + 0.099144i	0.999017
− 0.170098 − 0.744500i	0.763684
− 0.170098 + 0.744500i	0.763684
0.522007	0.522007
− 0.281108	0.281108

（三） 对变量 LNCJB、LNEX 和 LNIM 构建 VAR 模型

首先确定模型最优滞后阶数，结果如表 10.7 所示。根据 AIC 准则、SC 准则和 LR 与 HQ 准则判断，模型最优滞后阶数为 2。

表 10.7   VAR 模型的最优滞后期的确定标准

Lag	LogL	LR	FPE	AIC	SC	HQ
0	− 5.27277	NA	0.00037	0.612797	0.756779	0.655611
1	70.1247	128.4549	2.73E − 06	− 4.30553	− 3.72961	− 4.13428
2	102.7019	48.26247*	4.90e − 07*	− 6.051990*	− 5.044117*	− 5.752297*
3	106.8698	5.248482	7.55E − 07	− 5.69406	− 4.25424	− 5.26592
4	112.056	5.378325	1.16E − 06	− 5.41156	− 3.53979	− 4.85498

* 代表不同检验方法下，最优滞后期所对应的检测值。

建立滞后 2 期的无约束 VAR 模型下：

$LNCJB = 0.0443 \times LNEX(-1) + 0.0961 \times LNEX(-2) - 0.0577 \times LNIM(-1) - 0.0583 \times LNIM(-2) + 1.2609 \times LNCJB(-1) - 0.4537 \times LNCJB(-2) - 0.2509$

$LNEX = 0.5942 \times LNEX(-1) + 0.1311 \times LNEX(-2) - 0.0378 \times LNIM(-1) + 0.1930 LNIM(-2) + 1.5973 \times LNCJB(-1) - 0.5711 \times LNCJB(-2) + 1.16251$

$LNIM = 1.3518 \times LNEX(-1) - 0.0567 \times LNEX(-2) + 0.0520 \times LNIM(-1) - 0.2435 \times LNIM(-2) + 0.4521 \times LNCJB(-1) - 0.1172 \times LNCJB(-2) - 2.3508$

从 VAR 模型中各方程的 R 方值来看，LNCJB、LNEX 和 LNIM 方程的拟合度分别为 0.986103、0.988176 和 0.962935，说明三个方程拟合良好。

VAR 模型的稳定性检验结果见表 10.8。表 10.8 中的 AR 特征根倒数的模均小于 1，据此判断所设定的 VAR 模型是稳定的、有效的。

表 10.8　　　　　　　　　　VAR 模型的稳定性检验结果

Root	Modulus
0.972388	0.972388
0.634553 – 0.272405i	0.690552
0.634553 + 0.272405i	0.690552
– 0.187309 – 0.660854i	0.686886
– 0.187309 + 0.660854i	0.686886
0.040267	0.040267

五　格兰杰因果关系检验

基于上述三个 VAR 模型，分别进行格兰杰因果关系检验，结果分别如表 10.9、表 10.10 和表 10.11 所示。

表 10.9 显示了 LNCI、LNEX 与 LNIM 之间格兰杰因果关系检验结果。从表 10.9 中的数据来看，在 5% 的显著性水平下，LNEX 是 LNCI 的格兰杰原因；LNIM 也是 LNCI 的格兰杰原因。因此，无论是出口还是进口，其数额的增加都促进了城镇居民年家庭人均总收入的增加。

表 10.9　　　　　　　LNCI 与 LNEX、LNIM 的格兰杰检验结果

应变量：LNCI

排除的变量	卡方统计量	滞后长度	检验 P 值
LNEX	11.89518	3	0.0078
LNIM	12.08726	3	0.0071

表 10.10 显示了 LNNI 与 LNEX、LNIM 的格兰杰因果关系检验结果。从表 10.10 中的检验 P 值判断，在 5% 的显著性水平下，只有 LNIM 是

LNNI 的格兰杰原因，但是 LNEX 不是 LNNI 的格兰杰原因。根据前述的滞后 2 期的无约束 VAR 模型，滞后 1 期与滞后 2 期的 LNIM 的系数均为正值，因此可以得出结论，进口的增加促进了农民人均纯收入水平的上升。出口的增加并没有带来农民人均纯收入水平的提高。

表 10.10　　　　　LNNI，LNEX 与 LNIM 的格兰杰检验结果

应变量：LNNI

排除的变量	卡方统计量	滞后长度	检验 P 值
LNEX	1.851202	2	0.3963
LNIM	28.16054	2	0.0000

表 10.11 显示了 LNEX，LNIM 与 LNCJB 的格兰杰因果关系检验结果。根据表 10.11 中检验 P 值可以判断，在 5% 的显著性水平下，LNIM 是 LNCJB 的格兰杰原因，根据滞后 2 期的无约束 VAR 模型方程，可以发现滞后 1 期与滞后 2 期的 LNIM 的系数均为负值，因此，可以得出结论，进口的增加缩小了城乡居民的收入差距。出口是城乡居民收入差距扩大的格兰杰原因，即出口的扩大引起了城乡居民收入差距的扩大。

表 10.11　　　　　LNCJB，LNEX 与 LNIM 的格兰杰检验结果

应变量：LNCJB

排除的变量	卡方统计量	滞后长度	检验 P 值
LNEX	73.88990	2	0.0000
LNIM	69.88523	2	0.0000

六　脉冲响应分析

脉冲响应函数旨在用来研究一个变量受到来自外部的一个标准差单位的冲击时，另一个变量的动态反应状况，可以追踪各变量对系统中某一个或若干个变量冲击的效果。因此基于 VAR 模型，分别给变量 LNEX，LNIM 施加一个正标准差的冲击，分别得到 LNCI，LNNI 与 LNCJB 的脉冲响应变化图（见图 10.2 至图 10.6）。

图 10.2 显示，当本期 LNEX 受外部条件冲击后，LNCI 在第 1 期没有

反映，从第 2 期开始，呈现逐步扩大的正向变化。这说明外贸出口会持续促进镇居民年家庭人均总收入的增加，但这种影响需要滞后一期方才会显现。

图 10.3 显示，当本期 LNIM 受外部条件冲击后，LNCI 在第 1 期就表现为负向反应，一直持续到第 5 期之后才表现为正向变化。这说明进口的扩大在短期内会抑制镇居民年家庭人均总收入的提高。

图 10.4 显示，当本期 LNIM 受外部条件冲击后，LNNI 在第 1 期没有反应，从第 2 期开始明显提升，第 3 期达到最高，以后各期略有波动并逐期下降，但一直表现为正向反应。这说明进口的扩大，对农民人均纯收入起到了极大的促进作用。

图 10.5 显示，当本期 LNEX 受外部条件冲击后，LNCJB 在第 1 期就表现为正向变化，到第 3 期达到最高，在第 5 期后，出现快速下降趋势，但总体上一直保持正向反应。这说明出口的扩大促进了城乡居民收入差距的扩大。

图 10.6 显示，当本期 LNIM 受外部条件冲击后，LNCJB 在第 1 期就表现为负向变化，到第 3 期达到最低并持续到第 4 期，第 5 期以后逐期上升并趋近于 0，总体的反应一直保持为负值。这说明随着进口的扩大，城乡居民收入差距逐步缩小。

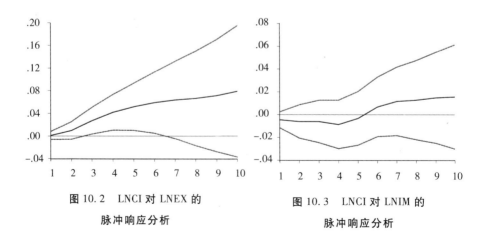

图 10.2　LNCI 对 LNEX 的
脉冲响应分析

图 10.3　LNCI 对 LNIM 的
脉冲响应分析

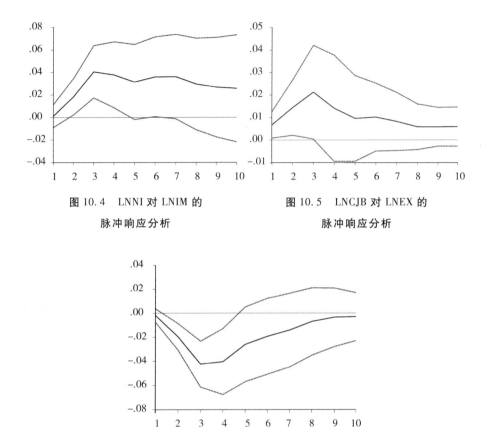

图 10.4　LNNI 对 LNIM 的
脉冲响应分析

图 10.5　LNCJB 对 LNEX 的
脉冲响应分析

图 10.6　LNCJB 对 LNIM 的脉冲响应分析

说明：横轴表示冲击作用的滞后期间数（年），纵轴表示相应变量；实线表示一个标准差的脉冲响应，虚线表示正负两倍标准差的置信带。

七　方差分解

方差分解法会将系统中某变量的预测方差分解为系统中各变量冲击所带来的影响，记录系统中每个变量冲击对该变量的预测均方误差的贡献，从中了解各冲击对模型内生变量的相对重要性。基于前述的 VAR 模型，分别得到 LNCI、LNNI 和 LNCJB 的方差分解结果（见表 10.12，表 10.13 与表 10.14）。

从表 10.12 可看出，山东省镇居民年家庭人均总收入除了来自自身冲击的影响外，在第 2 期以后出口的贡献率迅速增加，到第 5 期就已经超过了 50%。相比较而言，进口的贡献率在初期表现明显，达到 5.65%，以后呈波动下降并基本保持在 2.8% 以下。相比较进口而言，在初期，外贸进口水平变动的贡献率高于出口水平变动的贡献率；但从第 2 期开始，就发生了反转性的变化。因此，长期来看，外贸出口对于山东省镇居民年家庭人均总收入的影响远高于进口。

表 10.12 　　　　　　　　　　　LNCI 的方差分解结果

Period	S. E.	LNEX	LNIM	LNCI
1	0.123810	0.361317	5.650219	93.98846
2	0.179396	5.809787	3.393982	90.79623
3	0.245587	22.59226	2.493541	74.91420
4	0.307087	40.59453	2.590250	56.81522
5	0.358174	54.93171	1.836969	43.23132
6	0.409258	65.55640	1.668205	32.77540
7	0.459866	72.49248	2.027353	25.48017
8	0.501850	76.64278	2.315508	21.04172
9	0.540215	79.11036	2.619642	18.26999
10	0.580569	81.14821	2.785905	16.06589

从表 10.13 可以看出，山东省农民人均纯收入除了来自自身冲击的影响外，还受外贸进口与出口的影响。外贸出口的方差贡献率从 3.56% 稳步增加，到第 10 期就已经超过了 60%。外贸进口的贡献率在快速上升到 41% 以后，从第 5 期开始逐步下降，最后维持在 20%—30% 之间。因此，外贸进口与出口对于农民人均纯收入的影响都非常重要，从短期来看，进口对农民人均纯收入的影响更明显，但外贸出口对于农民人均纯收入的影响更长远。

表 10.14 显示，除了来自自身冲击的影响外，城乡居民收入差距比还受外贸出口与进口的影响。外贸出口的方差贡献基本维持在 16% 左右，外贸进口的影响从第 1 期的 1.69% 快速上升到第二期的 31.78%，此后逐步稳定在 66% 左右。外贸出口与进口对城乡居民收入差距比都具有重要的影响，但相比较而言，进口对于城乡居民收入差距比的影响更强烈。

表 10.13　　　　　　　　　　　　LNNI 的方差分解结果

Period	S. E.	LNEX	LNIM	LNNI
1	0.150783	3.560371	0.164852	96.27478
2	0.184053	3.991356	15.98942	80.01922
3	0.233116	7.050476	40.55761	52.39192
4	0.284227	16.80984	41.39015	41.80001
5	0.328897	25.92452	38.08459	35.99090
6	0.370927	33.46398	36.95721	29.57882
7	0.415664	41.78200	34.61782	23.60018
8	0.459797	50.30216	30.71522	18.98262
9	0.501480	57.47167	27.12532	15.40301
10	0.542433	63.45761	23.90845	12.63395

表 10.14　　　　　　　　　　　　LNCJB 的方差分解结果

Period	S. E.	LNEX	LNIM	LNCJB
1	0.143587	16.70787	1.693462	81.59867
2	0.174886	20.74158	31.77986	47.47856
3	0.200224	18.69340	57.62775	23.67885
4	0.242873	15.56428	65.20998	19.22574
5	0.286623	14.90445	66.66341	18.43214
6	0.317433	15.26678	66.98285	17.75036
7	0.347326	15.58899	67.07328	17.33774
8	0.376728	15.85133	66.90600	17.24268
9	0.400371	16.19176	66.62551	17.18273
10	0.420355	16.54924	66.33366	17.11710

八　数据分析与结论

本章主要研究了对外贸易进口额、出口额分别与城镇居民年家庭人均总收入、农民人均纯收入和城乡居民人均收入差距的相互影响。研究思路是：首先应用 ADF 方法对变量序列的平稳性进行了检验；其次，分别构建 VAR 模型，并对各个模型的稳定性进行了检验；最后，基于有效的 VAR 模型，进行了格兰杰因果关系检验、脉冲响应与方差分解分析。

1. 无论是出口还是进口均构成了城镇居民年家庭人均总收入的格兰杰原因。从 VAR 模型内生变量的系数正负来看，外贸出口的扩大促进了城镇居民年家庭人均总收入的增加；外贸进口的增加抑制了城镇居民年家庭人均总收入的上升。从方差分解来看，外贸出口对于城镇居民年家庭人均总收入的正向影响要远远高于外贸进口所带来的抑制效果。

（1）对外贸易出口扩大城镇居民年家庭人均总收入的原因，最主要的是对外贸易的就业与收入扩大效应。自从改革开放以来，山东省利用政策优势、地理优势与成本优势，大力吸引外资，推动对外贸易的快速发展，山东省对外贸易的繁荣发展，为大量劳动力带来了就业机会，推动了城镇居民收入的增加。但在成本与资源优势逐步降低的背景下，在大量外资撤资于越南、老挝等成本优势更为明显的东南亚国家的新常态背景下，要持续发挥对外贸易的就业与收入扩大效应，山东省政府需要采取切实措施，大力推动对外贸易的转型升级，全力提高产品的国际竞争力。

（2）进口扩大人均收入的最主要原因有二：一是进口的技术、设备等资源型产品，促进了地区经济的发展，进而带动了收入的增加；二是近年来，加工贸易在出口总额中的占比为 40% 左右，2010 年以前处于 50%以上，加工贸易的来料与进料均被统计为进口，进口的扩大事实上也反映了加工贸易的不断扩大。

山东省进口降低了城镇居民年家庭人均总收入的原因主要是进口产品的结构不合理，只有进口对于国内生产能发挥促进作用的资源型、技术型产品，才能通过促进地区经济的发展而带来就业的增加，达到带动收入提高的目的，而进口消费品无法发挥再生产能力，或者进口非先进的技术设备而浪费了企业的资金，都会导致影响城镇居民年家庭人均总收入增加的效果。

（3）当前山东省进口抑制城镇居民年家庭人均总收入的实证分析结果反映了进口商品结构需要调整，即降低消费品的进口比重，推动资源型产品的进口，鼓励先进技术与设备的引进，并努力促进消化与吸收和再创新，这对于促进全市经济的发展作用重大。

2. 进口的增加促进了农村居民收入水平的上升，而且这种正向作用会持续扩大并维持在高位。外贸出口并不是农村居民收入的格兰杰原因，因此，出口的增加并没有带来农村居民收入水平的提高。

（1）进口的增加促进了农村居民收入水平的上升，这主要可归因于加工贸易的发展。山东省加工贸易从事的主要是来件、来料加工组装的劳动密集型生产环节，长期处于全球价值链的低端，由于加工组装的低收入、高强度的劳动性质，这一行业主要吸纳了大量进城务工的农村剩余劳动力，这就增加了农村居民的非农收入。

尽管加工贸易具有低附加值的特点，但加工贸易为山东省居民，尤其是农村居民确实带来了收入的增加，解决了大量的劳动力就业问题，这是值得肯定的。在面临劳动力成本不断上升劣势的情形下，确保加工贸易企业持续发展的关键是推动加工贸易的转型升级。近几年来，山东省政府已经采取了若干措施，推动加工贸易由沿海向内地的梯度转移，产业链不断延伸，如何化解相对于越南、老挝、墨西哥的成本劣势，在新常态下对加工贸易进行重新布局，仍是山东省政府面临的重要课题。

（2）外贸出口的增加并没有带来农村居民收入水平的提高。山东省是农业比较发达的省份，农产品的出口占比相对于其他发达省份一直较高，从理论上讲，似乎应该是农产品出口的扩大带来农民收入的提高，而实际上却得出了外贸出口的增加并没有带来农村居民收入水平的提高这一结论，其主要原因可能是农产品出口的价格过低，农民人均收入的增加主要依赖于国内经济的发展，与国际市场的联系不大。

山东省要充分发挥农业大省的优势，借助良好的农业产业化发展基础，持续努力扩大农产品出口，但我们也要注意扩大出口所带来的收益问题。目前，专业外贸公司控制着海外市场，农民只能根据外贸公司的价格提供产品，自身没有定价权，这导致农民的收入低而且没有保障。为了持续努力扩大农产品出口，确保农民收入的增加，要从以下三点入手：一要推广农产品的国际标准，使出口产品符合市场国的规定；二要开发新品种，延长农产品产业链，提高农产品的附加值；三是联合农村合作社，成立合作社外贸出口公司，直接负责各个合作社的出口事宜，直接了解市场行情，减少专业外贸公司的控制。让农民真正能够从出口中受益，这将是今后山东省农业出口发展的重要工作。

3. 出口的扩大促进了城乡居民收入差距的扩大；随着进口的扩大，城乡居民收入差距逐步缩小。外贸出口与进口对城乡居民收入差距比都具有重要影响，但相比较而言，进口对于城乡居民收入差距比的影响会更强烈。

（1）进口的增加，缩小了城乡居民的收入差距，这种作用会持续到第6期，因此进口对于减小城乡居民收入差距发挥了很好的作用。根据前面的分析，进口扩大了农村居民的收入，因此在使城乡居民之间的收入差距缩小方面起到了积极作用。

（2）出口是城乡居民收入差距扩大的格兰杰原因，即出口的增加扩大了城乡居民收入的差距。这与胡超（2008）和余官胜（2009）的研究结论即对外贸易对收入不平等具有扩大作用，是一致的。加工贸易对于农村剩余劳动力的非农收入具有重要的贡献，但出口导致了城乡居民收入差距的扩大，这说明，从事一般贸易的城镇居民的收入相对于主要从事加工贸易的农村居民而言，其收入水平上升得更快。这也符合贸易所带来的利润高于加工贸易的一般现象。

（3）收入的不平等主要源于资源的过度集中与二次分配的不合理性，而合理的资源配置、完善的分配制度，自然会降低收入差距，这不仅是保障农民的合法待遇，而且也是建设和谐山东的必须。持续推动经济由粗放型向集约型增长方式的转变，推动外贸增长方式的转变，增强资源的市场配置功能，加大对农村教育的投入，完善法律体系，努力促进城乡居民收入的稳步增加，缩小城乡居民的收入差距，将是山东省政府的又一重要工作。

第十一章

对外贸易发展的环境效应

第一节　相关理论回顾

对外贸易的环境效应，通俗来说即是一国或一个地区对外贸易活动对当地自然环境的影响，这种影响可能是积极的，也可能是消极的。关于外贸环境效应的研究基本上集中于两个方面：一是对外贸易的环境效应理论研究，这方面形成了三种不同的观点，即环境有害论、环境有利论和中性论；二是对外贸易的环境效应实证研究，实证研究具体国别或地区贸易的环境效应，得出针对个别研究对象的具体结论并给出指导意见。

一　对外贸易的环境效应理论研究

（一）环境库兹涅茨曲线

1991 年，美国经济学家 Grossman 和 Krueger 针对北美自由贸易区谈判中，美国人担心自由贸易会恶化墨西哥环境并影响美国本土环境问题，首次实证研究了环境质量与人均收入之间的关系，得出了污染与人均收入间的关系，认为污染在低收入水平上随人均 GDP 的增加而上升，在高收入水平上随 GDP 的增长而下降。1996 年，Panayotou 借用 1955 年库兹涅茨界定的人均收入与收入不均等之间的倒 U 形曲线，首次将这种环境质量与人均收入间的关系称为环境库兹涅茨曲线（EKC）。[①] EKC 揭示出贸易自由化会增加收入水平，随着人均收入的增加，环境污染也会日益严重，当收入水平达到一定程度后，消费者会提高对环境质量的要求，从而会间接促进环境改善，即环境质量与收入呈倒 U 形关系。

---

① 环境库兹涅茨曲线，http：//baike. baidu. com/view/60982. htm？fr = aladdin。

（二）环境的分类效应模型

Grossman 和 Krueger（1991）在分析北美自由贸易区对环境的影响时，建立了一个分析贸易自由化环境效应的理论模型。在该模型中，他们将自由贸易对环境的影响效应分解为规模效应、技术效应和结构效应三个方面。规模效应是指假设一国在技术水平、产出结构不变的情况下，贸易自由化会因扩大经济活动规模而对环境构成影响。技术效应是指自由贸易所带来的技术革新以及技术扩散、治理污染的技术水平的提高以及清洁产品替代污染产品，会带来环境的改善。结构效应是指贸易所带来的产业结构的变化，会使得污染重的产品出口减少，从而带来环境的改善；反之，污染重的产品出口增加，则会加剧环境的污染。其实证结果表明，对外贸易的结构效应对环境质量的影响微乎其微，而对外贸易的技术效应和规模效应对降低污染排放有显著的积极影响，所以他们得出的结论是自由贸易有利于环境质量的提升。

进一步分析，规模效应包括直接影响与间接影响。直接影响指经济增长规模的扩大使生态支持系统所承受的压力增加的现象，通常通过外贸出口与环境污染之间的关系反映出来；间接影响则衡量人均收入与环境污染的关系，这种间接效应可以通过环境库兹涅茨理论（KFC）得到很好的解释。

（三）"污染避难所"假说

Copeland，Taylor（1995）构建了"南—北"贸易模型。模型基于以下假设：将全球所有的国家划分成"北方国家"和"南方国家"两种类型；贸易在南北方国家间直接进行；北方国家为发达国家，南方国家归为发展中国家；北方国家的环境政策更为严格，南方国家的环境保护政策较为松散；南北方各国为了保护各自的贸易，都通过征收"排污税"和颁发"污染许可证"等措施来限制污染产品的生产和出口；各种产品根据污染程度的不同被简单分为"肮脏产品"和"清洁产品"；环境污染会跨越国界，扩散到全球各个地区；价格和收入的相对变化决定了全球的环境质量。此模型研究结果表明：北方国家将污染重的产业转移到南方国家，南方国家就成了"污染避难所"。

在实行自由贸易的情况下，各国环境保护强度不同，使得高污染产业倾向于向实行低环境标准的国家转移，因为在实行宽松环境管理制度的国家，企业的环境成本相对较低，这样就会使其生产出来的产品价格较低，具有更强的国际竞争力。目前，发展中国家环境管理制度的严格程度相对于发达国家来说较低，所以会吸引国外的企业来投资，同时带来环境污染程度的加剧，发展中国家就成为污染者的"污染避难所"。但是，低环境标准的国家如果缺乏熟练劳动力和完善的经济法律制度，则会导致企业生产成本与风险的上升，如果这种成本高于治污的成本，"污染避难所假说"就难以成立。

（四）"向底线赛跑"假说

提出该理论的代表人物是 Bhagwati 和 Hudec（1996），Anderson 和 Black Burst（1992）、Revsz（1992）。该假说是指各个国家和地区为了吸引或留住投资，都会采取非合作博弈以避免遭受竞争损害，竞相降低环境质量标准以维持或增强竞争力，采取次优的环境政策，导致的最后结果就是每个国家都担心他国会采取比本国更低的环境标准而使本国的工业失去竞争优势，因此会降低环境质量标准，使得全球环境更加恶化。

"向底线赛跑"假说反映了发达国家向发展中国家转移污染重的产业的现实，具有一定的合理性，但是，在国际环境组织以及各国的共同努力下，与过去相比，无论是发达国家还是发展中国家所实施的环境标准都有了不同程度的提高，全球的环境总体情况得到了改善，并未出现环境持续恶化的现象。当然，在现实中，该假说中的现象在一定程度上是客观存在的。

（五）"波特假说"

"波特假说"从企业和产业竞争力的角度分析严厉的环境保护政策的效力。虽然从短期来看，严厉的环境保护政策确实会使企业的生产成本、租赁成本等比较高，从而影响企业在全球市场上的产品竞争力。但是从长期来看，严厉的环境保护政策能刺激企业实施技术改造、技术革新和管理创新，除此之外，在环境条件改善后，当地居民工作的积极性会提高。而且，由于疾病的减少和工人健康状况的改善，企业的生产成本也会相应降低，最终抵消严厉的环境保护政策所带来的成本上升。所以从长远来看，严厉的环境保护政策还是有利于企业的，短期企业成本的上升可以通过政府干预措施加以协调解决，例如，有针对性地对重污染产业实施补贴，对进口商品实施限制等。

二　对外贸易的环境效应实证研究文献回顾

国内外专家学者采用计量经济学方法对贸易自由化对环境影响的效应进行了大量研究，由于学者们研究问题的视角不同，模型设计、研究方法、样本、指标选择不同，得出的结论也不尽相同。

Lucas、Wheeler 和 Hattige（1992）运用两个回归模型验证了经合组织（OECD）的环境政策与污染产业转移的关系，结果表明：与封闭的经济体相比，开放经济条件下的经济增长对污染有较小的显著性影响。

Jeffrey Frankel 和 Andrew Rose（1995）运用跨国跨部门的统计数据考察贸易开放对环境的影响，发现贸易可以减少空气污染。他们的研究证实了环境库兹涅茨曲线的存在。Harbaugh，Levinson and Wilson（2002）对 Grossman & Krueger 的结论进行敏感性验证时发现："倒 U 形"关系并非对所有污染物都成立。

Dean（1997）建立了一个贸易与环境相互作用的静态和动态联立模型，在对中国省级水污染数据进行评估后发现，贸易自由化对污水中废物排放的增加确实存在着直接和间接的影响。自由贸易对环境的直接影响可能是恶化环境，但是，不断加大的经济开放度提高了收入水平，因而能够间接地减轻对环境的损害。

Groot 等人（2001）以中国 30 个省市自治区 1982—1997 年的污染排放数据为样本，研究发现：除水污染外，固体废气物、污染气体以人均值衡量时，都表现出单调递增的趋势。

Sabruo Ikeda（2005）对中国天津纺织染料业、化工业、造纸业和食品加工四大行业 20 家公司遵循可交易许可证制度后的 COD 和 BOD 排放量数据进行分析后得出：COD 减少率由 60% 提升到 70%，污染排放量得到了明显降低。

李秀香、张婷（2004）对中国出口的环境效应进行了分析，选取 1981—1999 年二氧化碳排放量作为污染指标。研究发现：自由贸易和相关的环境管制措施的实施，使得中国二氧化碳排放量的增幅下降，也就是说，贸易对中国环境存在着正的规模总效应；另外，出口产品收入的增加使企业可以雇佣更多的清洁人员以及购买更多更先进的污染处理设备，所以存在正的技术效应。

余北迪（2005）分析了中国制造业的环境效应，结论表明：中国的制造业产品的出口，总的来说，加剧了中国的环境损害，因此，政府应该制定较为严格的环境保护标准，限制制造产业的过度出口，减少对资源的消耗，从而实现可持续发展的目标。

叶继革、余道先（2007）研究发现：中国出口的产品多数属于重污染产业，所以出口贸易对中国的环境污染的综合效应为负，过多的产品出口会造成中国环境状况的日益恶化。因此，他主张政府制定更有利于环境保护的贸易政策，减少污染重的产品出口，从而减少对自然环境的破坏。

刘林奇（2009）运用 Panel-Data 模型对中国 30 个省、市、自治区 2000—2006 年工业污水排放进行了实证分析，发现：规模效应和结构效应加剧了中国的环境污染，技术效应和市场效率效应则减少了中国的环境污染，环境政策效应减少了东部地区的污染，但增加了中部和西部的污染。总的来看，中国的对外贸易环境效应对东部有积极的影响，对中部和西部则有负面影响。

李怀政（2010）[①] 基于中国主要外向型工业行业，对中国出口贸易的环境效应做出实证分析，结论表明：一方面，出口贸易增长促进了出口结构优化与技术进步，从而对环境产生了显著的正效应；另一方面，巨大的规模负效应掩盖了出口结构优化、技术进步对环境影响的正效应，进而导致出口贸易对环境影响的总体负效应。

田野（2012）以污染密集型产业为例，通过实证研究表明：产品内贸易对环境影响的结构效应和技术效应均为正；但是丘兆逸（2012）的研究表明：垂直专业化（在产品内贸易理论中，垂直一体化与产品内分工的内涵相同）加重了中国 CO_2 的排放。

从已有文献来看，研究问题的角度、设定的模型以及样本选择不同等原因，导致对外贸易的环境效应结论有正有负，即使总体环境效应为正（负），具体到某一特定效应则可能会发生变化。

---

① 李怀政：《出口贸易的环境效应实证研究——基于中国主要外向型工业行业的证据》，《国际贸易问题》2010 年第 3 期。

第二节　山东省对外贸易环境的
直接规模效应分析

本节的研究思路是：为确保模型具有经济意义，在利用计量经济模型分析之前，先应判断变量是不是平稳的，这就需要对变量序列进行平稳性检验，以防止虚假回归。如果变量序列是平稳的，通过观测变量的曲线变化规律，就可以直接构建计量模型；如果变量为同阶单整，则进行协整分析；否则要构建 VAR 模型，然后判断 VAR 模型是否有效；如果 VAR 模型有效，则可以进一步进行因果关系检验与脉冲响应分析。

一　数据选择

环境污染有许多种类型，包括工业污染、农业污染以及生活污染等。由于山东省对外贸易主要以工业产品为主，选择工业污染物排放量作为测量环境污染水平的指标是合理的。虽然工业污染物包括许多不同的种类，在现有的研究文献中，大多数学者选择了工业废水排放量、工业废气排放量以及一般固体废物产生量。参考已有的文献以及考虑到有关数据的可获得性，选择了工业废水排放量（WW）、工业二氧化硫产生量（SO_2）以及一般固体废物产生量（SW）作为环境污染的指标来分别研究其与贸易出口额、进口额之间的关系。

选择山东省 1984—2014 年为标准时间序列，所有数据均来自《山东统计年鉴》。由于对原始变量取自然对数可以减少可能存在的异方差现象而不影响变量之间的关系，在此对原始变量取对数。工业废水排放量、工业二氧化硫产生量、一般固体废物产生量以及对外贸易出口额、进口额分别用 WW，SO，SW，EX，IM 表示，所以相应的对数形式分别为 LNWW、LNSO、LNSW 和 LNEX、LNIM。各变量的原始指标值见附表十四，取对数后的指标值见附表十五。

二　单位根检验

利用 Eviews 6.0 软件，采用 ADF 方法对取过对数的变量序列进行平稳性检验（检验结果见表 11.1）。

表 11.1　　　　　　　　　　　　变量序列的单位根检验结果

变量	检验类型 (C，T，K)	ADF 检验值	5% 临界值	10% 临界值	P 值	结论
LNEX	C，T，0	− 2.5278	− 3.5684	− 3.2184	0.3135	不平稳
LNIM	C，T，0	− 4.1738	− 3.5684	− 3.2184	0.0133	不平稳
LNWW	C，T，0	− 2.4497	− 3.5684	− 3.2184	0.3487	不平稳
LNSW	C，T，0	− 1.6289	− 3.5684	− 3.2184	0.7571	不平稳
LNSO	C，T，1	− 2.3895	− 3.5742	− 3.2217	0.3768	不平稳
DLNEX	C，T，0	− 5.7897	− 3.5742	− 3.2217	0.0003	平稳 *
DLNIM	C，0，0	− 6.7029	− 3.5742	− 3.2217	0.0000	平稳 *
DLNWW	C，0，0	− 5.2026	− 3.5742	− 3.2217	0.0012	平稳 *
DLNSW	C，T，0	− 4.4099	− 3.5742	− 3.2217	0.0079	平稳 *
DLNSO	C，0，0	− 4.4641	− 3.5742	− 3.2217	0.0070	平稳 *

注：检验形式（C，T，K）中的 C，T 和 K 分别表示单位根检验方程包括常数项、时间趋势和滞后阶数，其中滞后期的确定是按 AIC 或 SC 最小原则由系统自动完成的。LNEX 是原序列，DLNEX 是一阶差分序列，以此类推。* 表示在 5% 的显著性水平下变量序列平稳。

表 11.1 中的 P 值显示：在 5% 的显著性水平下，序列 LNWW，LNSO，LNSW，LNEX 和 LNIM 的 ADF 统计量均大于临界值，接受原假设，即上述五个序列均存在单位根，都是不平稳的时间序列。在一阶差分后，上述各变量序列的 ADF 统计量均小于临界值，因此序列 LNWW，LNSO，LNSW，LNEX 和 LNIM 均是一阶单整的非平稳时间序列。

三　基于 VAR 模型的外贸环境直接效应分析

（一）LNWW 与 LNEX，LNIM 的 VAR 模型构建与分析

1. LNWW 与 LNEX，LNIM 的 VAR 模型构建

本研究选用的是 JJ 检验法，首先构建无约束 VAR 模型，然后根据 AIC 和 SC 最小来确定最优滞后期 M，则 M − 1 便是 JJ 检验法的协整检验的滞后期，进而确定 JJ 检验中的变量序列数据特征，进行协整检验。

（1）VAR 模型最优滞后期的确定

对同阶单整的 LNWW，LNEX 和 LNIM 序列构建 VAR 模型。为了保证 VAR 模型参数具有较强的解释力，必须在滞后期与自由度之间寻求均衡。应用 Eviews 6.0 软件，基于 LR（似然比）检验统计量、FPE（最终预测误

差）、AIC 信息准则、SC 信息准则、HQ 信息准则指标对滞后长度进行选择（结果如表 11.2 所示）。表 11.2 的信息显示，五种判断准则都倾向于建立 1 阶滞后模型，因此最优滞后期确定为 1，则协整方程的滞后期为 0。

表 11.2　　　　　　　　　　　VAR 模型最优滞后期的确定标准

Lag	LogL	LR	FPE	AIC	SC	HQ
0	47.66547	NA	7.34e-06	-3.308553	-3.164571	-3.265740
1	123.2166	128.7167*	5.34e-08*	-8.238267*	-7.662339*	-8.067013*
2	129.6365	9.511005	6.66e-08	-8.047150	-7.039277	-7.747457
3	134.5757	6.219648	9.69e-08	-7.746345	-6.306527	-7.318212
4	140.3916	6.031359	1.43e-07	-7.510490	-5.638726	-6.953916

* 代表不同检验方法下，最优滞后期所对应的检测值。

（2）VAR 模型的构建、估计及其稳定性检验

根据 Eviews 6.0，得出 VAR 模型参数估计值的三个方程式：

$LNWW = 0.6345 \times LNWW(-1) + 0.0774 \times LNWX(-1) + 0.00037 \times LNIM(-1) + 1.3851$

$LNWX = -0.46579 \times LNWW(-1) + 1.0441 \times LNWX(-1) + 0.0382 \times LNIM(-1) + 1.9266$

$LNIM = -0.1265 \times LNWW(-1) + 1.1728 \times LNWX(-1) - 0.04355 \times LNIM(-1) - 0.2833$

一个有意义的 VAR 模型必须是稳定的，因此对模型的稳定性进行检验（结果如表 11.3 所示）。

表 11.3　　　　　　　　　　　VAR 模型的稳定性检验结果

Root	Modulus
0.982636	0.982636
0.734711	0.734711
-0.082295	0.082295

该 VAR 模型特征方程所有根的倒数的模都小于 1，即全部根的倒数值均位于单位圆内，由此判断 VAR 模型是稳定的，这为脉冲响应函数分

析与方差分解提供了基础。

2. 基于 VAR 模型的协整检验

协整检验既可以决定一组非稳定序列的线性组合是否具有协整关系，也可以用来判断线性回归方程的设定是否合理。因而选择 JJ 检验法对 VAR 模型进行协整分析。一般而言，对非限制性 VAR 模型进行协整检验的滞后期应是其一阶差分变量的滞后期，此处的 VAR 模型最优滞后期是 1，则协整检验滞后期为 0。采用 Eviews 6.0，对 LNWW 与 LNEX，LNIM 进行协整检验，基于最大特征根迹统计量，无约束协整检验结果如表 11.4 所示。

表 11.4 无约束协整检验（迹检验法）

假设	特征值	迹检验统计量	5% 临界值	P 值
None *	0.569588	37.53136	29.79707	0.0053
At most 1	0.324709	12.24098	15.49471	0.1457
At most 2	0.015303	0.462636	3.841466	0.4964

注：检验的滞后期为 2，滞后期的确定是在 AIC 最小原则的基础上确定的。* 表示在 5% 的显著性水平下拒绝原假设。检验假定各变量序列数据存在着线性确定趋势，且协整方程中存在着截距项和趋势项，向量自回归模型中不存在截距项。

迹检验结果表明，在 5% 的显著性水平下，变量间不存在协整方程的假设被拒绝，即变量间至少存在 1 个协整方程。因此，变量 LNWW、LNEX、LNIM 之间存在协整关系，得到最大似然值下的协整方程如下：

LNWW = 21.26307LNEX − 19.12517LNIM

　　　　　（3.50049）　　　　　（3.17130）

通过协整关系式，可以得到 LNWW，LNEX 和 LNIM 具有正相关的长期均衡关系，D（LNWW）、D（LNEX）和 D（LNIM）的调整系数分别为 −0.001821、−6.60E−05、−0.054866，满足至少一个为负值的条件，说明偏离非均衡误差会得到修正[1]，协整关系有效，即非平稳变量序列 LNWW，LNEX 和 LNIM 之间存在协整变化关系。由协整结果可得，工业废水排放量与

---

[1] 李嫣怡、刘荣、丁维岱等编著：《EViews 统计分析与应用》，电子工业出版社 2013 年版，第 186 页。

外贸出口之间具有同向变化的关系，与外贸进口之间具有反向变化的关系。

3. 格兰杰因果关系检验

Granger 因果关系检验结果如表 11.5 所示。通过检验得出结论：在 10% 的置信度下，LNEX 是 LNWW 的格兰杰原因，但 LNIM 不是 LNWW 的格兰杰原因。

表 11.5　　　　　　　　　　格兰杰因果关系检验结果

应变量：LNWW

Excluded	Chi-sq	df	Prob.
LNEX	2.969143	1	0.0849
LNIM	8.53E − 05	1	0.9926

4. 脉冲响应函数分析

脉冲响应函数旨在用来研究一个变量受到某种冲击时，它对系统所产生的动态影响。因此，基于 VAR 模型给变量 LNEX 施加一个标准差的冲击，可以得到 LNWW 的脉冲响应路径（见图 11.1）。图 11.1 显示，当给本期出口贸易规模施加一个标准差的冲击后，工业废水排放量在第 1 期没有反应，在第 2—4 期呈现出较大速率的正向影响，以后各期的提升速度逐渐变缓，到第 6 期后基本保持高位。因此，外贸出口正向促进了工业废水排放量的上升。

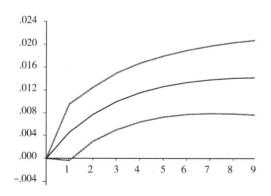

图 11.1　LNWW 对 LNEX 的脉冲相应

注：横轴表示冲击作用的滞后期间数（年），纵轴表示 LNWW；实线表示一个标准差的脉冲响应，虚线表示正负两倍标准差的置信带。

（二）LNSO 与 LNEX，LNIM 的 VAR 模型构建与分析

1. LNSO 与 LNEX、LNIM 的 VAR 模型构建

（1）VAR 模型最优滞后期的确定

构建无约束 VAR 模型，需要根据 AIC 和 SC 最小来确定最优滞后期 M。首先应用 Eviews 6.0 软件，对同阶单整的 LNSO，LNEX 和 LNIM 序列初步构建 VAR 模型。基于此模型，根据 LR 检验统计量、FPE、AIC 信息准则、SC 信息准则、HQ 信息准则指标对滞后长度进行确定，结果如表 11.6 所示。表 11.6 显示五种判断准则都倾向于建立 1 阶滞后模型，因此最优滞后期确定为 1。

表 11.6 　　　　　　　　　　VAR 模型的最优滞后期判断结果

Lag	LogL	LR	FPE	AIC	SC	HQ
0	43.61792	NA	9.91e − 06	− 3.008735	− 2.864753	− 2.965921
1	120.6765	131.2850 *	6.45e − 08 *	− 8.050111 *	− 7.474183 *	− 7.878857 *
2	129.0761	12.44385	6.94e − 08	− 8.005637	− 6.997763	− 7.705943
3	135.3048	7.843505	9.19e − 08	− 7.800353	− 6.360534	− 7.372219
4	142.8739	7.849510	1.19e − 07	− 7.694365	− 5.822601	− 7.137791

* 代表不同检验方法下，最优滞后期所对应的检测值。

（2）VAR 模型的构建、估计及其稳定性检验

根据 Eviews 6.0，得出对 VAR 模型参数估计值的三个方程式：

$LNSO = 0.7488 \times LNSO\ (-1) + 0.0171 \times LNEX\ (-1) - 0.0372 \times LNIM\ (-1) + 0.6903$

$LNEX = 0.0592 \times LNSO\ (-1) + 1.0008 \times LNEX\ (-1) + 0.0031 \times LNIM\ (-1) - 0.0967$

$LNIM = -0.0969 \times LNSO\ (-1) + 1.1594 \times LNEX\ (-1) - 0.0541 \times LNIM\ (-1) - 0.5595$

对模型的稳定性进行检验，结果如图 11.2 所示。该 VAR 模型特征方程所有根的倒数的模都小于 1，即全部根的倒数值均位于单位圆内，由此判断 VAR 模型是稳定的。

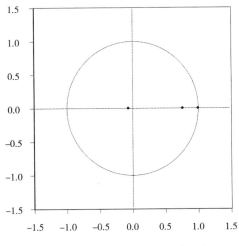

图 11.2　VAR 模型的稳定性检验结果

2. 基于 VAR 模型的协整检验

选择 JJ 检验法对 VAR 模型进行协整分析。由于上面已判断出 VAR 模型的最优滞后期是 1，因此判断协整检验滞后期为 0。采用 Eviews 6.0，对 LNSO 与 LNEX，LNIM 进行协整检验，基于最大特征根迹统计量，无约束协整检验结果如表 11.7 所示。

表 11.7　　　　　　　　　无约束协整检验（迹检验法）

假设	特征值	迹检验统计量	5% 临界值	P 值
None *	0.575789	37.94437	29.79707	0.0046
At most 1	0.334461	12.21862	15.49471	0.1467
At most 2	0.000130	0.003898	3.841466	0.9490

注：* 表示在 5% 的显著性水平下拒绝原假设。检验假定各变量序列数据存在线性确定趋势，且协整方程中存在截距项和趋势项，向量自回归模型中不存在截距项。

迹检验结果表明，在 5% 的显著性水平下，变量间不存在协整方程的假设被拒绝，即变量间至少存在 1 个协整方程，因此，变量 LNSO、LNEX、LNIM 之间存在协整关系。但是，进一步检验 VEC 模型中变量之间动态关系调整系数后发现，D（LNSO），D（LNEX），D（LNIM）的调整系数分别为 0.002080，6.70E - 05 和 0.124850，不满足至少一个系数为负值的条件，说明协整无效。而在进行格兰杰检验后也发现，对外贸易进口 LNIM 与对外贸易出口 LNEX 都不是 LNSO 的格兰杰原因，因此，对外贸易进口额与出口额的增加同工业二氧化硫产生量的变动之间不存在因果关系（见表 11.8）。

表 11.8　　　　　　　基于 VAR 模型的格兰杰因果关系检验结果

应变量：LNSO

Excluded	Chi-sq	df	Prob.
LNEX	0.177176	1	0.6738
LNIM	1.029184	1	0.3104

（三）LNSW 与 LNEX，LNIM 的 VAR 模型构建与分析

1. LNSW 与 LNEX，LNIM 的 VAR 模型构建

（1）VAR 模型最优滞后期的确定

构建无约束 VAR 模型，需要根据 AIC 和 SC 最小来确定最优滞后期 M。对同阶单整的 LNSW，LNEX 和 LNIM 序列初步构建 VAR 模型，基于此模型，根据 LR 检验统计量、FPE、AIC 信息准则、SC 信息准则、HQ 信息准则指标对滞后长度进行确定（结果如表 11.9 所示）。表 11.9 显示，五种判断准则都倾向于建立 1 阶滞后模型，因此将最优滞后期确定为 1。

表 11.9　　　　　　　　VAR 模型的最优滞后期判断结果

Lag	LogL	LR	FPE	AIC	SC	HQ
0	43.61792	NA	9.91e − 06	− 3.008735	− 2.864753	− 2.965921
1	120.6765	131.2850*	6.45e − 08*	− 8.050111*	− 7.474183*	− 7.878857*
2	129.0761	12.44385	6.94e − 08	− 8.005637	− 6.997763	− 7.705943
3	135.3048	7.843505	9.19e − 08	− 7.800353	− 6.360534	− 7.372219
4	142.8739	7.849510	1.19e − 07	− 7.694365	− 5.822601	− 7.137791

*　代表不同检验方法下，最优滞后期所对应的检测值。

（2）VAR 模型的构建、估计及其稳定性检验

根据 Eviews 6.0 得出对 VAR 模型参数估计值的三个方程式：

$LNSW = 0.7073 \times LNSW\ (-1) + 0.1495 \times LNEX\ (-1) - 0.0115 \times LNIM\ (-1) + 0.2859$

$LNEX = -0.1396 \times LNSW\ (-1) + 1.0521 \times LNEX\ (-1) +$

$0.0099 \times \text{LN}IM(-1) + 0.2106$

$\text{LN}IM = -0.3706 \times \text{LN}SW(-1) + 1.2992 \times \text{LN}EX(-1) - 0.0337 \times \text{LN}IM(-1) - 0.3575$

对模型的稳定性进行检验的结果如表 11.10 所示。该 VAR 模型特征方程所有根的倒数的模都小于 1，即全部根的倒数值均位于单位圆内，由此判断 VAR 模型是稳定的。

表 11.10　　　　　　　　　VAR 模型的稳定性检验结果

Root	Modulus
0.996881	0.996881
0.777562	0.777562
-0.048810	0.048810

2. 基于 VAR 模型的协整检验

前述已分析 VAR 模型的最优滞后期是 1，因此将协整检验滞后期确定为 0。对 LNSW，LNEX，LNIM 之间的关系进行协整检验，结果如表 11.11 所示。

表 11.11　　　　　　　　　无约束协整检验（迹检验法）

假设	特征值	迹检验统计量	5% 临界值	P 值
None *	0.580424	36.17821	29.79707	0.0080
At most 1	0.286044	10.12286	15.49471	0.2714
At most 2	0.000494	0.014829	3.841466	0.9029

注：* 表示在 5% 的显著性水平下拒绝原假设。检验假定各变量序列数据存在线性确定趋势，且协整方程中存在截距项和趋势项，向量自回归模型中不存在截距项。

迹检验结果表明，在 5% 的显著性水平下，变量间不存在协整方程的假设被拒绝，即变量间至少存在 1 个协整方程（见表 11.11）。因此，变量 LNSW，LNEX，LNIM 之间存在协整关系，得到协整方程如下：

$\text{LN}SW = 2.242712\text{LN}EX - 1.628904\text{LN}IM$

$\qquad\quad (0.30635) \qquad\quad (0.27754)$

在进一步检验 VAR 模型中变量之间的动态关系调整系数后发现，D

（LNSW），D（LNEX），D（LNIM）的调整系数分别为 - 0.028703，
- 0.004145和 - 0.614425，满足至少一个系数为负值的条件，说明协整方
程有效，LNSW，LNEX，LNIM 之间存在稳定的长期均衡关系。

3. 格兰杰因果关系检验与脉冲响应函数分析

Granger 因果关系检验结果见表11.12。通过检验得出结论：在5%的置信
度下，LNEX 是 LNSW 的格兰杰原因，但 LNIM 不是 LNSW 的格兰杰原因。

表 11.12　　　　　　　　　格兰杰因果关系检验结果

应变量：LNSW

Excluded	Chi-sq	df	Prob.
LNEX	9.104828	1	0.0025
LNIM	0.137149	1	0.7111

基于 LNEX 是 LNSW 的格兰杰原因判断结果，可以进一步分析 LNSW
对 LNEX 的脉冲响应函数。基于 VAR 模型，给变量 LNEX 施加一个标准
差的冲击，可以得到 LNSW 的脉冲响应路径（如图11.3所示）。图11.3
显示，当给本期 LNEX 施加一个标准差的冲击后，LNSW 在第1期就开始
出现上升，在以较快速度上升到第6期后，速度放缓，基本上保持着高
位。因此，对外贸易出口正向促进了工业固体废物排放量的上升。

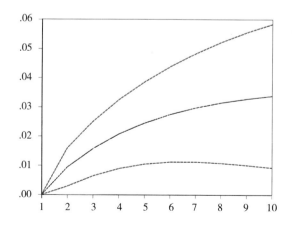

图11.3　LNSW 对 LNEX 的脉冲响应分析

四　数据分析结论与政策建议

（一）数据分析结论

基于 1984—2014 年的数据，分别选择工业废水、工业二氧化硫、工业固体废物排放量作为应变量，选择对外贸易进口额与出口额作为自变量，构建了 VAR 模型，基于构建的 VAR 模型研究了各变量序列之间的协整关系、格兰杰因果关系并且进行了脉冲响应分析。通过对山东省对外贸易与环境污染的直接规模效应的实证研究，得出如下结论：

1. 对工业废水排放量与外贸出口之间协整关系的研究表明：工业废水排放量与外贸出口之间存在着长期稳定的同向变化均衡关系，这说明从长期来看，对外贸易出口额的扩大促进了工业废水排放量的增加，即出口增加了环境污染。通过格兰杰因果关系分析，发现对外贸易出口额是工业废水排放量的格兰杰原因。经过进一步的脉冲响应函数分析，发现外贸出口的扩大对工业废水排放量的影响具有一期滞后性与持久性的特点。综合上述分析结果，认为对外贸易出口的扩大是导致工业废水排放量增加的原因，外贸出口对工业废水排放量的上升具有长期的促进作用，外贸出口的环境污染效果得到证实。

外贸进口与工业废水排放量之间尽管存在着长期稳定的反向协整关系，但外贸进口额不是工业废水排放量的格兰杰原因。这说明，就工业废水排放量这一指标而言，对外贸易进口并没有扩大环境污染，也没有证据表明进口的扩大改善了环境状况。

2. 通过对工业二氧化硫产生量与外贸出口额、进口额之间构建 VAR 模型发现，尽管 VAR 模型有效，但进一步基于 VAR 模型的协整关系检验表明，上述变量之间不存在有效的长期均衡关系，格兰杰因果关系检验结果也说明外贸出口额、进口额不是工业二氧化硫产生量的格兰杰原因。因此，就工业二氧化硫产生量这一指标而言，外贸出口额、进口额都没有引起环境污染的加重，对此的一个合理解释就是，山东省对外贸易主要集中于工业二氧化硫产生量较少的行业。因此，无论是进口还是出口对于工业二氧化硫的产生量均无显著影响。

3. 通过对一般固体废物产生量与外贸出口之间协整关系的分析发现，一般固体废物产生量与外贸出口之间存在着长期稳定的同向变化的均衡关系，这说明从长期来看，对外贸易出口额的扩大促进了一般固体废物产生量的增加，即出口加重了环境污染。通过格兰杰因果关系分析，发现对外贸易出口额是一般固体废物产生量的格兰杰原因。脉冲响应函数图像显示，外贸出口的扩大对一般固体废物产生量的影响具有一期滞后性与持久性的特点。综合上述分析结果认为，对外贸易出口的扩大是导致一般固体废物产生量增加的原因，外贸出口对一般固体废物产生量的上升具有长期的促进作用，证实了外贸出口加重了环境污染这一结论。

外贸进口与一般固体废物产生量之间尽管存在着长期稳定的有效的反向协整关系，但外贸进口额不是一般固体废物产生量的格兰杰原因。这说明，就一般固体废物产生量这一指标而言，对外贸易进口并没有扩大环境污染，也没有证据表明进口的扩大改善了环境状况。

（二）政策建议

1. 应高度重视对外贸易的环境负效应

无论是从工业废水排放量还是从一般固体废物产生量来看，对外贸易出口的环境直接规模效应均为负值，说明了对外贸易出口加重了环境的污染，这一环境问题应该引起有关部门的重视。自改革开放以来，得益于特殊的地理位置优势以及开放政策，山东省对外贸易得到了快速发展，即使面临亚洲金融危机与全球经济危机，对外贸易也能做出迅速调整，表现出稳定的发展态势，这让山东省人民感到自豪。然而，与此同时，空气质量变差、污染物排放量增大，人民居住的生态环境受到影响，这与建设和谐宜居城市的目标相背离，以牺牲环境为代价的对外贸易发展模式是不具有可持续性的。

2. 调整出口产品结构，降低出口的环境污染

尽管山东省多年来一直重视外贸增长方式的转变，在推动高新技术产品与机电产品的出口扩大方面，已经取得了不小的成绩，但依据目前的资料，从长远发展来看，外贸出口的扩大会造成山东省环境持续趋于恶化。要改变这种趋势，山东省政府必须高度重视外贸增长方式转变与加工贸易转型升级中的环保问题，而不仅仅是提高附加值问题。重视对出口产品结构的调整，限制"两高一低"产品的出口生产，制定更加有利于环境发展的贸易政策，从而减少对自然环境的破坏。同时，推动高技术、低污染商品的出口，扩大环境的技术正效应。

3. 进一步降低高废水、高一般固体废物排放产品的出口比率

山东省外贸出口的扩大会带来负的环境效应，而这种负效应主要体现在工业废水排放量与一般固体废物产生量上，因此政府应该采取有关措施降低对外贸易所带来的工业废水与一般固体废物的排放，重视废水与一般固体废物排放高的行业的环保问题。另外，机电与高新技术产业简单加工环节的环保问题也应该得到重视，例如，化工产品的部分生产行业属于高新技术产业，但同时也属于高污染行业，要努力推动这些行业向价值链两端发展，避免单纯从事简单的污染严重的加工环节。

4. 推动加工贸易转型升级，降低进口的环境污染

"两高一低"产品加工贸易的开展，会导致环境的急剧恶化，政府应该推动加工贸易向高端产业发展，向传统产业的价值链两端发展，降低加工贸易所带来的工业废水、一般固体废物的排放。通过多种措施促进加工贸易企业加强技术创新、促进外商引进先进技术，严格控制新上高污染项目，推动高技术低污染的加工环节的发展，做好对企业"三废"排放的监管，避免出现为保持出口的增长而降低环境标准的现象。

第十二章

推动对外贸易与区域经济
互动发展的策略

第一节 推动对外贸易与区域经济互动发展的原则

当前，中国经济与外贸发展正处于新常态下。正确认识经济与外贸发展的新常态与新特征，有助于推进当前和今后一段时期内经济与外贸的稳步发展。特别是"十三五"期间是山东省开放发展的关键时期，应紧紧抓住21世纪头20年这一战略机遇期的最后五年，努力适应经济全球化和区域一体化的发展趋势，正确认识步入新常态的经济特征，主动适应经济发展的国际与国内新常态形势，进一步扩大山东省的对外开放程度，充分发挥开放对发展的重大促进作用，推动山东省各项发展更上一个层次。

一 培育地区产业国际竞争力，深度融入世界经济

世界经济形势正发生着深刻变化，各国之间相互联系、相互依存，和平、发展、合作、竞争、共赢成为主流趋势，但在后金融危机时期，各国调整经济结构面临着不少困难，全球治理机制有待进一步完善，全球经济进入深度调整期，整体复苏步履艰难，这也为中国经济国际竞争力的提升提供了良好的机遇。在新的世界经济大环境下，中国政府充分发挥大国优势，创造性地提出了"一路一带"合作发展理念，亚投行的设立、中韩自贸区的建立等都为各地区创造增加值和实现国民财富持续增长创造了外围条件。

在新常态下，各级政府都在放眼世界、立足实际，积极规划未来、谋求发展。作为东部沿海经济发达省份，山东省不仅要融入世界经济体系，而且要主动融入、积极对接，制定符合山东省实际的开放发展战略规划，

并将其纳入国家开放的总体格局中。要坚持创新发展路径，力促优势产业升级，兼顾生态效益与居民福利，推动地区产业与企业国际竞争力的持续提升，努力发展成为在国内外具有较高知名度和经济发达的地区。

二　紧跟国家外经贸政策，捕捉区域经济合作中的巨大机会

加快实施自由贸易区战略，是中国新一轮对外开放的重要内容，也是中国积极参与国际经贸规则制定、争取全球经济治理制度性权力的重要平台，山东省应当紧跟国家战略布局，不能只当旁观者，而是要做积极的参与者。

面向构建全球的自由贸易区网络，中国正积极同"一带一路"沿线国家和地区商建自由贸易区，使中国与沿线国家的合作更加紧密，往来更加便利，利益更加融合。山东省要抓住"一带一路"、亚太自贸区建设、中日韩自贸区建设等国家战略的重大机遇。特别是山东处于"一带一路"的交汇点，打造丝绸路带枢纽的条件得天独厚，应当积极利用其地缘优势，引导企业深入参与"一带一路"沿线国家的基础设施建设，推动具有优势的先进装备制造、钢铁等企业"走出去"，转移富余产能，开展先进技术合作。

三　借助外部力量，搭建山东开放型的经济全球网络

山东省目前正围绕"两区一圈一带"区域发展布局，突出中心城市的带动作用，培育重点开放区域，构建一批能够引领国际经济合作与竞争，带动区域经贸发展的开放新高地，统筹推进山东省的开放协调发展。在"两区一圈一带"建设、"三区"建设、环渤海湾经济圈建设中，要积极分析、捕捉国际发展机遇，还要赢得中央在政策、资金、要素等方面的支持，争取最大的内外部资源、政策优势。把握机遇，积极申报下一批自由贸易试验区项目，争取政策红利，探索各项改革与创新的新路径，借助外部力量，搭建山东省开放型的经济全球网络。

四　充分利用国际资源与市场，兼顾国内环境与就业

在全球范围内整合资源，布局产业链，增强国际竞争力和抗风险能力，积极创造参与国际合作和竞争新优势。坚持将推动优势企业"走出

去"与吸引优质外资"走进来"相结合，全面提升山东省开放型经济的核心竞争力。在谋求发展的同时，既不能完全抛弃劳动密集型产业的发展，也不能牺牲环境求发展。应该在坚持巩固传统国际竞争优势的基础上，努力发挥动态比较优势，积极培育国际竞争力，以实现经济外贸的可持续发展。

五　结合"国别元"和"区域元"，构建开放发展的多元化格局

在经济全球化和区域经济一体化的国际发展趋势下，贸易集团化趋势明显，区域内贸易地位不断上升。中国政府顺应这一发展大趋势，正积极参与多层次、多种形式的区域经济一体化组织建设，为企业参与国际竞争寻求更大的优惠与更多的发展机遇。国家将国际合作的平台搭建好了，还得依赖地方政府与企业去取捕捉合作机遇并将合作利益扩大化。山东省在推动企业国际化发展的过程中，既要保持与不同发展水平的国家即"国别元"的合作，又要重视与主要区域经济组织的"区域元"的经贸关系发展。既要加深与现有国家和地区的合作，又要积极开拓新市场，避免对少数国家与地区的过度依赖，避免被对方的"软实力"所制约。

第二节　产业结构与进出口商品结构的优化

一　优化产业结构，培育对外贸易的产业基础

产业国际竞争力和技术水平是地区经济发展水平的重要衡量指标，也是决定对外贸易的根本因素，产业结构的优化决定了经济发展的优化程度，也影响着外贸结构的转变。有什么样的产业结构，就有什么样的外贸结构，出口结构是产业结构的表象，出口结构的改善必须从产业结构的高度化上获得支撑。无论是从提高竞争力还是从保护环境的角度来看，加快产业结构调整，推动高新技术产业、绿色产业与绿色贸易发展都是山东省产业发展与贸易发展必须重视的问题。因此，要从调整产业结构入手来促进出口商品结构的优化，不仅要改善产业结构，培育产业竞争力，而且要保护环境，提高居民生活的环境质量。

（一）加快产业结构调整，推动绿色产业与绿色贸易的发展

大力发展清洁、绿色的环境友好型产业，逐步降低污染比较严重的行

业特别是化工、纺织和造纸等行业占工业总产值的比重。大力发展与贸易有关的环境产业，提高企业的环保意识，鼓励、支持污染密集型行业企业的和谐转型，持续实现节能减排，高度重视控制并逐步降低"两高一资"产品的出口占比，最终推动经济与贸易的持续协调发展。

（二）努力发展高新技术产业，打造高新技术产业基地

在了解国际高新技术产业发展动态的前提下，结合山东的实际，重点发展具有远景的能够带动山东地区技术提升、经济发展的高新技术产业，例如电子信息、海洋生物医药、新材料等。大力支持高新技术企业的发展，加强产学研合作，引导科技型企业集聚，并通过技术创新和高新技术成果的产业化，不断提高自主创新能力。通过"洼地效应"，促使产业聚集区内人才、技术与资金的汇集，最终打造多个具有国际竞争力的高新技术产业区。

（三）加快传统劳动密集型产业的技术改造

劳动密集型产业是山东省实现产业结构高级化的基础，只有劳动密集型产业得到充分发展，才能为今后资本技术密集型产业的发展提供可能，同时劳动密集型产业在解决就业方面的作用目前还不能忽视。因此，在注重知识经济和高新技术产业发展的同时，仍然要充分发挥比较优势，推动石油化工、纺织服装、特种钢材、食品加工等传统劳动密集型产业进行技术改造，通过设备更新、工艺改进、新技术和新产品开发等途径，推动产品的升级换代，从而提高出口产品的附加值，实现传统优势产业国际竞争力的提高。

（四）继续优化农业生产结构

组织有关高校学者，分类研究主要进口国关于进口农产品的法律法规规定，分析进口国的需求变化趋势，根据相关资料指导山东农业生产结构的优化。以绿色消费需求和高效生态农业为导向，大力发展绿色农业、特色农业和出口农业，提高农产品的卫生质量、安全标准，提高应对"绿色壁垒"等非传统贸易壁垒的能力。充分发挥行业协会的作用，推动行业标准，规范企业经营，培育农产品品牌，全面提高出口产品的竞争力和经济效益。

（五）大力发展生产性服务业

现代服务业是发展现代制造业的重要支撑，也是发展现代农业的重要

保障，尤其是生产性服务业。生产性服务业是与制造业等产业分离而独立发展形成的新兴产业，是为促进工业技术进步、产业升级和提高生产效率提供保障服务的行业。随着新型工业化的发展，物流与营销、研发设计与人力资源开发、软件与信息服务、金融与保险服务、财务与法律服务等专业化的生产性服务业，已经成为出口商品中不可或缺的部分，而且多处于价值链的高端。因此，大力促进生产性服务业的发展，不仅会直接促进地方经济国际竞争力的提高，还会间接促进对外贸易国际竞争力的提升。

二　优化商品结构，推动跨境电商的发展

（一）优化出口商品结构，推动高效与清洁贸易的发展

大力推动附加值高的机电与高新技术产品的出口，重视产业价值链的延伸，提高产品的附加值。通过改进产品、工程的设计，更新机器、设备，降低能耗，提高资源利用率，节约生产要素的投入和使用，以提高产品质量，提高效益，从而实现外贸增长的低投入、低消耗、高产出、高效益。要加强高新技术产品出口基地建设，加大对新产品研发和营销的支持，提高产品的科技含量，提高出口产品的附加值。通过产业规模和竞争程度的增强，带动区内产业的升级，带动相关产业研发能力的提升。同时要逐步降低附加值低、高污染的产品在贸易总额中的占比，控制资源型产品的出口，促进出口贸易朝着高效与环境友好型方向发展。

（二）优化进口商品结构，推动技术再创新

进口政策要向鼓励进口生产要素倾斜，以进口促进出口的扩大为优先。要鼓励先进技术与设备的引进，要加大急需的和依赖度高的战略资源、大宗商品的进口，特别是要重视能源原材料、关键零部件、先进技术设备的进口，提高资源、能源的利用效率。前文的分析表明，进口抑制了城镇居民年家庭人均总收入的扩大，这说明进口产品转化为生产力的能力不足，对于地区经济的推动不足，因此不但要重视进口，而且要高度重视并努力促进消化、吸收和再创新。为此，山东省可以考虑设立技术吸收与创新基金，鼓励企业对引进技术的充分利用。

（三）建设跨境电商平台，完善跨境电子商务产品流通体系

1. 建设跨境电商平台

依托快速发展的互联网技术，山东省正积极探索跨境电商发展模式，

为中小外贸企业拓宽海外营销渠道，促进外贸的转型升级。鼓励和支持在有条件的地市建立跨境电商园区，并吸引从事电商的企业入驻，促进它们的聚集发展。2014 年初，青岛、烟台在山东省率先获批成为跨境电子商务试点城市，潍坊、济南、威海、临沂等市也在积极筹建跨境电商平台。目前，山东省在建的或已经建成投入使用的跨境电商平台数量已有许多，像以骨干企业为主体建设的"海 E 通""万帮通""中外通"，面向韩国和东北亚市场的烟台市优势产业重点企业自营电商平台集群，还有青岛政府推动建设的中韩跨境电子商务平台 HTmall，等等。若想使小型生产加工型企业能够直接面对海外客户，不仅要增加跨境电商平台的数量，更要投入人力与物力进行平台的管理建设，扩大平台的影响与提高平台的信誉。

2. 优化"互联网 + 外贸"发展环境

跨境电子商务的开展不仅仅需要平台的建设，更需要为外贸企业提供跨境电商的便利服务，诸如打通报关、物流、退税、融资等环节。各地市政府要联合金融、税务、海关、检验检疫等部门加快落实"互联网 + 外贸"优进优出政策措施，对跨境电子商务实施经营主体和商品备案管理以及进出口商品集中申报、查验、放行和 24 小时收单等便利通关措施，全面落实跨境电子商务零售出口货物的退免税政策。

3. 完善"互联网 + 流通"跨境电子商务产品流通体系

加快建立适应跨境电子商务的监管服务体系，探索推进跨境电子商务通关、商检、结汇、退税等环节"单一窗口"综合服务体系建设。积极落实商务部《"互联网 + 流通"行动计划》，推动电子商务进农村、进社区，推进电子商务与物流快递协同发展，突破制约电子商务发展的"瓶颈"障碍。

4. 壮大电子商务企业队伍

开展电子商务产业孵化器招商运营，突出抓好电子商务知识辅导、实战培训、人才引进和企业落地等项目建设，构建"苗圃—孵化—加速"创业孵化链条。引进和培育一批外贸综合服务企业，面向中小微外贸企业和消费者提供跨境电子商务通关、仓储、融资等服务。

此外，在电子商务发展规划、示范创建、平台推广、品牌培育等方面创新举措，率先把青岛、烟台打造成为环境完善、企业与人才高度聚集、资源配置高效合理的具有国际竞争力的区域性电子商务示范中心城市。

第三节　推动加工贸易的转型升级，
提升服务贸易的国际竞争力

一　提高加工贸易增值率，推动加工贸易的转型升级

2014 年，加工贸易占山东省外贸出口的比重为 38.27%，远低于全国 48% 的平均水平。由于加工贸易国内产业链条短，关键技术被外方控制着，加之没有形成集群规模，总体上，加工贸易处于以劳动密集型产业为主的发展阶段，这与建设高端产业聚集区的发展规划不相适应，推动加工贸易转型升级对于外贸增长方式的转变以及高端产业聚集区建设都具有重大意义。根据价值链理论，借鉴东南沿海地区以及日韩加工贸易发展的经验，并结合山东省的实际，将加快加工贸易发展的整体思路确定为：一个目标，两条主线，三个层次，五个重点。

（一）加工贸易转型升级的最终目标是推动山东省产业升级

加工贸易转型升级要与山东省产业升级紧密结合起来，以产业规划为指导，以产业升级为最终目标，将吸引外资促进加工贸易转型升级作为支柱产业优化升级的重要路径之一，从重点发展劳动密集型产业转向重点发展知识、技术密集型产业，推动加工贸易与山东省支柱产业以及装备制造业发展的有机结合，推动山东省产业升级。

（二）加工贸易转型升级路径应该是纵向延伸与横向扩展的双向发展

纵向扩展要抓好三个升级即产业升级、产品升级、价值链升级，使更多的加工贸易企业融入世界高新技术产业网络，使加工贸易向高新技术产业转移并实现产业的国际对接，企业所生产的产品逐渐从低层次的简单产品转向同一产业内更复杂、更精细的产品，所从事的价值链环节和增值活动向高附加值方向转移，更多地把握战略性环节和增值活动。横向扩展的关键是推动加工贸易的关联与外溢效应升级，促进加工贸易企业向配套生产企业提供更多的技术援助，促进员工在内外资企业间的流动，不断完善国内配套产业的发展，促进深加工结转业务的开展，扩大加工贸易企业的国内采购比率，扩大技术溢出效应，形成集群式发展。

（三）加工贸易产业结构调整要把握好三个层次，区别对待

加工贸易转型并不意味着放弃传统劳动密集型产业的发展而只发展高新技术产业，而是要区别不同产业，采取不同的政策与措施。需要将加工贸易现有产业分成三类：第一类是以重大技术装备、生物技术及制药、新材料等高科技产品为主的高新技术产业，这是加工贸易今后要大力发展的产业，代表着今后加工贸易发展的方向，应该予以大力扶持。第二类是以纺织、服装、家具等为主的劳动密集型传统产业，需要维持现有项目，但要引导其向山东省西部实施梯度转移，延长国内价值链，提高产品的国内增值比率，促使其开展深加工结转业务，调整的主要措施为维持加引导。第三类是以化工、冶金为主的"两高一资"产业项目，对于这类产品的主要政策应该是限制与调整，即限制新的加工项目的审批，引导现有企业调整业务方向，向更高的产业层次发展。

（四）从五个方面着手，全面推动加工贸易的转型升级

加工贸易转型升级是一项系统工程，也是一项长期工程，需要从多个角度、多个方面入手。具体来说，应该从以下五个方面全面推动加工贸易的转型升级，即招商引资、技术进步、关联产业、园区建设、配套服务。重点是要引进大项目，吸引大型跨国公司的投资，分散出口市场，避免风险；引进国外先进制造业技术，鼓励外商投资企业在山东省设立研发机构，促进山东省内企业的配套发展，提高技术创新能力；鼓励加工贸易企业增加国内采购和从事深加工结转业务，注重培养前后关联产业的零部件配套能力，完善加工贸易的产业配套体系和配套能力；加强各类开发园区的建设与管理，明确产业定位，使园区成为发展加工贸易的重要载体，力促配套企业群、产业群的形成与集中，不断延伸产业加工链，通过园区建设实现加工贸易的产业集聚，配套发展加工贸易产业链上各项业务。政府要调动各方面的积极因素，努力为国际加工业和加工贸易企业营造良好的政策条件和经营环境。

二 积极开展服务外包业务，促进服务业与服务贸易的互动发展

（一）政府有关部门要充分认识发展服务贸易的重要性

现代服务业大多是知识和技术密集型产业，产品附加值高，出口利润巨大，所以扩大服务贸易规模，改善服务贸易结构，是提高山东省参与国

际分工和竞争能力、转变外贸增长方式的重要举措。各级政府要重视国际服务贸易的发展，认识到国际服务贸易在提升经济层次、优化产业结构方面的作用，明确国际服务贸易的职能部门，积极推动国际服务贸易的协调、管理和服务工作。

（二）发挥比较优势，创造竞争优势

当前，山东省服务贸易的比较优势主要集中在旅游、运输、对外工程承包等劳动密集型领域，在扩大开放的情况下，今后应进一步保持、发挥和提升这方面的比较优势。根据竞争优势理论，我们很容易认识到仅仅发挥比较优势是不够的，还应该以国际市场需求为导向，大力发展现代服务业，优化服务产业结构，创造新的竞争优势。把更多的精力放在发展对总体国际竞争力有影响的战略产业与行业上，重点发展信息、科技、会议、咨询、法律服务等行业，带动服务业整体水平的提高。特别是要积极发展金融、保险、计算机信息服务、技术咨询、专有权等技术密集型、资本密集型高附加值服务项目，形成新的经济增长点。

（三）抓住国际服务转移机遇，推动服务外包的快速发展

在新一轮国际产业转移和经济全球化发展的背景下，跨国公司相继将其非核心服务业务外包到发展中国家，推动了国际服务外包业的迅速发展，这为发展中国家服务业发展创造了难得的机遇。抓住国际服务业务转移的机遇，将会再创如同加工贸易一样的业绩，极大地促进山东省服务贸易做大做强。

目前，政府要创造一切有利条件，承接发包国的外包项目，推动服务发包商来山东投资，同时利用国内需求大的优势，大力开展离岸外包、近岸外包与在岸服务外包等多种形式的外包业务。山东省政府已经确定青岛与济南为两个重点外包发展城市，其他地区可以借助与青岛的地缘优势，鼓励企业与青岛企业联合接包，或者转接青岛公司的分包业务。各地政府层面也要加强合作，共同为接包创造有利条件，譬如，联合对外宣传、共同招商引资、共建信息平台、协作人力资源培训等。要找准重点行业给予重点扶持，在税收、资金、园区建设、人才引进和培训等方面给予重点支持，扩大接包能力，充分发挥集聚效应，局部形成适宜服务外包发展的环境。

山东省与日韩毗邻，当前日韩是中国软件外包主要市场的背景下，要

借助地缘优势，积极承接日韩的服务外包业务，促进山东省服务外包的迅速发展。由于日韩外包业务的技术含量相对于欧美国家要低，从长期发展趋势来看，山东企业要不断积累经验，提高业务水平，加强在欧美市场的竞争，承接欧美外包业务，这不仅有助于提高服务外包的产业层次，也有助于分散风险。

（四）加快构建、完善服务贸易管理体制

从国内外发展服务贸易的一些成功经验看，一个务实、系统、高效的服务贸易管理体制对服务贸易的发展具有重要作用。因此，山东省应认真研究、制定适合本省服务贸易发展的战略规划和指导意见，确定服务贸易发展的重点行业、重点地区和总体目标。同时，还应明确服务贸易管理和发展的对口部门，建立部门联系工作机制、重点出口企业联系制度和服务贸易信息统计发布制度，从而形成完善的、上下协调畅通的服务贸易管理体制，以更好地指导和推动服务贸易的发展。

印度软件服务贸易发展的经验表明，一国或地区服务贸易国际竞争力的提升离不开政府的扶持。服务贸易企业的发展壮大，需要紧随世界潮流的互联网、云计算、物联网、测绘地理信息等公共技术平台的建设。就山东省而言，其原先的发展劣势，只要有某些技术作为支撑，就会催生出跳跃式的发展，跨越国内外其他服务贸易企业发展中循序渐进的一些环节，直接跳跃到新一代际。在跳跃的过程中，山东省应不断借鉴其他地区成功的经验和失败的教训，利用更好的技术，更优秀的人才，更合理的公司治理结构，轻装上阵，形成后发优势。面对这一难得的历史机遇，山东省应着力打造智慧软件、生物医药、呼叫中心、数字动漫、云计算等公共信息技术平台，为服务贸易企业的发展提供强大的公共技术服务，不断追赶甚至超越国内外其他外包贸易发达地区，使山东省成为外包贸易产业新的增长极。

（五）建立有效的国际服务贸易促进体系

立足山东省实际，探索符合市场经济要求、适合山东省国际服务贸易发展所需的促进手段和政策措施。加大对国际服务贸易的资金投入，设立国际服务贸易发展专项资金，用于资助企业开拓国际市场，支持企业出国参加国际服务贸易展览会、研讨会、境内外推荐活动、海外设立分支机构、国际或重点国家资质认证、重大国际服务贸易出口项目的可行性研究等。支持建设山东省国际服务贸易发展示范基地，搭建国际服务贸易促进平台，鼓励山东省服务类企业的国际化经营，将"引进来"与"走出去"相结合，为企业创造参与国际交流与合作的机会。政府要积极培育国际服务贸易的有效主体，提高服务出口企业声誉和品牌的影响力。同时，加强对重大项目、龙头企业、自主品牌和重点区域的政策支持与引导，着力扩大山东省国际服务贸易的规模，提升国际服务贸易的发展水平。

三　培育国际知名品牌，提高企业出口效益

品牌是经济实力的重要标志，是竞争力的象征，仅仅从事劳动密集型的加工环节以及出口无品牌的产品，不但导致企业从经济全球化中获取的利润极少，而且生产经营中始终不能掌握主动权。前文分析表明，目前山东省坚持的仍然是量大价低的贸易出口模式，靠低价格赢得市场，但并不能为企业以及员工获得更多的收入，提高产品附加值、延长产业链、建设品牌文化将是今后发展的主要方向。

（一）转变思想，正确认识海外分销与品牌建设的重要性

强化外贸企业的品牌意识，使企业意识到蕴藏在品牌中的巨大价值，要学会经营建设企业的无形资产，将品牌的建设、经营与管理提升到战略高度。政府要积极组织开展一系列关于品牌宣传、推广、促进和保护的活动，提高并强化企业甚至是全民的品牌意识，推动山东省自主品牌全方位、多层次发展；应使外贸生产企业能够正确对待外贸出口中贴牌生产与争创出口品牌的关系，充分认识到贴牌以及无牌生产的弊端，使有能力的企业积极、努力地投入自有品牌的建设中。

（二）提高产品质量，为创立名牌提供基础保证

一个好的品牌意味着其产品的质量是被市场所普遍接受的，意味着良好的信誉与品质，因此，提高产品质量成为创立品牌至关重要的基础性工作。企业要不断进行技术创新与改进，提高产品的技术含量，提供更实用、合理、可靠的产品，赋予品牌更引人入胜的传奇故事与更能够被客户认同的品牌理念。产品技术标准是衡量产品质量和品质的重要标志与具体指标，是衡量产品质量的重要依据，因此技术标准及其国际化的发展对品牌战略的实施具有重要影响。政府要积极推动企业落实技术标准化战略，采纳国际标准和国外先进标准，主动提高出口产品在安全、卫生、环保等

方面的品质，从而减少产品出口所遇到的技术性贸易壁垒，为顺利开辟国外市场，创立名牌创造条件。

（三）重点培育具有核心竞争力的名牌企业及产品

打造具有国际竞争力的国际品牌需要企业的努力与政府的扶持，并不是要扶持所有企业，而是要选择一批与山东省产业发展规划一致，有发展潜力行业的部分企业予以重点扶持，即重点扶持和培育高科技产品、机电产品和有传统出口优势的农产品、轻纺产品品牌。这就要完善进入品牌扶持范围的标准和品牌出口绩效评价机制，进而确定各时期的重点扶持企业，通过动态管理，强化企业的国际品牌意识，推动品牌价值的不断上升。

（四）实施正确的营销策略，提高国际市场的品牌知名度

好的品牌离不开正确的营销策略，尤其是品牌推广战略，而国内企业普遍缺乏品牌的国际推广经验，因此，外贸企业要不断吸收并创新国外先进的品牌建设与管理经验，加强对品牌理论与实践的研究。不仅要向跨国公司学习成功的市场营销策略，更要学习大型跨国公司成功的品牌定位、策划、传播、管理经验以及品牌战略在其产品成长过程中的运用。聘请当地的营销专家与相关人才参与品牌的国际推广，在保证产品质量和服务质量的前提下，做好对分销商的沟通与管理工作，加强合作，加强品牌宣传，逐步建立完善的海外分销渠道，提高国际市场的品牌知名度。

（五）政府要充分发挥在品牌建设中的扶持与引导作用

协调各相关部门，运用综合手段，实行动态管理。首先，要积极营造公平有序的市场竞争环境，支持和鼓励各种社会力量参与品牌战略的推进工作。其次，在财政和贸易方面，继续给予品牌出口企业以重点支持，通过设立扶持出口品牌专项基金，对品牌出口企业境外注册商标和专利申请给予资助，在鲁台经贸洽谈会和青交会的展位分配中向品牌企业倾斜，在检验检疫、便捷通关、知识产权保护、自主创新等方面也给予相应的政策优惠。再次，对企业的业务和技术人员进行定期的专题培训，使他们及时了解国际市场动向和不断变化的国际质量和技术标准，以便调整产品创新方向，适应国际市场需求，使老品牌不断升级换代，使非品牌产品及早成为品牌产品。同时，采取一切有效措施，完善保护知识产权的法律法规以及相应的制度，规范品牌竞争秩序，加强品牌保护，防范品牌风险，合理引导品牌沟通和品牌集群发展，打造山东省国际名牌。

第四节 拓宽 FDI 来源，扩大
FDI 技术的溢出效应

FDI 通常是指包含资本、技术、设备、管理、知识等的一揽子资本。FDI 的进入，总体上弥补了资本的缺口，扩大了就业机会，增加了地方收入。而且通过产业的后向与前向关联效应、技术扩散效应带动了地方产业的发展。但具体到不同地域，其正向带动与示范作用的效果却不一致。为此，不能盲目地认为，只要引进并留住外资企业就行了。在充分肯定 FDI 的同时，我们更应该从战略发展的角度认真思考如何将 FDI 的正向作用最大化，同时避免或降低其带来的负面不利影响。

一 提高对外开放程度，持续扩大外商直接投资规模

Arrow（1971）与 Findlay（1978）认为，FDI 的外溢机理与疾病传染原理相似，距离 FDI 越近的企业，与之接触越频繁，外溢的速度越快，吸收的外溢效应就越高。因此，吸引较多的 FDI 有益于地方企业生产率的提高。Findlay（1978）认为，FDI 技术溢出效应受到外资数量的影响，外资比重越大，当地企业的示范—模仿效应发生的可能性就越大。Blomstrom（1994）指出，行业内的激烈竞争迫使当地企业改进生产技术，提高其生产效率，由此产生技术溢出效应。梁志成（2000）认为，FDI 能够显著地促进中国的经济增长。王志鹏、李子奈（2004）的研究结论是：FDI 和内资的比值是经济增长的决定因素。王欣（2010）的研究结论是：FDI 引进的知识资本对中国的技术进步有显著的正影响。

借鉴国内外学者对 FDI 的有关研究结论，FDI 的数量与技术溢出、经济增长正相关，主要通过示范效应、基本积累、人力资本、技术外溢以及市场竞争等路径促进了地方企业的发展，进而推动着地方经济的增长。我们运用计量经济模型对 FDI 与山东省 GDP 之间的关系进行了实证分析，结果显示，外资从规模上促进了山东省地方经济的增长，而且具有正向技术溢出效应。因此，进一步提高对外开放程度，完善投资软硬件环境，扩大 FDI 投资额与外资企业数量，这是新常态下始终坚持不变的对待外资的态度。

二 积极引导外商投资趋向，改善投资结构，避免与环境赛跑

陈荣辉（1997），窦杰、窦群（1999），袁冬梅等（2006）的分析结论是：FDI 不利于中国经济的循环可持续发展，FDI 在一定程度上存在着污染转移情况，阻碍了中国循环经济的发展。黄卢进（2008）发现：FDI 多集中在污染密集型行业，FDI 与中国污染密集型产品的出口额成正相关，从而说明 FDI 在一定程度上对中国生态环境产生了不利影响。陈红蕾等（2004）、戴育琴等（2006）、王道臻等（2011）则得出了相反的结论：FDI 对改善中国污染产业的分布格局具有促进作用。关于 FDI 对东道国环境的影响，研究结论不一，这可能与样本选择有关。对特定地区 FDI 的环境效应，要做具体分析。

利用 Eviews 软件对山东省 FDI 对环境的影响进行了实证分析，发现山东省 FDI 与工业废水排放量、工业二氧化硫排放量不相关，但与固体废弃物的排放量负相关，这说明，相对于内资企业而言，山东省 FDI 企业从总体上看更环保。

表 12.1   污染密集行业的分布

类型	行业
高度污染密集型	煤炭开采和洗选业、石油和天然气开采业、黑色金属矿采选业、有色金属矿采选业、纺织业、皮革毛皮羽毛及制品、造纸及纸制品业、石油加工炼焦及核燃料加工业、化学原料及化学制品业、化学纤维制造业、电力热力的生产和供应业、燃气生产和供应业、水的生产和供应业
一般污染密集型	非金属矿采选业、医药制造业、橡胶制品业、塑料制品业、非金属矿物制品业、黑色金属冶炼及压延加工业、有色金属冶炼及压延加工业

资料来源：夏友富：《外商投资中国污染密集产业现状、后果及其对策研究》，《管理世界》1999 年第 3 期。

具体到产业与行业，山东省 FDI 主要集中于第二产业，其中制造业又占到了第二产业的 90% 以上，在第一三产业的 FDI 比重低而且主要集中于零售、房地产行业，而知识密集型、智力密集型的金融、保险、电信、软件开发、咨询等行业投资不足。根据中国学者赵细康（2003）关于工业产业的划分，大部分的污染密集型产业都集中在制造业里。所以山东省 FDI 特定行业的环境污染要得到重视。

我们提出，在今后的 FDI 管理中，要引导 FDI 资本进入第一与第三产业，尤其是生产性服务业，可以有效降低 FDI 的环境负面影响，同时有助于提高农业产业化进程，推动区域产业化发展。提升第二产业引资质量，进一步鼓励清洁型、高新技术型 FDI 的进入，限制高度污染密集型行业 FDI 的进入；调整已进入 FDI 的产业结构和区域分布，尽量减少其对环境的不利影响。

三　拓宽 FDI 来源国，扩大 FDI 的正向作用

赵细康（2002）的研究表明，尽管外资在中国没有出现污染产业转移规模化的倾向，但是，如果说客观上确实存在产业转移的情况，那么在实际发生转移的过程中也只能是那些污染密集型的边际产业。而且，污染密集型产业在转移过程中往往有地缘倾向，即大多是从与东道国临近的发达国家或地区转移过来的。

山东省主要的 FDI 来源于日韩，而日韩企业对外投资项目多以劳动密集型为主，而且一般认为，技术溢出效应相对欧美企业要低。另外，在新型国际关系环境下，对日韩，尤其是对日本的过度依赖也加大了山东省的国际合作风险。综合来讲，减少对日韩的过分依赖并不是街市之谈，而是关系到山东省对外经济战略安全与质量的问题。

降低对日韩的过分依赖，并不意味着要减少对日韩 FDI 的吸引力度，而是要拓宽外资来源国：借助地缘优势，继续保持并扩大日韩的 FDI，加快发展与日韩的高新技术产业合作和物流等服务业合作，推动山东省高新技术产业的发展；加快与美欧的贸易合作，一般认为，大型欧美企业的技术溢出效应更明显；同时要抓住中国—东盟、中智、中新、中澳自贸区谈判及其他区域合作所带来的有利影响，吸引合作国的优质外资。另外，要紧跟国家外交合作动向，重视对新兴市场经济体、金砖国的资金吸引；重视海上丝绸之路、丝绸之路经济带有关国家优质的 FDI 项目；争取亚投行的资金能够通过外资企业进入山东省。

四　严格环境管制，对内外资一视同仁将有助于吸引优质外资

在新常态下，国内经济发展更趋向高效清洁，国家的环境规制必将更加严格，任何地方政府与企业，无论内资与外资，都必须重视环保问题。严格的环境管制是否会对 FDI 的进入形成负面影响？这一问题受到了国内外学者

的关注。

Bouwe Dijkstra（2006）基于博弈论对跨国公司是否愿意在实施严格环境标准的国家或地区进行投资，以及环境规制对资本流动和市场竞争的影响程度进行了研究。他认为，严格的环境规制是吸引FDI的重要原因。即一个国家或地区采用了相对来说较为严格的环境规制，那么这个国家或地区在FDI的区位选择上就具有比较优势。

曾贤刚（2008）认为，环境规制对中国各个地区外商直接投资的流入不存在显著的负面影响，相对而言，经济规模、基础设施状况和外资的集聚效应等对外商直接投资的影响更为显著。郭红燕、韩立岩（2008）的研究结论是：除环境管制外，中国廉价的劳动力、良好的市场发展前景及日益改善的市场环境也是吸引FDI的重要因素。也就是说，在影响FDI区位选择的众多因素中，环境管制并不一定占主导地位。这样，鉴于宽松的环境管制进入的外资只占外资总量的较小一部分。另外，宽松的环境管制会导致经济结构朝着污染型产业结构转变，进而增加污染水平。

由于具有技术优势，同一行业中的外资因为严格的环境规制与执行而拥有优于内资企业的优势，这会在一定程度上提高外资企业的积极性，吸引更多的FDI进入。从长远来看，宽松的环境规制不利于市场经济的良性发展。避免单纯为追求短期经济效益而损害长期经济发展的引资行为，这也是国内经济新常态发展形势的基本要求。

借鉴上述研究成果，我们认为，推动资本存量增加，严格环境管制，营造内资与外资公平的环境规制，从长远来看是山东省优化FDI质量，促进FDI规模扩大的重要路径。因此，决不能放松对环境的管制，否则过分宽松的环境管制将有可能损害山东省未来的发展能力，也降低了社会福利，这与我们发展经济、改善民生的目标是相悖的。

五　完善关键要素，有助于扩大FDI的技术溢出效应

技术进步是提高能源效率的重要手段，在开放经济条件下，国内的自主研究与开发活动与国际技术扩散是一国实现技术进步的两种途径。国际技术扩散有多种途径，如国际贸易、FDI、国外专利申请及专利引用等，其中FDI和国际贸易是国际技术溢出的主要渠道，世界各国尤其是发展中国家将FDI作为获取国外先进技术的重要途径。

随着中国经济的发展，国内资本充足，劳动力成本上升，当前外资的进入更多的是源于良好的投资环境、优惠的投资条件与国内巨大的市场潜力。我们招商引资的目的也要从单纯解决资金不足、提供就业机会转向兼顾扩大 FDI 的技术溢出，将 FDI 作为获取国外先进技术的重要途径，创新性地促进 FDI 对于山东省企业的技术带动作用。

Cole（2005）认为，环境规制相对松懈的国家通常资本聚集的水平较低，这使得它没有吸引 FDI 的基础资本存量，在一定程度上不利于资本密集型产业的发展。因此资本存量的高低直接影响着 FDI 的进入。黄先海、张云帆（2005）的研究建议：加强本国投入，使外贸外资的溢出效应最大化。要吸收外贸外资所带来的先进技术，就必须有必要的资本存量，若资本不足，不仅会削弱本国的自主创新能力，而且会使国外的溢出技术无法得到有效吸收和学习，从而阻滞本国的经济增长。

Borensztein，Gregorio，Lee（1998）认为，FDI 能够促进发展中国家经济的增长，但是只有在人力资本超过一定值后，外商直接投资的显著促进作用才能发挥出来。王志鹏、李子奈（2004）认为，FDI 和内资的比值是经济增长的决定因素，而且 FDI 对经济增长的影响还受人力资本水平的影响，各地区人力资本只有在达到一定水平后，外商直接投资才能通过技术溢出以促进经济的增长。黄菁、赖明勇、王华（2008）的研究结论是：人力资本对 FDI 技术溢出效应的发挥有促进作用。李杏、侯克强、陈万华（2011）的研究结论是：基于 FDI 的人力资本国际流动能够显著地促进经济的增长。陈继勇（2010）认为，知识溢出净流入地区自主创新能力的提升，有助于吸引更多的知识溢出和 FDI 流入，从而实现知识溢出、自主创新能力和 FDI 三者的良性互动。

基于上述结论，提高资本存量、优化人力资本、提高自主创新能力是促进 FDI 与技术溢出良性互动，扩大 FDI 技术溢出效应的重要路径。

第五节　推动企业"走出去"，拓宽国际合作渠道

一　推动企业"走出去"的基本思路原则

充分利用国家自贸区和"一带一路"等战略，积极利用国家新一轮

对外开放的红利，充分发挥市场在资源配置中的决定性作用，形成"政府搭台，企业唱戏，全球是舞台"的对外合作新局面，全面提升山东省开放型经济的核心竞争力。对外投资应坚持以下原则。

（一）对外投资应以资源型为主，实现可持续发展

山东省严重缺乏自然资源，煤炭、钢铁、天然气、林业资源、稀有金属等都须依赖输入，而工业大省的发展现实又注定了对资源的巨大消耗。因此，主动出击，走出国门，进行资源开发型投资，成为对外投资的重点。山东省应进一步拓展海外资源基地，到资源丰富的国家寻找发展所需要的各类资源，以掌握经济发展的主动权，促进山东省经济的持续发展，提高国际竞争力。

（二）培育"走出去"的龙头企业，带动中小企业集群出击

树立企业在国际合作中的主体核心地位，充分发挥市场配置机制的作用，深度挖掘企业需求，以传统优势产业形成示范效应，促进"走出去"企业强强联合。以海外工程承包为载体，带动相关产业、技术、设备以及建筑、设计、劳务等行业"走出去"。通过国际投资与合作，提高农产品食品产业的国际影响力，提高装备制造产业的国际综合实力。通过建立海外山东投资园区这类模式，鼓励中小型企业更广泛地参与国际合作，充分发挥"走出去"企业的集群效应。

（三）在关键城市建立研发中心，创新对外投资模式

要鼓励大型企业、具有较强研发能力的企业在发达国家的中心城市和高科技产业集聚区设立高科技产业小型研发投资点，密切跟踪有关技术的研发动态，了解海外客户在产品设计与功能方面的特殊要求，以更好地满足市场需求，提高产品的市场适应性。积极争取与国外研发机构合作，获取优势研发资源。把握国际投资潮流，探索参股、控股、收购、股权置换等多种投资方式，利用海外企业的原有优势资源，快速确立企业在海外的战略地位。

二 推动实施企业"走出去"的策略

（一）积极融入"一带一路"战略，努力搭建"走出去"平台

"一带一路"涉及约 65 个国家，总人口 44 亿，经济总量 21 万亿美元，分别占全球的 62.5% 和 28.5%，为加快实施"走出去"战略开拓了

国际合作的新空间、新领域。山东省要抢抓"一带一路"建设的宝贵时间窗口和重要战略机遇期，充分利用现有合作机制和平台，根据沿线国家的情况，确定好重点线路，对重点国别、优先领域、关键项目，集中力量取得突破。

丝绸之路经济带以中亚五国、南亚部分国家和俄罗斯为重点，通达西亚、中东和中东欧各国。山东省要继续巩固和突出与中亚地区和俄罗斯的合作，重点支持企业在矿产、林业、农业种植、电力和基础设施等领域加大投资。

海上丝绸之路以东盟 10 国，以及印度、巴基斯坦、孟加拉国、斯里兰卡等南亚国家为重点。山东省要充分利用中国—东盟自贸区升级谈判、孟中印缅经济走廊建设等新机遇，充分发挥鲁新经贸理事会的平台作用，以新加坡、印尼、马来西亚、泰国、越南、柬埔寨、印度为重点，着力在矿产资源、农业种植、橡胶和造纸用林等工业原料、基础设施和海上合作等领域加快"走出去"步伐。

搭建"一带一路""走出去"平台。科学合理地制定"一带一路"投资合作和产业合作规划，引导橡胶轮胎、石油化工、纸浆造纸和木材加工等产业向资源所在国转移前端加工环节；加快纺织服装、棉花等农业种植加工和建筑材料等劳动密集型产业向东盟地区布点转移的步伐；鼓励农用机械、石油机械等产业到中亚地区开展加工装配；加强互联互通，积极引导工程企业参与中亚、中东欧、东盟等国家的电力、公路桥梁、房建、港口等基础设施建设；深化境外合作开发，支持有实力的大企业积极参与俄罗斯、蒙古、中亚、西亚等国家在矿业及石油、天然气等领域的互利合作。

（二）完善信息服务平台，为企业提供信息服务

1. 建立外经贸企业问题和困难解决机制，整合部门服务资源，消除"信息孤岛"，尽快建立统一、开放的外经贸综合服务平台，提供外经贸企业准入接口，及时了解和解决企业发展过程中所面临的融资、用工、通关、商检、退税等问题。

2. 为企业"走出去"提供及时、准确、完善的信息平台。充分利用中国国际电子商务网、中国进出口网、山东商务网及上级商务、外事部门等多种渠道，收集政策资讯、行情展会、采购营销等信息，为企业参加国

外商品交易会、洽谈会、展览会提供信息，进一步提升和深化企业与境外的经贸合作水平。

3. 建立海外企业安全预警与监测工作，及时发布适宜、公开的外贸风险信息，支持和引导企业正确应对国际摩擦，特别是及时发布所在地区和国家的社会治安状况，切实保障海外企业和员工的人身和财产安全。

（三）加大财政金融支持力度，为企业提供风险保障

无论是欧美发达国家，还是发展中国家，政府都是根据开拓国际市场的需要以及外汇储备的情况，对企业"走出去"提供资财政、金融、信息、技术、法律等方面的鼓励与支持。采取优惠信贷、融资担保、专项资助等政策给予金融支持；通过境外投资担保制度降低企业"走出去"的风险；减免"走出去"企业的税收，使企业轻装上阵。突出对企业的境外研发、推广新兴技术、开展电子网络营销等领域的资金支持。

（四）建立海外山东投资园区，推动中小企业集群"走出去"

以海外工业园区建设为重点，加快产能转移和走出去企业的聚集发展。在条件适合的东道国，建立海外投资园区，推动企业，尤其是中小企业集群对外投资，是国内许多地区企业"走出去"的一条成熟经验。山东各地充分发挥各自的优势，在海外建立了上百个友好城市，充分利用与友好城市建立关系的契机，通过双方的交流、互访，加大在经济、文化领域的合作，为建立海外山东投资园区拓宽渠道。鼓励在发达国家设立高科技产业研发投资机构，跟踪海外高科技发展前沿，了解海外市场对于产品设计与性能的特定要求，提高产品的适销性。

（五）把境外资源开发作为实施"走出去"战略的重要突破口

重要资源蕴藏量不足，必将成为制约经济可持续发展的瓶颈。我们必须借鉴其他国家的经验和做法，在国际市场上配置资源，加强境外资源的开发合作与综合利用，实现经济的可持续发展。山东省诸城宜林公司、晨鸣集团、锦华包装公司等企业分别在俄罗斯、蒙古等地投资森林采伐、加工和矿产资源开发，兖州煤业股份有限公司和万华实业集团有限公司境外资源开采投资总额超出 10 亿元，以上境外资源开发投资项目的实施，为利用"两个市场、两种资源"奠定了基础，成为实施"走出去"战略的重要突破口。

（六）充分发挥与日韩的地缘优势，不断提升合作层次和水平

充分利用东亚海洋合作平台、中韩自贸区、中日韩自贸区建设等国家间合作机制，积极发展与韩国、日本经济组织、行业协会以及大企业的合作，探索在韩国、日本设立境外合作园区，支持有条件的企业通过并购获取品牌与技术、设立营销网络，推进与日韩园区间、产业间、民间的双向交流与经贸合作，深化境外市场开拓，实现对韩日从"引进来"到"走出去"的跨越，努力促进山东省对外投资稳定、健康、长远发展。

第六节　发挥综合保税（港）区对外开放的窗口作用

山东省五个综合保税（港）区①的发展有着自身的优势条件：独有的"三区"政策优势；便捷的交通区位优势；快速发展的外向型经济；不断壮大的制造业与物流产业以及科技创新优势与人才智力支持。各项发展指标良好，各项工作有条不紊地向前推进，取得了骄人的成绩。

但同时我们也要看到面临的挑战，例如，低层次消费限制了进口商品业务；总部经济效应并未显现；专业化服务支撑体系尚未建成；创新步伐与信息化进程尚需加快。作为享有特殊海关监管政策的区域，山东省各个综合保税（港）区不仅要推动自身的发展，而且要作为山东省连通世界的"窗口"，充分发挥内引外连的贯通作用，发挥带动山东省以及周边省份外向型经济发展的作用；利用政策优势，大胆创新，成为山东省各项改革的试验田。

一　综合保税（港）区发展的思路

作为特殊的海关监管区域，山东综合保税（港）区首先要以整个山东地区经贸大环境的优化发展为前提与目的，发挥带动作用与"试验田"作用，避免仅仅局限于服务地方经济的狭隘思想。要从大山东的视角确定各个综合保税区的发展战略，加强各区之间的交流与合作，借助强势区域经济发展优势，推动综合保税（港）区的发展；从大山东的视角整合资

---

① 包括青岛保税港区、烟台保税港区、潍坊综合保税区、济南综合保税区、临沂综合保税区。

源，实现区区、区港的联动合作发展；利用综合保税区的辐射带动功能、特殊政策功能，为山东省外向型经济发展提供服务；以创造基础与关键要素聚集的"洼地效应"为入手点，以招商引资为主攻点，以服务保障为支撑点，以特定产业与企业为增长极；密切跟踪上海自贸区改革动向，以行政改革、金融改革创新为突破口，大胆创新，在更高层次和更高水平上扩大对外开放，使其成为山东省外向型经济发展的强大助推器。

二　综合保税（港）区发展的策略

（一）全方位确定综合保税区发展的战略定位

"增长极"理论认为，增长并非同时出现在所有的地方或部门，它以不同的强度首先出现于一些具有创新能力的增长点或增长极上，然后通过不同的渠道向外扩散，对整个经济产生不同的影响。遵循"增长极"理论，综合保税（港）区在发展之初要确定"大物流带动大生产"的发展思路，当发展规模形成，集聚优势显现时，就要进入"大商流带动大物流"阶段，最终形成总部经济。

1. 产业发展定位

韩国自由贸易园区都有明确的产业规定，按照《关税自由地区法律》的规定，港区内的产业主要包括核心产业及辅助支持性产业。核心产业的从业者只有经管理机关及海关许可，才能进驻该关税自由地区，并享有一定的税赋优惠；对于辅助产业则不加限制，其相关管理机制、优惠措施等与关税自由地区外保持一致。重点发展产业的定位会促使招商引资更具有针对性，也为综合保税区的产业集群发展指明了方向。

山东省综合保税（港）区的核心发展产业必须与本省整体产业发展规划相一致，同时考虑地区局部的发展战略需要，通过核心产业的集群发展，创造技术、人才与管理优势，从而通过溢出效应来带动山东省的产业发展。在产业发展中，既要从现有产业中充分挖掘优势产业，更要随时了解国际新兴产业的发展方向，确保园区内产业发展与国际战略新兴产业的发展相一致。对于辅助产业入区的限制要少，最大限度地繁荣服务业，尤其是生产性服务业。

2. 入区企业定位

综合保税区内的功能特殊，土地资源有限，青岛早就显现出土地资源的紧张情况，园区现有土地的承载能力不足，导致优质新项目无法入区，从总体上影响了产业聚集战略的有效实施。所以，综合保税（港）区要避免走开发区发展的路子，这不仅要求入区企业的业务应与园区产业的定位相一致，在资金、管理、技术、市场方面具有先进性与外向性，而且要重点考虑入区企业的产业前后向带动能力。为此，入区企业外资与内资并举以外资为主，本地与外地并举以外地为主，入区企业必须符合园区定位，宁缺毋滥，严格控制缺乏产业前后向带动能力的独立项目企业进入综合保税（港）区。

3. 监督管理定位

新加坡政府特别重视管理的高效化以及信息化，主张在区域内实现高效通关，致力于信息化建设；美国园区重视完善、高效、透明的管理制度；荷兰建立了自由贸易园区专责管理机构——荷兰国际配销委员会负责与其他政府部门相互合作，为国外业主提供全方位的服务，同时具有善于规划的经营团队，拥有完善高效的管理制度；北京天竺综合保税区以综合信息服务平台为依托，对区内物流实现自动化和智能化管理。

借鉴国内外经验，山东省各个综合保税（港）区的管理监管定位应统一为："管理目标便利，部门管理协调，行政管理透明，管理团队专业，监管手段信息化，服务效率快速。"其基本内涵可以理解为：从便利企业开展业务的视角来创新管理；发挥润滑剂的功能，加强区内各部门的沟通，重视外部协调与合作，包括与港口、机场、区港等的合作；完善各项规章制度，保持制度的一致性与连贯性，严格照章办事，给企业吃定心丸；委托专业的开发公司负责园区具体开发与管理工作，最大限度地提供自由环境，减少行政干预；加快综合保税区信息化管理平台建设，推动综合保税区数字化发展；简化监管流程，简化办事手续，提高管理服务部门与人员的办事效率。

（二）加强沟通协调，在合作中谋求发展

1. 加强区内职能部门的沟通，提高监管服务效率

招商之后的重点是做好安商与扶商工作，及时到位的服务加上透明高效的管理是发展软环境的基本要求，管理部门与企业之间的对话与沟通机制是提高效率的有效路径。荷兰建立的荷兰国际配销委员会，其职责就是与其他政府部门相互合作，提高办事效率，为国外业主提供全方位的服务，以吸引更多的厂商到荷兰成立国际配销中心。

鉴于当前中国条块分割式的管理体制，综合保税区涉及海关、税务、检验检疫等多个国家部门，要提高综合保税区的服务效率与功能，有关部门就必须协调配合。由各地市的政府出面分别成立一个非常设机构"协调办"，明确"协调办"的基本职能，积极推进各个综合保税（港）区边检、海关、工商等部门之间的行政协调，共同探索更加高效的通关与监管模式。

2. 加强与机场、码头的沟通，确保港口功能顺利后移

利用国家赋予综合保税区的保税物流功能，各个综合保税（港）区可以将青岛国际机场和青岛港口、日照港口、潍坊港口、烟台港口功能后移，拥有了无海港码头、无跑道机场，能够实现商品、海关、商检、港口、机场的无缝衔接，从而极大地提高货物和集装箱的周转效率。从物流系统论角度看，整个物流供应链运行效率的高低不仅取决于综合保税区卡车航班、卡车轮船、海关商检的运行效率，还依赖于沿海港口环节的效率以及与港口连接的每一个环节的运行情况。

要促进港口、机场功能后移规模的扩大，一项不能够忽视的工作就是要理顺综合保税区与港口、机场之间的直通关程序。首先要加快完善信息联动功能，实现综合保税区与港口、机场信息共享和系统集成；其次，协调办公室要负责直通关的各环节协调工作，提高检验检疫与物流通关效率；最后，促进海关、检验检疫部门创造性地开展工作，在符合国家政策的前提下，创造上门便利通关、上门便利检疫检验，减少"一日游"货物绕行保税区的时间与物流成本。

3. 加强区区协作，发挥政策服务功能

综合保税（港）区要发挥以点带面、辐射内地经济的作用，要充分发挥对其他地区的政策服务功能，就离不开区区之间的协作发展。区区协作就是打破行政区划主导模式下区域功能的分工和分割，利用综合保税（港）区政策、功能、招商和区位优势，通过采取项目合作、人员交流、信息共享、政策带动，提供进出口贸易通道、合作开发土地等多种形式，实现与各地高新技术开发区、周边县市区对接的一条区域经济发展双赢新模式。区区协作这种模式最早是由青岛保税区实践的，效果得到了认可，借鉴青岛的经验，其他综合保税（港）区要从政策、功能、资源的角度入手设计实施区区协作的具体模式。

4. 借鉴国内外先进经验，加强各类保税（港）区的合作与发展

新加坡、荷兰、美国、韩国、日本以及中国台湾的自由贸易园区在发展中都形成了自身特色，积累了大量的宝贵经验，而苏州工业园综合保税区以及北京天竺综合保税区等国内成立时间相对较早的综合保税区，在许多关键环节上，也取得了重大成就，这是非常值得我们学习的。分析国内外典型自由贸易园区的实践经验，对于山东省各个综合保税（港）区的运营与管理具有重要的参考价值。

就山东省内现有的综合保税（港）区来看，青岛保税（港）区建设较早，在发展中有过不少的创新，也积累了许多宝贵的经验，因此，其他综合保税（港）区要认真学习借助青岛保税（港）区的经验。通过对国内与国外，省内与省外的学习，可以获取先进的管理理念、先进的技术手段，拓宽发展思路，完善管理体制，创新运作机制，开辟新的合作渠道。

实际上，青岛保税（港）区早已经与其他开发区以及综合保税区在项目投资、招商引资等方面进行了合作。今后合作的重点不仅要集中于园区推介、招商引资、经验交流、信息共享上，更要利用山东各地区不同产业与行业的优势，促成各个综合保税（港）区错位经营，突出自己的特色。潍坊综合保税区与临沂综合保税区要充分利用强大的配套园区以及劳动力资源的相对优势，做好对青岛、烟台保税（港）区的配套合作。

（三）密切跟踪上海自贸区政策动向，大胆创新，服务山东经济

中国（上海）自由贸易试验区的成立有着特殊的国际国内背景与意义。在上海改革发展研究院院长肖林看来，这是中国在改革开放新的历史条件下，立足国家战略需要，适应经济全球化新形势，更高层次推进改革开放的积极尝试。上海银行行长金煜强调："着眼点绝非是简单的出口加工或者是转口贸易，也不是一个简单的政策优惠来促进地方经济的发展，而是新的一轮的改革在贸易、投资、金融，特别是非常重要的在行政管理等诸多方面的全面试验，并要向全国复制和推广，所以是新时期提高开放水平和推进深度改革的一个试验区。"

能否顺利承接上海自贸区的经验，甚至能否联合青岛、烟台保税（港）区共同建立"山东半岛自由贸易区"，成为下一批自由贸易试验区的成员之一，要看各个综合保税（港）区是否在创新上有突破，是否能

紧跟上海自贸区的改革步伐，大胆创新，积累经验。享有特殊海关监管政策的综合保税（港）区的创新改革，不仅会促进自身的发展，还会为整个山东省甚至全国的外向型经济发展提供思路。因此，山东省政府要密切关注上海自贸试验区在各领域的建设进展，并积极借鉴，勇于创新。

目前，上海自贸试验区在负面清单、金融改革、行政改革等方面都出台了一系列政策，但对金融改革、行政管理改革等的效果还未有定论。尽管各级政府对改革的方向很有信心，但在改革的执行细节方面，还是存在一定风险的。我们在关注有关政策内涵的同时，也应该关注实施的效果，对潜在的风险与预期的利益进行评估并在政策的许可范围内大胆借鉴经验，警觉地规避风险。在政策限制之内积极做好准备，一旦上海的经验在不同层面推广展开，山东省各个综合保税（港）区就具有了良好的对接基础，这样才不至于出现有了政策难以对接或难以产生良好效果的尴尬局面。当前，各个综合保税（港）区要充分挖掘利用原有政策优势，夯实产业发展基础。

上海比较注重以金融为主的市场建设，目标是国际金融中心，而山东省的目标则是面向以日韩为主的北方金融与制造业中心。当前，山东省各个综合保税（港）区发展的重点应该是对照上海自贸试验区的标准，探索发展符合国家产业导向和园区发展定位的产业，建立负面清单管理制度，加快聚集新兴服务业和高端制造业，提升关键要素与基础要素的质量，做大做强金融、航运与实体经济。因此负面清单要更多地向放开投资倾斜，尤其是在制造业和高科技领域的投资，加大固定资产投资以推动海空港、综合交通、能源保障、信息化四大类基建，全面推动实体经济、港口、金融等领域的实力提升。

第七节　提高关键要素质量，为
提升竞争力提供支撑

一　加强人才队伍建设，强化对外贸易发展的智力资源支持

人才竞争力是区域综合竞争力的重要内容。在人才资源日益重要的今天，如何建设强有力的人才竞争力，培养和吸引更多的优秀人才并让人才能够发挥作用、创造价值，成为决定综合竞争力的重要因素。

具有国际竞争力的地区，首先是一个国际化的地区，而国际化的一个基本衡量指标便是知识型、创新型和高素质国际化人才的质量。从山东省目前的人才结构来看，不乏知识型与高素质的人才，但缺乏的是创新型、国际化的人才。从战略视角来看，山东省的国际竞争力在于如何培养、引进与留住创新型、国际化的人才，对这点我们必须保持清醒的认识。

技术的引进与创新，离不开一支高素质稳定的人才队伍。山东省致力于"三区"建设，而其中的高端产业聚集区与蓝色经济区产业发展的特征都是高端、高质、高效，以技术密集和智力密集为显著特征，其发展不仅需要大量拥有普通技能的人才，更需要具有高素质、高技能、先进理念、敢于创新的高层次人才。

（一）确立人才强省战略，树立新的人才竞争力理念

推进人才竞争力创新必须坚持以思想解放为先导，以新的思维方式思考人才竞争力建设的新情况、新问题，树立与市场经济相适应和与国际接轨的人才竞争力新理念，确立"人才强省"战略。要客观清醒地看到政府在人才竞争力建设中的积极作用，明确"以人为本"的人才竞争力建设的核心理念。在实际行动上要加大教育投资，并确保投入的产出效果。实证分析表明，教育经费占地方财政当年的支出比例在 2006 年之前一直在降低，从 2007 年开始才有了一定幅度的上升。加大教育经费占比，确保人力资本稳步上升仍将是山东省政府在改革道路上所面临的一个重要问题。各级政府领导要牢固树立人才资源是第一资源的观念，以市场需求为导向，坚持将培养、引进与留住相结合，将学历与能力相结合，将科研院所培养与企业职业训练相结合，通过继续教育与企业培训促进人力资源能力与素质的螺旋式上升。

（二）正确认识人才的内涵，解决企业高级技术工人不足的发展"瓶颈"

长期以来，中国的人才培养重理论轻实践，往往认为高学历的博士、硕士是人才，许多学生愿意拿高学历、考公务员但不愿意进职业院校，这固然与当前部分职业院校的培养质量有关，但关键的问题还在于社会对于专业技术工人的重要性认识不够，最终造成技术工人队伍建设相对缓慢，高水平的技工严重不足。事实上，技术工人在全国的普遍短缺，致使生产与经济发展受到了制约和影响。在浙江省统计局对 19 家企业的调查中，很多企业因缺乏高级技工而导致其没有能力开发出新产品，企业缺乏创新

和研发能力，严重制约了企业的发展后劲。[①]

（三）注重培训实效，避免形式主义

政府有关部门要对于区内企业的培训情况进行摸底调查，组织专家对区内相关企业的岗位培训进行规划，建设岗位公共基础理论、专业基础理论与岗位技能相结合的分层培养方案。对于公共需求较集中的知识，政府有关部门应统一聘请专家，定期开展培训，对于专业技能也可以开展技能大赛，以解决企业因岗位人数少而难以培养的困难。通过政府部门、学校、社会与企业多层次、全方位实施人才培养计划，最终达到为对外贸易发展提供人力资源支持的目标。在人才培养中，重点要做好人才的结构性需求调查，突出解决当前急需的专业人才缺乏问题，同时还要抓好人才培养质量，对于各类各层次培训实施跟踪调查，确保培训的知识与技能是企业发展所需要的，避免形式主义。

（四）要重视职业技术院校的人才培养工作

就目前来看，有相当多的职业技术学院都是由原来的中专转变而来的，学校根据就业的好坏新开设了许多专业，而且专业的跨度很广，同时在校人数也迅速增多，大有"赶超"的意味。然而由于师资跟不上，许多教师没有实际工作经验甚至临时转专业从事该专业的教学工作，这对于非常重视实践操作能力培养的职业院校来说，无疑学生技能培养会受到限制。另外一个问题就是部分职业院校管理混乱，学生得不到有力的指导与规范，有混文凭现象的存在。大力发展职业技术教育是经济发展的客观要求，如何提高学校的师资队伍水平，提高职业院校对学生的专业技能训练能力与管理水平，这是当前山东职业教育改革中面临的一项重要课题。

（五）鼓励集群内企业联合培训，重视"传帮带"式的技能训练

产业集群发展有助于产生技术溢出、管理溢出效应，是成为专业人才培养的重要基地。因此，政府要引导推动产业集群建设，并通过税收政策调整，鼓励企业加大员工技术培训投入，将集群中的大量企业确立为人才培养的有效载体，这不仅可以解决高校资源不足的问题，而且能够确保人力资本的发展与企业的发展相吻合。同时，为使人才的能力与知识螺旋式

---

① 王越平：《建设产业集群　提升区域人才竞争力——浙江省区域人才竞争力建设分析与对策建议》，浙江大学 2004 年硕士学位论文。

上升，要重视继续教育。企业"传帮带"式的技能培训要和科研院校的理论提升相结合。

（六）吸引国内外高层次人才，带动人才整体素质的提高

建立完善的留学人员回国鼓励机制，重点引进一批高层次、高技能、熟悉现代服务业管理的留学人才，尤其是金融、保险、信息、商务中介等行业急需的专业人才，发挥他们的辐射作用，以带动服务业人才整体素质的提高。大力引进通晓国际规则、熟悉现代服务业管理的高层次外国专家，聘请外国专家来山东省进行学术交流、合作研究、讲学任教及工作任职等，鼓励各类人才带项目、带技术来山东省创业、发展，促进山东省服务业的国际交流与合作。

（七）建立国际化、创新型人才培养所需要的国际化教育、培训支撑体系

积极支持人才出国留学、进修，接受国外系统的服务理论与技能的培训，鼓励中外合作办学，拓宽与海外交流合作的渠道。外国语在对外贸易中非常重要，尤其是服务外包中的语音服务、咨询服务等。借鉴韩国政府的做法，大量招聘外籍教师至山东省各中、小学教课，推动地方本专科院校与外国大学师生的交流合作，让更多的外国人来山东旅游、度假、工作，让更多人能"走出去"，创造一个良好的多语言应用地区，这将对山东省未来服务贸易的发展起到至关重要的作用。

创新型人才培养关键在于中小学教育制度、教育理念的改进。山东省尽管进行了素质教育改革，实际上各地执行的还是应试教育，在最应该有创新想法的年龄，我们的学生被作业包围着，被各种考试压迫着，各中小学以重点高中、名牌大学升学率作为目标，这不仅遏制了学生的兴趣，也失去了创新的能力。我们培养了无数名牌大学的学生，但大都有知识文凭而无创新能力，不能为地方经济发展注入原动力。素质教育改革应该得到重视，创新型人才培养要从中小学开始。

（八）加紧完善与人事制度相关的法律法规

包括知识产权、劳动与社会保障、劳动合同等，建立符合经济全球化发展的法律法规体系，建立良好的人才工作环境和生活环境，确立高层次人才的核心与主体地位，营造尊重知识、尊重人才、尊重创造的良好氛围和社会环境，增强对人才的感召力、吸引力和凝聚力，激发人才的创造

力，做到"人才培养得出，引得进，留得住"，彻底解决对外贸易人才短缺问题。

二　促进技术创新，推动技术创新与对外贸易的良性循环

Fagerberg（1988）以国内 R&D 投入和专利数为指标对 15 个 OECD 国家进行分析，认为技术竞争力和及时传递技术的能力是影响国际竞争力和经济增长的最重要因素。从国外学者的研究中可以发现，技术对一个国家的国际贸易有显著的推动作用，技术创新对不同行业的产品贸易也有着不同的影响，对技术密集型行业的出口影响较大。① 因此，推动科学技术的发展成为影响对外贸易国际竞争力的关键因素。

无论是"干中学"还是"用中学"都将技术视为一种内生变量，认为技术和比较优势是可以通过后天的专业化学习获得或通过经验积累而人为创造出来的，该理论明确了技术的来源和传播扩散途径，阐释了技术创新、技术扩散、边干边学等经济活动对比较优势的影响，以及后进国家如何通过技术引进和模仿创新逐步缩小与先进国家的差距。企业要充分认识到企业科技人员的技术能力提高是建立在不断学习与经验积累之上的，技术进步不仅需要技术的独立创新，也需要在"干"中积累经验，因此要"引进、消化与吸收"并举。

根据前面的分析，山东省 R&D 经费占 GDP 的比重比浙江省和江苏省同一指标要低，而且也低于全国的平均水平，将山东省平均每万人授予专利量同浙江、江苏以及全国的平均水平进行比较之后发现，山东省该项指标远低于浙江与江苏，也低于全国的平均水平。这说明山东省在科技研发投入方面还需不断加大力度，进一步发挥科技对经济的促进作用，这将会推动山东省商品结构和产业结构的转变，最终提高产业竞争力，提高出口产品的国际竞争力。

（一）加大投入，提高山东省整体科技水平

现代技术创新不再是偶然的发明和发现，而是在保证高投入条件下有意识的、系统的工作。西方发达国家的经验表明，研究开发经费投入强度

---

① 宋青：《技术创新对我国高新技术产品出口贸易的影响研究》，山东经济学院 2011 年硕士学位论文。

是随着科技创新发展阶段的上升而提高的，一个国家的创新产出和其研发投入有着密不可分的联系。因此，政府要加大对企业自主研发的支持力度，增加对企业高新技术出口产品技术开发的专项资金支持，尤其要激励劳动密集型企业的技术创新，以提高中国的整体科技水平。[①]

（二）加大对技术创新的政策扶持

建立专项基金用于新型产业领域的技术创新，对对外贸易领域重大技术引进项目及相关的技术改造提供贷款贴息支持，对引进项目的消化吸收再创新活动提供研发资助；引导和鼓励社会资本投入对外贸易领域知识产权交易活动，符合规定的应享受创业投资机构的有关优惠政策；在政府采购中，应优先支持采用国内自主开发的软件等信息服务，进一步扩大创业风险投资试点范围。[②] 在风险投资和中小企业政策上，要改善市场环境，发展创业风险投资，鼓励外商来华进行风险投资，支持中小企业提升自主创新能力。

（三）重视引进技术的质量与引进的模式

培育自主创新能力并不意味着完全自我研发，借鉴日本的经验，应该重视技术的引进。要抓住世界科技发展的最新形势，重点引进符合山东产业发展规划的电子信息、生物技术、汽车制造、新材料、新能源、海洋化工等领域的先进技术。通过引进高技术，改造农业、能源与环保、交通运输业、原材料等传统领域，提升其竞争力。积极支持外资企业尤其是跨国公司子公司设立研发机构，加强服务和引导，促进已投产外商投资企业进行技术投入，扩大技术引进，促进中外企业的联合开发和合作，鼓励外资企业转移先进技术，培训员工，同时，严把审批关，将对外贸易管理工作与促进对外贸易的技术进步和技术外溢工作结合起来，扩大技术溢出效应。

（四）促进企业与科研机构的联合与合作，加快科技尤其是高新技术的产业化进程

把一些重大引进技术的消化吸收创新项目纳入诸如与科技攻关等相关的科技计划中，以企业为主体，以市场为导向，通过体制和机制创新，建立有效的消化吸收创新激励机制，落实技术人员技术鼓励政策。拓展产学

---

① 赵亚南：《技术创新与对外贸易发展的互动关系分析》，《商业时代》2010 年第 13 期。
② 陈文玲：《推动服务贸易发展的政策选择》，《商业研究》2009 年第 4 期。

研合作领域，着重向国际化和高新技术领域拓展；提高合作层次，推动企业与世界 500 强企业合作，搞好共建机制；扩大合作成果，更加注重产学研合作的实效性。同时，大力宣传并采取适当鼓励措施，促使外贸生产企业实施合理的人才开发战略，鼓励员工创新，充分发挥技术创新主体的作用。

（五）完善科技支撑体系

建立完善研发设计、信息咨询、产品测试等公共服务平台；建设技术研发中心和中介服务机构；完善科技人才的引进、管理与激励机制，稳定人才队伍。强化微观主体的技术创新激励机制，鼓励服务业企业增强自主创新能力，加速建立多层次的资本市场体制，激励创新，并通过减税、补贴等方式激励技术创新活动，形成一个激励自主创新的微观机制。深化科技体制的转化、改革，把科技市场与市场改革联系起来，建立适应市场经济需要的科技体制，建立风险投资机制，鼓励与外省和外国的科技交流与合作。加强知识产权政策的实施力度，维护市场秩序，保障技术进步的合法权益。

第八节　改善基础要素环境，培育经济与外贸发展的基础性动力

一　完善支撑对外贸易发展的基础设施条件

对外贸易基础设施是提高一国对外贸易国际竞争力的重要决定因素，它们严重影响现代对外贸易的方式、规模和质量，因此也左右着对外贸易国际竞争力的发展。印度服务外包的发展在很大程度上得益于发达的电信基础设施与廉价的电信收费。山东省基础设施建设虽走在全国前列，但仍然存在着制约对外贸易发展的"瓶颈"，例如信息基础设施不够完善，电信收费过高等。完善支撑对外贸易发展的基础设施条件，首先要加强信息基础设施建设，其次要加快发展与对外贸易密切相关的交通建设，尤其是港口建设，最后要完善基础设施的投融资渠道。

（一）实施信息化基础设施提升计划，建设国内先进的信息化基础设施

进一步完善公用通信网、有线电视网、公共数据网等信息基础设施建

设，建成以光纤通信为地面骨干，传输网络、卫星通信为空间通信主体，数字微波为有限补充的现代化通信网络，实现信息服务的宽带化、个性化、智能化。要与电信、移动、联通、铁通建立长期的战略合作关系，积极支持基础电信运营商在山东省的快速发展，通过在信息化基础设施建设、电子信息产业振兴、信息服务业壮大、电子商务推进、电子政务和公共服务水平提升、信息化推广应用、信息通信科技研究发展等领域的合作，打造数字山东，切实发挥信息对山东经济发展以及对外贸易国际竞争力提升的基础性作用。

（二）继续加强交通基础设施建设，优化对外贸易环境

山东省已经做出了加快铁路、公路网络、港口和航空建设规划，即重点建设六条铁路、三大港口、七条高速公路、两个空港和烟大跨海轮渡。这些设施基本上能满足经济社会发展对交通运力的需求。需要注意的是，基础设施建设标准要高、质量要好，建成后的管理、维护以及运营工作要做好，例如，优化港口结构，整合港航资源，加快港航提速；畅通高速公路运输，减少不必要的收费站，做好高速路服务区建设，等等。

二　扩大国内需求，推动需求结构升级

波特强调，国内市场是企业发展和获取竞争优势的推动力，一国或地区产业竞争优势的构建往往都以合理、高级的国内社会消费需求结构为基础，一国国内成熟复杂和苛刻的消费者会有助于该国企业赢得国际竞争优势。如果一个国家的居民消费是以物质消费需求为主的，服务消费比重过低或服务消费的层次过低，那么该国的服务贸易从根本上就不可能形成国际竞争优势，其对货物贸易的推动作用也难以发挥。山东省拥有9000多万人口，人均 GDP 也达到了中等发达国家的水平。[①] 但是，受传统"轻消费、重储蓄"思想的影响，居民消费率较低，受"轻服务、重物质"观念的影响，山东省居民对商品的消费需求相对较强，但对服务消费的比重偏低。消费者需求不足以及城市化水平不高的现状抑制了相关产业的发展，削弱了商品与服务的出口能力。在这种情况下，进一步增加居民收

---

① 按照联合国衡量一个国家财富水平的标准，人均 GDP 达到 4000 美元便意味着达到中等发达国家的标准，山东省 2014 年人均 GDP 达到 60879 元人民币，合 9899 美元。

入，积极推进居民消费结构的改善成为发展的重点。

（一）增加居民收入，为扩大消费提供基础

收入是消费的根本性决定因素，增加居民收入是扩大消费的关键，要加大宏观调控力度，推动工资收入的较快增长，特别是提高城市中低收入者和农村居民的收入水平，更好地拉动消费增长，使经济增长动力模式逐步转变到以消费需求为主导的轨道上。这就要努力改变工资收入低于GDP增长的局面，确定本地区合理的最低工资标准，提高城市中低收入者的收入水平和社保水平，促使农民工工资成为农村增收的重要来源，将新农村建设与推动农民增产增收有效结合起来，要优化国民收入分配结构，加大收入再分配力度，积极调整国民收入分配结构，加快税制改革，合理减轻与消费相关的税负，改善垄断行业收入的初次分配，从而推动居民工资收入和福利在 GDP 中比重的提高。①

（二）完善社会保障制度，推进居民消费结构的改善

推进居民消费增加的根本在于增收的同时解除居民的后顾之忧，为此应不断完善社会保障制度，加快医疗卫生体制改革，减轻居民的医疗负担，改善居民的消费预期。而且，要根据消费需求的变化趋势，及时调整和优化产业结构、产品结构，增加商品的有效供给，为消费者提供更多更大的选择空间。倡导积极的消费观念和理念，引导人们积极参与娱乐、休闲等活动，提高服务性消费在最终消费中的比例。开拓农村消费市场，加快农村现代流通网络建设。引导企业设计和生产适合农民消费特点、消费环境和条件的产品，引导企业建立和完善面向农村的流通和售后服务网络。培育消费热点，促进消费升级，形成产业优势，引导人们消费的科学化、多样化，在旅游、健身、休闲娱乐等方面引导科学消费，促使消费升级。加强旅游、会展、节庆活动的融合，形成文化产业发展的集聚效应，使文化消费成为拉动消费需求增长的一个重要领域。增加带薪度假的时间，有条件的话，可以考虑实施四天半工作制，使人们具有更多的时间从事旅游消费；努力改善消费环境，改善服务质量和服务效率，吸引人们扩大服务消费，以国内市场为依托带动企业增强市场竞争力。

---

① 《增加城乡居民收入　重点扩大消费需求》，http：//www. yzwjm. gov. cn/Article_ Show. asp？ ArticleID = 348，2007. 3. 29。

三　促进服务业的发展，推动制造业产业升级与农业产业化的发展

货物贸易的产业基础是国内工业，尤其是制造业，服务贸易的产业基础是服务业，尤其是其中的生产性服务业，因此，生产性服务业与制造业的发展对于一国或地区的对外贸易竞争力提升起着重要的支撑作用。

（一）促进国内服务业的发展

根据波特理论，没有发达的国内服务业，服务贸易就不可能有大的发展，也不可能拥有具有国际竞争力的产业集群。很多服务如产品研发、设计、商务服务等作为中间投入是推动制造业向高加工度化、高附加值化和高技术化转变的基础，高效率的国际通信、国际运输和国际金融保险服务可以促进货物贸易的顺利进行。发展服务业，一是要从战略高度认识服务业的繁荣发展，切实把加快服务业发展放到更加突出的位置上，解放思想，抢抓机遇，努力实现服务业繁荣发展的新突破；二是要进一步突出繁荣发展服务业的重点，要大力推进现代服务业、旅游业、文化产业的发展，还要完善鼓励消费的政策措施，积极培植房地产、汽车、通信等消费热点；三是要大力营造有利于服务业发展的环境，要建立和完善符合国际规则的服务业和服务贸易的法律法规体系、统计分析体系、监督管理体系和政策支持体系。

（二）推动制造业产业升级，推动农业产业化发展

推动制造业产业升级首先要抓好先进制造业的发展，对于山东省来讲，尤其要重点抓好装备制造业、海洋高端产业以及新兴高端产业的发展，通过集群形式提高资源配置效率，改变当前制造业产业层次低、技术创新能力低的状态。加快石油化工、纺织服装、特种钢材与食品加工等传统劳动密集型产业的技术改造，实现传统优势产业国际竞争力的提高。继续优化农业生产结构，推动农业产业化发展。以潍坊蔬菜生产加工基地为核心，带动其他地市农业产业化发展，全面提高出口产品的竞争力和经济效益。努力发展一批有影响力的农产品企业品牌、商品品牌与地域品牌，坚持把提高科技含量作为提高蔬菜经济效益的突破口，大力发展无公害蔬菜和有机蔬菜，促进蔬菜向深加工和精加工方向发展，不断优化质量、降低成本。

参考文献

迈克尔·波特：《竞争优势》，华夏出版社 1997 年版。

保罗·克鲁格曼：《国际经济学》，中国人民大学出版社 2002 年版。

亚当·斯密：《国民财富的性质和原因的研究》，商务印书馆 1974 年版。

李嘉图：《政治经济学及税赋原理》，商务印书馆 1976 年版。

俄林：《区域和国际贸易》，商务印书馆 1986 年版。

凯恩斯：《通论》，商务印书馆 1983 年版。

高鸿业：《西方经济学》，中国人民大学出版社 2000 年版。

庞浩：《计量经济学》，科学出版社 2012 年版。

薛荣久：《国际贸易》，对外经济贸易大学出版社 2012 年版。

刘凤良：《西方经济学》，中国人民大学出版社 2013 年版。

李刚、李俊：《迈向贸易强国》，人民出版社 2006 年版。

李悦：《产业经济学》，中国人民大学出版社 2013 年版。

苑涛：《中国对外贸易竞争优势研究》，中国财政经济出版社 2005 年版。

库兹涅茨：《现代经济增长》，北京经济学院出版社 1989 年版。

王战：《提升上海国际竞争力》，上海财经大学出版社 2005 年版。

隋红霞：《外贸竞争力制约因素研究》，中国言实出版社 2013 年版。

李萍：《中国自由贸易区发展理论与实践》，中国社会科学出版社 2014 年版。

高铁梅：《计量经济分析方法与建模》，清华大学出版社 2007 年版。

张晓桐：《计量经济学软件 Eviews 使用指南》，南开大学出版社 2003 年版。

丁国盛、李涛：《SPSS 统计教程》，机械工业出版社 2014 年版。

时立文：《SPSS 19.0 统计分析》，清华大学出版社 2012 年版。

刘嫣怡、刘荣、丁维岱等：《Eviews 统计分析与运用》，电子工业出版社 2013 年版。

普雷维什：《拉丁美洲的经济发展及其主要问题》，《国外社会科学》1982 年第 1 期。

黄庆波、范厚明：《对外贸易、经济增长与产业结构升级——基于中国、印度和亚洲"四小龙"的实证检验》，《国际贸易问题》2010 年第 2 期。

朱雯君、陈红蕾：《加工贸易、FDI 对环境污染的影响分析——基于 VECM 模型的实证分析》，《产经评论》2010 年第 11 期。

叶继革、余道先：《我国出口贸易与环境污染的实证分析》，《国际贸易问题》2007 年第 5 期。

许士春：《贸易与环境问题的研究现状与启示》，《国际贸易问题》2006 年第 7 期。

徐丽华、冯宗宪：《战略性贸易政策理论研究最新进展》，《国际贸易问题》2007 年第 4 期。

张李明、胡光明：《比较优势、竞争优势与我国外贸增长方式转变的探讨》，《价格月刊》2009 年第 5 期。

袁永友、刘建明：《创建我国对外贸易可持续发展评价指标体系的思考》，《国际贸易问题》2004 年第 1 期。

范爱军、刘云英：《外贸增长方式评价指标体系的构建及实际运用——以山东省为例》，《国际贸易问题》2007 年第 8 期。

李明生、何天祥：《区域对外贸易可持续发展综合评价》，《求索》2005 年第 2 期。

程春梅、刘洪顺：《试论外贸竞争力评价指标体系》，《商业时代》2005 年第 8 期。

谷志红、牛东晓、王会青：《对外贸易可持续发展的评价指标体系及模型》，《统计与决策》2005 年第 9 期。

蒋和平、吴玉鸣：《基于因子分析的我国外贸竞争力综合评价及提升研究》，《生产力研究》2010 年第 4 期。

徐宏、李明：《试论区域竞争力评价指标体系的构建》，《特区经济》2005 年第 5 期。

高志刚：《基于组合评价的中国区域竞争力分类研究》，《经济问题探索》2006 年第 1 期。

刘勇：《我国典型地区区域竞争力初步研究》，《学习与实践》2003 年第 1 期。

魏敏、李国平、王巨贤：《我国区域竞争力区位差异的实证研究》，《中央财经大学学报》2004 年第 5 期。

刘再起、徐艳飞：《对外贸易、市场整合与地区经济增长——基于 boot-strap 面板因果检验》，《世界经济研究》2013 年第 3 期。

吕品、毛其淋：《浙江省对外贸易对经济增长方式转变影响：基于协整理论的实证研究》，《国际贸易问题》2009 年第 5 期。

邹正方、杨涛：《中国的对外贸易与经济增长的实证分析》，《经济理论与经济管理》2006 年第 6 期。

洪占卿、郭峰：《国际贸易水平 省际贸易潜力和经济波动》，《世界经济》2012 年第 10 期。

徐金记、谢秋慧、于文佳、卫碧文、王皓宇：《我国技术进步与对外贸易的数量关系解析》，《上海纺织科技》2013 年第 11 期。

沈明其：《我国服务贸易国际竞争力弱的成因及对策》，《商业研究》2008 年第 1 期。

陈文玲：《加快转变对外贸易增长方式》，《宏观经济研究》2007 年第 7 期。

唐宜红、林发勤：《服务贸易对中国外贸增长方式转变的作用分析》，《世界经济研究》2009 年第 3 期。

徐东、栾贵勤、吴哲：《FDI 对外贸易的产业结构调整效应分析——基于上海的时间序列数据分析》，《经济问题探索》2013 年第 9 期。

对外贸易发展对产业结构升级的影响——基于安徽省 17 个市的面板数据实证分析》，《安徽农业大学学报》（社会科学版）2012 年第 1 期。

朱启荣：《加工贸易技术溢出效应的实证研究——以山东省为例》，《山东经济》2008 年第 7 期。

单豪杰：《中国资本存量 K 的再估算：1952—2006》，《数量经济技术经济研究》2008 年第 10 期。

李小平、朱钟棣：《中国工业行业的全要素生产率测算——基于分行业面板数据的研究》，《管理世界》2005 年第 4 期。

周娟、张广胜：《国际贸易对中国城乡收入不均等的影响》，《商业研究》
　2008 年第 2 期。

谷蕾、马建华、王广华：《河南省 1985—2006 年环境库兹涅茨曲线特征分
　析》，《地域研究与开发》2008 年第 8 期。

朱启荣：《山东省出口贸易环境效应实证分析》，《山东财政学院学报》
　2008 年第 3 期。

徐金记等：《我国技术进步与对外贸易的数量关系解析》，《上海纺织科
　技》2013 年第 11 期。

李瑞娥、张海军：《中国环境库兹涅茨曲线的变化特征（1981—2004）》，
　《西安交通大学学报》（社会科学版）2008 年第 4 期。

张连众、朱坦、李慕菡：《贸易自由化对我国环境污染的影响分析》，《南
　开经济研究》2003 年第 3 期。

陈红蕾、陈秋峰：《我国贸易自由化环境效应的实证分析》，《国际贸易问
　题》2007 年第 7 期。

陈雯：《环境库兹涅茨曲线的再思考——兼论中国经济发展过程中的环境
　问题》，《中国经济问题》2005 年第 5 期。

刘海云、余道先：《中国服务贸易：总量增长与结构失衡》，《国际贸易》
　2008 年第 2 期。

张少杰：《基于自主创新的中国外贸增长方式转变》，《生产力研究》2009
　年第 9 期。

李海岭、张新林、王君恒：《论中国外贸增长方式转变》，《经济与管理》
　2009 年第 5 期。

李晨：《当前我国外贸增长方式存在的问题及转变策略》，《商业时代》
　2009 年第 15 期。

刘百强：《宁波对外贸易实现可持续发展战略研究》，《浙江万里学院学
　报》2009 年第 1 期。

裴长洪、郑文：《发展新兴战略性产业：制造业与服务业并重》，《当代财
　经》2010 年第 1 期。

李怀政：《出口贸易的环境效应实证研究——基于中国主要外向型工业行
　业的证据》，《国际贸易问题》2010 年第 3 期。

田野：《中国—东盟自由贸易区的环境效应研究——基于污染密集品贸易效应的实证分析》，《经济经纬》2013 年第 1 期。

刘林奇：《我国对外贸易环境效应理论与实证分析》，《国际贸易问题》2009 年第 3 期。

Frank van der Zwan, Tracy Bhanra. "Services Marketing: Taking up the Sustainable Development Challenge." *Journal of Services Marketing*, 2003, Volume 17.

J. Peter Neary, Dermot Leahy. "Revenue-Constrained Strategic Trade and Industrial Policy." *Economics Letters*, 2004, Volume 7.

David Colliea, David de Mezab. "Comparative Advantage and The Pursuit of StrategicTrade Policy." *Economica Letters*, 2003, Volume 18.

Alich H. Amsden, Dongyi, Liu, Xiaoming, Zhang. "China's Macroeconomy, Environment and Alternative transition Model." *World Development*, 1996, 24.

P. Sen. "Terms of Trade and Welfare for Developing Economy with an Imperfectly Competitive Sector." *Review of development Economics*, 1998, Volume 2.

Y. Sawada. "In Miserrizing Growth: An Empirical Evaluation." *Forthcoming in Applied Economica*, 2006, Volume 2.

Grossman, G. and Kruger, A. (1995). "Economic Growth and Environment." *Quarterly Journal Economics* 2: 353-377.

Lucas R., Wheeler D. and Hettige H. "Economic Development, Environmental Regulation and the International Migration of Toxic Industrial Pollution: 1960-1988." Low, P. (Ed.). *International Trade and the Environment*, World Bank Discussion Papers, 1992, 159: 67-87.

Copel, B. and Taylor, M. "North-South Trade and the Environment." *Quarterly Journal of Economics*, 1994, 109: 755-787.

Krugman, Paul. "Growing World Trade: Causes and Consequences Brookings Papers on Economic Activity." 1995, *Issue* (1): 58-75.

Dean, Judith M. "Trade and the Environment: A Survey of the Literature: International Trade and the Environment." World Bank Discussion Papers,

No. 159. Washington, D. C. : World Bank, 1992: 15-28.

Kwan, A. C. C. and J. A. Cotsomitis. "Economic Growth and the Expanding Export Sector: China 1952-1985. " *International Economic Journal*, 1991, (5): 105-117.

Kwan, A. C. C. and B. Kwok. "Exogeneity and the Export-led Growth Hypothesis: the Case of China. " *Southern Economic Journal*, 1995, (61): 1158-1166.

Liu, X. , H. Song and P. Romilly. "An Empirical Investigation of the Causal Relationship between Openness and Economic Growth in China. " *Applied Economics*, 1997, (29): 1679-1686.

Shan, J. and F. Sun. "On the Export-led Growth Hypothesis: The Econometric Evidence from China. " *Applied Economics*, 1998, (30): 1055-1065.

Dean, J. , Mary, E. L. , Hua Wang. "Are Foreign Investors Attracted to Weak Environmental Regulations? Evaluating the Evidence from China. " World Bank Policy Research, Working Paper, 3505, 2004.

Frankel, Jeffery A. , Rose, Andrew K. "Is Trade Good or Bad for the Environment? Sorting out the Causality. " *Review of Economics and Statistics*, 87 (1): 85-91.

O'Rourke, K. H. Globalization and Inequality: Historical Trends. NBER Working Papers 8339, 2001.

Silva jaRobinm1. "Regional Income Inequality and International Trade. " *Economic Geography*, 2003 (80): 261-286.

附　　表

附表一　　　山东省对外贸易国际竞争力综合评价指标原始指标值（1）

时间	对外贸易出口额（亿美元）	对外贸易进出口差额（亿美元）	高新技术产品出口比重（%）	机电产品出口比重（%）	工业制成品出口比重（%）	外资企业出口占比（%）	加工贸易出口占比（%）	出口市场分布度
2000	155.29	60.68	4.19	20.15	78.3	51.06	51.5	0.1822
2001	181.29	72.95	4.3	20.96	76.3	50.97	49	0.1853
2002	211.15	82.88	5.4	23.82	78.1	52.04	47.9	0.1733
2003	265.73	84.88	5.8	24.24	79.8	51.83	46.6	0.1505
2004	358.73	109.64	6.94	27.1	82.2	51.32	48.4	0.1354
2005	462.51	156.13	9.18	29.34	83.2	51.50	48.9	0.1367
2006	586.47	220.06	11.06	31.6	84.9	52.48	46.7	0.1308
2007	752.44	278.7	11.25	36.88	86.7	53.61	47.1	0.1112
2008	931.75	282.05	11.26	41.25	85.7	54.38	46.1	0.1136
2009	795.65	205.27	14.67	42.94	86.5	56.34	50.2	0.1090
2010	1042.91	195.43	16.86	43.23	87.1	54.26	47.8	0.1089
2011	1257.88	155.84	12.08	40.42	86.9	50.7	44.4	0.1038
2012	1287.32	119.19	11.12	39.1	87.6	47	42.2	0.1011
2013	1345.1	18.61	12.83	37.83	88.2	43.5	39.1	0.0964
2014	1447.45	123.75	14.23	38.8	88.2	43.1	38.3	0.0964

附表二　　山东省对外贸易国际竞争力综合评价指标原始指标值（2）

时间	外贸贡献度	加工贸易增值率（％）	进口技术效益率	高新技术产品 TC 指数	机电产品 TC 指数	工业制成品显示性比较优势指数	外汇汇率（人民币/美元）
2000	11.6	56	11.31	− 0.24	0.02	1.05	8.2772
2001	11.8	59	14.77	− 0.34	− 0.03	1.02	8.2770
2002	7.6	64.5	14.42	− 0.24	0.02	1.04	8.2770
2003	0.9	56.5	13.22	− 0.22	0	1.07	8.2770
2004	7	64	12.36	− 0.11	0.08	1.11	8.2768
2005	11.4	68.1	13.87	0	0.13	1.16	8.1917
2006	14.4	74.8	17.69	0.15	0.21	1.22	7.9718
2007	11.5	77.5	17.88	0.16	0.26	1.21	7.6040
2008	0.5	78.4	21.04	0.07	0.26	1.31	6.9451
2009	− 17.7	86.9	23.15	0.07	0.23	1.27	6.8310
2010	− 1	92.8	20.76	0.07	0.24	1.30	6.7695
2011	− 5.4	101.8	13.79	0.06	0.31	1.35	6.4550
2012	− 5.5	104.7	12.26	0.01	0.33	1.37	6.3125
2013	− 13.6	100.6	13.01	0.05	0.3	1.36	6.1932
2014	13.6	84.6	14.12	0.05	0.27	1.36	6.1500

附表三　　山东省对外贸易国际竞争力综合评价无量纲化指标值（1）

时间	对外贸易出口额	对外贸易进出口差额	高新技术产品出口比重	机电产品出口比重	工业制成品出口比重	外资企业出口占比	加工贸易出口占比	出口市场分布度
2000	0.00	15.97	0.00	0.00	16.81	39.88	0.00	3.49
2001	2.01	20.63	0.87	3.51	0.00	40.56	18.94	0.00
2002	4.32	24.40	9.55	15.90	15.13	32.48	27.27	13.50
2003	8.55	25.16	12.71	17.72	29.41	34.06	37.12	39.15
2004	15.74	34.55	21.70	30.11	49.58	37.92	23.48	56.13
2005	23.78	52.20	39.38	39.82	57.98	36.56	19.70	54.67
2006	33.37	76.47	54.22	49.61	72.27	29.15	36.36	61.30
2007	46.21	98.73	55.72	72.49	87.39	20.62	33.33	83.35
2008	60.09	100.00	55.80	91.42	78.99	14.80	40.91	80.65
2009	49.56	70.85	82.72	98.74	85.71	0.00	9.85	85.83
2010	68.69	67.12	100.00	100.00	90.76	15.71	28.03	85.94
2011	85.33	52.09	62.27	87.82	89.08	42.60	53.79	91.68
2012	87.61	38.18	54.70	82.11	94.96	70.54	70.45	94.71
2013	92.08	0.00	68.19	76.60	100.00	96.98	93.94	100.00
2014	100.00	39.91	79.24	80.81	100.00	100.00	100.00	100.00

附表四 　　山东省对外贸易国际竞争力综合评价无量纲化指标值（2）

时间	外贸贡献度	加工贸易增值率	进口技术效益率	高新技术产品 TC 指数	机电产品 TC 指数	工业制成品 RCA 指数	外汇汇率
2000	91. 28	0. 00	0. 00	20. 00	13. 89	8. 57	100. 00
2001	91. 90	6. 16	29. 22	0. 00	0. 00	0. 00	99. 99
2002	78. 82	17. 45	26. 27	20. 00	13. 89	5. 71	99. 99
2003	57. 94	1. 03	16. 13	24. 00	8. 33	14. 29	99. 99
2004	76. 95	16. 43	8. 87	46. 00	30. 56	25. 71	99. 98
2005	90. 65	24. 85	21. 62	68. 00	44. 44	40. 00	95. 98
2006	100. 00	38. 60	53. 89	98. 00	66. 67	57. 14	85. 64
2007	90. 97	44. 15	55. 49	100. 00	80. 56	54. 29	68. 35
2008	56. 70	46. 00	82. 18	82. 00	80. 56	82. 86	37. 38
2009	0. 00	63. 45	100. 00	82. 00	72. 22	71. 43	32. 01
2010	52. 02	75. 56	79. 81	82. 00	75. 00	80. 00	29. 12
2011	38. 32	94. 05	20. 95	80. 00	94. 44	94. 29	14. 34
2012	38. 01	100. 00	8. 02	70. 00	100. 00	100. 00	7. 64
2013	12. 77	91. 58	14. 36	78. 00	91. 67	97. 14	2. 03
2014	97. 51	58. 73	23. 73	78. 00	83. 33	97. 14	0. 00

附表五 　　山东省地区经济国际竞争力综合评价指标原始数据 （1）

时间	人均 GDP	恩格尔系数	居民消费水平	外资依存度	规模以上企业数	第三产业产值占比
2000	8372	34. 96	3094	2. 95	11679	34. 8
2001	8990	34. 46	3286	3. 26	12268	35. 7
2002	10071	34. 44	3485	4. 5	13468	36. 0
2003	11659	33. 80	3823	4. 86	16177	34. 0
2004	13921	34. 62	4176	4. 79	23915	31. 7
2005	16626	33. 69	4934	4. 00	27540	32. 3
2006	19491	32. 02	5833	3. 64	31936	32. 8
2007	21839	32. 90	6441	3. 25	36145	33. 5
2008	24745	33. 61	7267	1. 84	42629	33. 5
2009	26967	32. 92	7884	1. 61	45518	34. 7
2010	30004	32. 06	8472	1. 58	44037	36. 6
2011	32894	33. 16	9398	1. 59	35813	38. 3
2012	35240	32. 97	10276	1. 56	37625	40. 0
2013	37499	32. 88	11137	1. 59	40467	41. 2
2014	40532	28. 91	11998	1. 57	43309	43. 5

附表六　　　山东省地区经济国际竞争力综合评价指标原始数据（2）

时间	工业总产值	外商直接投资额	每万人拥有专利量	教育支出占GDP比重	R&D经费占GDP比重
2000	11229.38	266713.64	0.77	1.42	0.62
2001	11708.44	319306.00	0.74	1.50	0.66
2002	13844.17	496095.03	0.80	1.58	0.86
2003	17479.38	623348.86	0.99	1.48	0.86
2004	22303.00	737967.77	1.06	1.36	0.94
2005	29514.12	748183.49	1.16	1.35	1.06
2006	36251.21	825820.81	1.71	1.33	1.07
2007	43060.34	871170.09	2.44	1.76	1.21
2008	47301.68	616262.96	2.83	1.78	1.41
2009	53500.69	601808.41	3.64	1.81	1.53
2010	61205.40	669221.17	5.38	1.97	1.72
2011	69148.70	775553.86	6.11	2.31	1.86
2012	78085.29	840889.72	7.80	2.62	2.04
2013	86488.69	935629.16	7.91	2.56	2.15
2014	96607.66	1011984.02	7.48	2.56	2.26

附表七　　　山东省地区经济国际竞争力综合评价无量纲化指标值（1）

时间	人均GDP	恩格尔系数	居民消费水平	外资依存度	规模以上企业数	第三产业产值占比
2000	0.00	0.00	0.00	57.88	0.00	26.27
2001	1.92	8.26	2.16	48.48	1.86	33.90
2002	5.28	8.60	4.39	10.91	5.66	36.44
2003	10.22	19.17	8.19	0.00	14.22	19.49
2004	17.25	5.62	12.15	2.12	38.68	0.00
2005	25.66	20.99	20.66	26.06	50.15	5.08
2006	34.57	48.60	30.76	36.97	64.04	9.32
2007	41.87	34.05	37.59	48.79	77.35	15.25
2008	50.91	22.31	46.87	91.52	97.85	15.25
2009	57.82	33.72	53.80	98.48	106.98	25.42
2010	67.26	47.93	60.40	99.39	102.30	41.53
2011	76.25	29.75	70.80	99.09	76.30	55.93
2012	83.54	32.89	80.66	100.00	82.03	70.34
2013	90.57	34.38	90.33	99.09	91.01	80.51
2014	100.00	100.00	100.00	99.70	100.00	100.00

附表八　　　山东省地区经济国际竞争力综合评价无量纲化指标值（2）

时间	工业总产值	外商直接投资额	每万人拥有专利量	教育支出占GDP比重	R&D经费占GDP比重
2000	11.83	0.00	0.42	7.32	0.00
2001	12.39	7.06	0.00	13.82	2.44
2002	14.89	30.78	0.84	20.33	14.63
2003	19.15	47.85	3.49	12.20	14.63
2004	24.80	63.23	4.46	2.44	19.51
2005	33.25	64.60	5.86	1.63	26.83
2006	41.14	75.02	13.53	0.00	27.44
2007	49.11	81.11	23.71	34.96	35.98
2008	54.08	46.90	29.15	36.59	48.17
2009	61.34	44.96	40.45	39.02	55.49
2010	70.36	54.01	64.71	52.03	67.07
2011	79.67	68.28	74.90	79.67	75.61
2012	90.14	77.04	98.47	104.88	86.59
2013	99.98	89.75	100.00	100.00	93.29
2014	111.83	100.00	94.00	100.00	100.00

附表九　　　　　　山东省外贸出口企业固定资产相关指标

时间	固定资产投资（亿元）	价格指数	调整价格后固定资产投资（亿元）	固定资产折旧后累计（亿元）	第二产业GDP占比	外贸出口占第二产业GDP之比	折合外贸企业固定资产
1987	297.77	1.0000	297.77	1022.69	0.4310	0.2806	123.6889
1988	369.82	1.1898	310.83	1185.95	0.4448	0.2319	122.3462
1989	305.54	1.3910	219.65	1232.45	0.4480	0.2125	117.2987
1990	335.66	1.4131	237.53	1282.79	0.4208	0.2570	138.7645
1991	439.82	1.4825	296.68	1377.29	0.4120	0.2678	151.9316
1992	601.50	1.5747	381.98	1537.25	0.4549	0.2394	167.4114
1993	892.48	1.7363	514.02	1801.45	0.4894	0.1787	157.4967
1994	1108.00	2.0892	530.35	2042.57	0.4920	0.2675	268.7979
1995	1320.97	2.3857	553.71	2271.24	0.4756	0.2893	312.4854
1996	1558.01	2.5526	610.36	2523.18	0.4732	0.2742	327.4120
1997	1792.22	2.5732	696.50	2824.39	0.4815	0.2860	388.9293

时间	固定资产投资（亿元）	价格指数	调整价格后固定资产投资（亿元）	固定资产折旧后累计（亿元）	第二产业GDP占比	外贸出口占第二产业GDP之比	折合外贸企业固定资产
1998	2056.97	2.4985	823.29	3212.52	0.4854	0.2514	391.9449
1999	2222.17	2.4261	915.96	3642.07	0.4863	0.2631	465.9378
2000	2542.65	2.3918	1063.08	4149.11	0.4995	0.3087	639.6596
2001	2807.79	2.3918	1173.94	4684.46	0.4955	0.3294	764.4550
2002	3509.29	2.3628	1485.22	5443.36	0.5046	0.3371	925.8271
2003	5328.44	2.3681	2250.05	6856.77	0.5369	0.3392	1248.6209
2004	7629.04	2.4345	3133.78	8980.30	0.5644	0.3502	1774.9930
2005	10541.87	2.4489	4304.68	12014.39	0.5705	0.3616	2478.3524
2006	11136.06	2.4634	4520.58	14889.28	0.5742	0.3718	3178.5537
2007	12537.02	2.5518	4912.95	17765.53	0.5682	0.3906	3943.2972
2008	15435.93	2.6768	5766.50	21073.67	0.5681	0.3683	4408.5098
2009	19030.97	2.6601	7154.34	25275.33	0.5576	0.2875	4052.7351
2010	23276.689	2.7317	8520.93	30219.75	0.5422	0.3323	5444.5028
2011	26769.733	2.8688	9331.19	35228.65	0.5295	0.3383	6309.5325
2012	31255.96	2.9291	10670.88	40761.51	0.5146	0.3158	6622.9580
2013	36789.071	2.9935	12289.53	46994.45	0.5015	0.3038	7159.0229
2014	41599.1	3.0504	13637.24	53571.15	0.4844	0.3092	8024.7347

附表十　　　　　　　　山东省外贸出口劳动力投入相关指标

时间	第二产业GDP（亿元）	外贸出口额（万美元）	汇率	外贸出口额（亿元）	第二产业就业人口（万人）	外贸出口占第二产业GDP比重	折合外贸出口劳动力（万人）
1987	384.57	289938	372.21	107.9178	848.2	0.2806	238.02
1988	497.1	309773	372.21	115.3006	905.1	0.2319	209.94
1989	579.65	327015	376.59	123.1506	902.6	0.2125	191.76
1990	635.98	341719	478.38	163.4715	922.5	0.2570	237.12
1991	745.9	375230	532.27	199.7237	958.7	0.2678	256.70
1992	999.11	433752	551.49	239.2099	1000.8	0.2394	239.61
1993	1355.71	420360	576.19	242.2072	1070.4	0.1787	191.23

续表

时间	第二产业GDP（亿元）	外贸出口额（万美元）	汇率	外贸出口额（亿元）	第二产业就业人口（万人）	外贸出口占第二产业GDP比重	折合外贸出口劳动力（万人）
1994	1891.43	587011	861.87	505.9272	1098	0.2675	293.70
1995	2355.78	816101	835.07	681.5015	1305.5	0.2893	377.67
1996	2784.09	918298	831.42	763.4913	1286.1	0.2742	352.69
1997	3147.37	1085888	828.98	900.1794	1311.9	0.2860	375.22
1998	3408.06	1034705	827.91	856.6426	1245.8	0.2514	313.14
1999	3644.32	1157909	827.96	958.7023	1245.7	0.2631	327.70
2000	4164.45	1552905	827.72	1285.3705	1286	0.3087	396.93
2001	4556.01	1812899	827.7	1500.5365	1308.6	0.3294	430.99
2002	5184.98	2111511	827.7	1747.6977	1375.1	0.3371	463.50
2003	6485.05	2657285	827.7	2199.4348	1474.3	0.3392	500.02
2004	8478.69	3587286	827.68	2969.1249	1581	0.3502	553.65
2005	10478.62	4625113	819.17	3788.7538	1781.4	0.3616	644.10
2006	12574.03	5864717	797.18	4675.2351	1870.3	0.3718	695.41
2007	14647.53	7524374	760.4	5721.5340	1989.9	0.3906	777.28
2008	17571.98	9317486	694.51	6471.0872	1955.5	0.3683	720.14
2009	18901.83	7956530	683.1	5435.1056	2014.1	0.2875	579.14
2010	21238.49	10424695	676.95	7056.9973	2086.7	0.3323	693.36
2011	24017.11	12578809	645.88	8124.4012	2185.6	0.3383	739.34
2012	25735.73	12873171	631.25	8126.1892	2245.2	0.3158	708.93
2013	27422.47	13450998	619.32	8330.4721	2270.2	0.3038	689.65
2014	28788.1	14474545	615	8901.8452	2295.2	0.3092	709.72

附表十一　　　　　TI 指数与对外贸易技术进步率（WMJS）

时间	外贸出口总额（万美元）	外贸进口总额（万美元）	外贸进出口总额（万美元）	出超（万美元）	TI	对外贸易技术进步率（WMJS）	加工贸易技术进步率（JGJS）
1987	289938	65356	355294	224582	0.6321	－	－0.0979
1988	309773	263588	573361	46185	0.0806	－0.0502	－0.0334
1989	327015	289496	616511	37519	0.0609	－0.0278	0.1108
1990	341719	86803	428522	254916	0.5949	0.1032	0.0844

时间	外贸出口总额（万美元）	外贸进口总额（万美元）	外贸进出口总额（万美元）	出超（万美元）	TI	对外贸易技术进步率（WMJS）	加工贸易技术进步率（JGJS）
1991	375230	107970	483200	267260	0.5531	0.0744	0.0972
1992	433752	344388	778140	89364	0.1148	0.0901	0.0382
1993	420360	308226	728586	112134	0.1539	0.0321	0.1153
1994	587011	375916	962927	211095	0.2192	0.0947	− 0.0343
1995	816101	578906	1395007	237195	0.1700	− 0.0301	0.0486
1996	918298	698096	1616394	220202	0.1362	0.0429	0.0301
1997	1085888	667743	1753631	418145	0.2384	0.0292	0.0365
1998	1034705	627035	1661740	407670	0.2453	0.0386	0.0159
1999	1157909	669185	1827094	488724	0.2675	0.0182	0.0456
2000	1552905	946093	2498998	606812	0.2428	0.0490	0.0121
2001	1812899	1083414	2896313	729485	0.2519	0.0141	0.0175
2002	2111511	1282664	3394175	828847	0.2442	0.0198	0.0069
2003	2657285	1808467	4465752	848818	0.1901	0.0102	0.0083
2004	3587286	2490850	6078136	1096436	0.1804	0.0119	− 0.0420
2005	4625113	3063763	7688876	1561350	0.2031	− 0.0387	0.0181
2006	5864717	3664100	9528817	2200617	0.2309	0.0218	− 0.0139
2007	7524374	4737424	12261798	2786950	0.2273	− 0.0122	0.0303
2008	9317486	6496994	15814480	2820492	0.1783	0.0335	− 0.0343
2009	7956530	5903848	13860378	2052682	0.1481	− 0.0301	− 0.0237
2010	10424695	8470390	18895085	1954305	0.1034	− 0.0231	− 0.0264
2011	12578809	11020382	23599191	1558427	0.0660	− 0.0272	− 0.0347
2012	12873171	11681316	24554487	1191855	0.0485	− 0.0353	− 0.0351
2013	13450998	13264856	26715854	186142	0.0070	− 0.0365	− 0.0375
2014	14474545	13237004	27711549	1237541	0.0447	− 0.0371	− 0.0979

附表十二　　　按 1990 年不变价格计算的相关变量数据表

	外贸出口 （万元）	外贸进口 （万元）	农村居民 纯收入 （元）	城镇居民 年人均 可支配收入 （元）	城市与农村 收入差距比
1984	855784. 1	594006. 9	699. 115	1130. 336	1. 6168
1985	1122317	859946. 1	664. 658	1217. 524	1. 8318
1986	1032215	1026772	699. 8442	1329. 439	1. 8996
1987	1555012	350521	745. 9654	1422. 349	1. 9067
1988	1399279	1190656	708. 3738	1411. 966	1. 9932
1989	1273532	1127418	652. 12	1395. 202	2. 1395
1990	1634715	415248. 2	680. 2	1466. 22	2. 1556
1991	1903943	547847. 4	728. 3127	1608. 732	2. 2088
1992	2135803	1695773	716. 875	1762. 929	2. 4592
1993	1917714	1406150	754. 3151	1991. 354	2. 6399
1994	3247286	2079530	847. 0475	2210. 757	2. 6100
1995	3719986	2638794	936. 19	2327. 555	2. 4862
1996	3802248	2890493	1038. 994	2435. 378	2. 3440
1997	4361334	2681907	1110. 514	2514. 918	2. 2646
1998	4174672	2529866	1195. 322	2621. 871	2. 1934
1999	4704133	2718638	1251. 03	2850. 324	2. 2784
2000	6294665	3834966	1302. 253	3178. 242	2. 4406
2001	7217588	4313332	1348. 966	3415. 623	2. 5320
2002	8467527	5143706	1431. 202	3689. 196	2. 5777
2003	10538739	7172344	1509. 583	4024. 873	2. 6662
2004	13733233	9535739	1622. 294	4365. 31	2. 6908
2005	17229440	11413109	1787. 403	4886. 216	2. 7337
2006	21050136	13151496	1966. 817	5489. 527	2. 7911
2007	24672419	15534011	2149. 763	6151. 229	2. 8614
2008	26499129	18477589	2310. 168	6677. 072	2. 8903
2009	22256780	16514818	2505. 641	7293. 628	2. 9109
2010	28081963	22817471	2781. 647	7937. 059	2. 8534
2011	30785908	26971748	3161. 094	8636. 544	2. 7321
2012	30164028	27371309	3506. 459	9560. 204	2. 7265
2013	30248628	29830031	3856. 191	10262. 93	2. 6614
2014	31720540	29008586	3984. 569	10412. 9	2. 6133

附表十三　　　　1984—2014 年收入相关变量取对数后的数据表

时间	出口 （万元） （LNEX）	进口 （万元） （LNIM）	农村居民 年纯收入 （元） （LNNI）	城镇居民 年人均 可支配收入 （LNCI）	城镇与农村 居民收入 差距比 （LNCJB）
1984	13.6598	13.2946	6.5498	7.0303	0.4804
1985	13.9309	13.6646	6.4993	7.1046	0.6053
1986	13.8472	13.8419	6.5509	7.1925	0.6416
1987	14.2570	12.7672	6.6147	7.2601	0.6454
1988	14.1515	13.9900	6.5630	7.2527	0.6897
1989	14.0573	13.9354	6.4802	7.2408	0.7606
1990	14.3070	12.9366	6.5224	7.2904	0.7681
1991	14.4594	13.2138	6.5907	7.3832	0.7924
1992	14.5744	14.3436	6.5749	7.4747	0.8998
1993	14.4666	14.1564	6.6258	7.5966	0.9707
1994	14.9933	14.5477	6.7418	7.7011	0.9594
1995	15.1292	14.7858	6.8418	7.7526	0.9108
1996	15.1511	14.8769	6.9460	7.7979	0.8519
1997	15.2883	14.8020	7.0126	7.8300	0.8174
1998	15.2445	14.7437	7.0862	7.8716	0.7855
1999	15.3640	14.8156	7.1317	7.9552	0.8235
2000	15.6552	15.1597	7.1719	8.0641	0.8922
2001	15.7920	15.2772	7.2071	8.1361	0.9290
2002	15.9517	15.4533	7.2663	8.2132	0.9469
2003	16.1706	15.7857	7.3196	8.3002	0.9807
2004	16.4353	16.0706	7.3916	8.3814	0.9898
2005	16.6621	16.2503	7.4885	8.4942	1.0057
2006	16.8624	16.3920	7.5842	8.6106	1.0264
2007	17.0212	16.5585	7.6731	8.7244	1.0513
2008	17.0926	16.7321	7.7451	8.8064	1.0614
2009	16.9182	16.6198	7.8263	8.8948	1.0685
2010	17.1506	16.9430	7.9308	8.9793	1.0485
2011	17.2426	17.1103	8.0587	9.0638	1.0051
2012	17.2222	17.1250	8.1624	9.1654	1.0030
2013	17.2250	17.2110	8.2574	9.2363	0.9789
2014	17.2725	17.1831	8.2902	9.2508	0.9606

附表十四 　　　　　　　　1984—2014 年相关变量的原始数据

时间	工业废水 （WW） （万吨）	二氧化硫 （SO） （万吨）	工业固体 废物产生量 （SW） （万吨）	出口 （万美元）	进口 （万美元）
1984	106275	142	2743	207786	144226
1985	105375	160	2748	234652	179796
1986	98913	171	2860	191926	190914
1987	93811	173	2848	289938	65356
1988	97136	191	3325	309773	263588
1989	91360	189	3610	327015	289496
1990	87631	193	3880	341719	86803
1991	88728	204	3837	375230	107970
1992	86412	226	3941	433752	344388
1993	86350	228	4201	420360	308226
1994	87316	225	4263	587011	375916
1995	96214	232	4484	816101	578906
1996	101018	239	4652	918298	698096
1997	130918	247	5131	1085888	667743
1998	117069	226	5109	1034705	627035
1999	107975	183	5166	1157909	669185
2000	110324	180	5407	1552905	946093
2001	115233	172	6215	1812899	1083414
2002	106668	169	6559	2111511	1282664
2003	115933	184	6786	2657285	1808467
2004	128706	182	7922	3587286	2490850
2005	139071	200	9175	4625113	3063763
2006	144365	196	11011	5864717	3664100
2007	166574	182	11935	7524374	4737424
2008	176977	169	12988	9317486	6496994
2009	182673	159	14138	7956530	5903848
2010	208257	154	16038	10424695	8470390
2011	187245	183	19533	12578809	11020382
2012	183634	175	18343	12873171	11681316
2013	181179	164	18172	13450998	13264856
2014	190022	159	19199	14474500	13237000

附表十五　　　　1984—2014 年相关变量取对数后的数据表

时间	工业废水 （WW） （万吨）	二氧化硫 （SO） （万吨）	工业固体 废物产生量 （SW） （万吨）	出口 （万美元）	进口 （万美元）
1984	5.02643	2.15229	3.43823	5.31762	5.15904
1985	5.02274	2.20412	3.43902	5.37042	5.25478
1986	4.99525	2.23300	3.45637	5.28313	5.28084
1987	4.97225	2.23805	3.45454	5.46231	4.81529
1988	4.98738	2.28103	3.52179	5.49104	5.42093
1989	4.96076	2.27646	3.55751	5.51457	5.46164
1990	4.94266	2.28556	3.58883	5.53367	4.93853
1991	4.94806	2.30963	3.58399	5.57430	5.03330
1992	4.93657	2.35411	3.59561	5.63724	5.53705
1993	4.93626	2.35793	3.62335	5.62362	5.48887
1994	4.94109	2.35218	3.62972	5.76865	5.57509
1995	4.98324	2.36549	3.65167	5.91174	5.76261
1996	5.00440	2.37840	3.66764	5.96298	5.84392
1997	5.11700	2.39270	3.71020	6.03579	5.82461
1998	5.06844	2.35411	3.70834	6.01482	5.79729
1999	5.03332	2.26245	3.71315	6.06367	5.82555
2000	5.04267	2.25527	3.73296	6.19114	5.97593
2001	5.06158	2.23553	3.79344	6.25837	6.03479
2002	5.02803	2.22789	3.81684	6.32459	6.10811
2003	5.06421	2.26482	3.83161	6.42444	6.25731
2004	5.10960	2.26007	3.89883	6.55477	6.39635
2005	5.14324	2.30103	3.96261	6.66512	6.48626
2006	5.15946	2.29226	4.04183	6.76825	6.56397
2007	5.22161	2.26055	4.07681	6.87647	6.67554
2008	5.24792	2.22840	4.11354	6.96930	6.81271
2009	5.26167	2.20140	4.15039	6.90072	6.77114
2010	5.31860	2.18690	4.20516	7.01806	6.92790
2011	5.27241	2.26183	4.29077	7.09964	7.04220
2012	5.26395	2.24274	4.26347	7.10969	7.06749
2013	5.25811	2.21616	4.25941	7.12875	7.12270
2014	5.27880	2.20140	4.28328	7.16060	7.12179